U0137114

華志文化

華志文化

生命佛法

體驗人生最高享受

定弘法師講演錄

/釋定弘著

釋迦牟尼佛是世界上最偉大的哲學家，佛經哲學是全世界哲學的最高峰，學佛是人生最高的享受。

追隨當代高僧淨空老法師學習佛法二十餘年
在香港佛教界著名高僧暢懷老法師座下剃度
依止當代弘揚律宗之高僧果清律師學習戒律
定弘法師講述出家以來的心得和體會

一位年輕的金融學教授
為什麼放棄高薪的工作
走上弘揚中華傳統文化的道路
進而放下世間的一切名聞利養
毅然選擇出家修道
立志弘法利生大眾
定弘法師講述出家以來的心得和體會
分享二十年來學佛的心路歷程
體驗人生最高享受

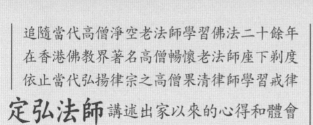

出版說明

本書是定弘法師出家以來十一篇演講的文字集結，這些講座，深入淺出，將佛陀教育的內涵言簡意賅、通俗易懂地表達了出來，能夠很好地幫助普羅大眾正確地認識佛陀教育，解除對佛陀教育認識的盲點，進而瞭解和學習佛陀的教誨，真正體驗人生的最高享受。基於此原因，我們特將其整理成書，期待法師的法音以文字般若的方式，以利更多的有緣人。

本書在整理過程中，精簡了部分口語，為了保持演講的完整性，法師自身的學佛經歷和出家經過，雖多次出現，仍予以保留。

本文字稿未經法師最後審定，由於編者德薄學淺，其中定有不妥之處，敬請諸方家仁者不吝賜教。

編　者

目錄

一、我為什麼要出家？

（編者按：定弘法師的母親趙良玉女士曾說：「能孝敬自己的父母，是小孝；能孝敬天下的父母，全心全意為人民服務，是大孝；能成就聖賢、普利眾生，使千秋萬代的人獲益無窮，是至孝。我支持兒子走上大孝，奔向至孝。」

早在二〇〇六年，趙良玉女士就寫下了《送子拜師文》，將兒子鍾茂森博士交給當代大德上淨下空老法師門下，接受其諄諄教誨。她在這篇《送子拜師文》中說道：「師父上人，您曾說過一句名言：『聖賢是教出來的。』好得很！我今天就把兒子送給您調教，希望茂森在您的指導下專心修身弘道，並效仿您當年不管人、不管事、不管財，專一潛心治學，自度度他。我希望茂森將來能傳承您的法脈，發揚光大，臨終往生極樂世界，上品蓮生。至於採取什麼形式，或如師父上人行作沙門，或如李炳南先生示在家相，完全聽從您的指導、安排。」

上淨下空老法師在收到趙良玉女士的《送子拜師文》後，曾經開示道：「現在鍾茂森居士發心要來學，他的母親非常難得，寫了一封信給我。將來鍾茂森是出家、在家由我決定，她不會有意見，這就好！我怎麼想法？我讓鍾茂森出家，將來做個好法師，續佛慧命，弘法利生。怎麼選擇是自己的事情，但是選擇的時候，肯定對於將來會有影響。」

二〇一一年七月十五日（農曆六月十五日），鍾茂森博士出家的殊勝緣分終於成熟，在上淨下空老法師的推薦下，鍾茂森博士於香港圓明寺上暢下懷老法師座下剃度出家，法名定弘。九月，在河南大相國寺受具足戒。發願「一生持戒念佛，求生淨土，續佛慧命，弘法利生。」

一位年輕的金融學教授，為什麼放棄高薪的工作，走上義務弘揚中華優秀傳統文化的道路，進而放下世間的一切名聞利養，毅然選擇出家修道，立志弘法利生？二〇一一年七月十六日，定弘法師在《修行與生活座談會》上，專門講述了《我為什麼要出家》。）

尊敬的諸位法師、諸位菩薩、大德，大家好！

定弘今天以出家的身分，第一天、第一次跟大家見面。承蒙三寶加持，淨公恩師的護持，定弘昨天在香港圓明寺上暢下懷老法師座下剃度出家。法名定弘，這是外號，內號是傳道。因為暢公知道我已經在走弘法這條路了，他鼓勵我一定要弘法，所以取「定弘」這個名字。我這個派，就是暢公的這個派，叫做金頂毘盧派，是南北朝寶志公禪師創立的教派，主要是弘揚華嚴和淨土的，到我這輩是傳字輩，傳道。暢公講：「人能弘道，非道弘人。」

所以內、外號合起來就是弘道。

昨天是農曆六月十五，新曆是七月十五號，星期五，三個五，暢公定的這個日子讓我出家。我們的淨公恩師特別出席我的剃度圓頂儀式。昨天的剃度法會也非常殊勝，有七、八百人前來見證。一連好幾天都下雨，大家說這可能是灑淨。尤其是昨天早晨下得特別大，我想可能大概我這心地比較骯髒，雨就下得特別多，要洗得乾淨一點。結果法會當中天氣就變得非常晴朗。

和我一同出家的還有兩位，一位大陸的，一位香港的。昨天落髮，除了傳統的儀式之外，暢公還特別恭請我們的淨公恩師給大家講了幾句話。我們三位新出家的戒子，向淨公恩師頂禮三拜。他老人家囑咐我們：「出家以後一定要為弘揚佛陀教育事業做貢獻，要把佛教回歸到教育上來，希望叢林（就是寺院）要回歸到教學。」古時候的叢林，就是佛教的大學，每天都有講經說法。現在講經說法的寺院很少，師父上人勸勉我們要發願，將佛陀的教育復興起來。

除了恭請淨公恩師開示以外，暢公還特別請家母也為大家講幾句話。其他的兩位新出家的戒子，他們的家人沒有來，我母親代表家長出席觀禮。我向母親三拜之後，母親也特別的在大眾面前，讀了她寫的一篇《送子出家》的祝願文。她的祝願文是這樣寫的：「祝賀茂森兒六月十五剃度出家，從此走上覺者的道路。喜見佛陀教育事業中又添新兵。值此圓頂之日，母贈兒《送子出家偈》一首：『吾兒出家三件事：一念彌陀登上品；二證本性明空有；三弘正法度有情。』」旁邊我母親特別標出來，她希望我出家之後做到的三件事，正是《無量壽經》裡面的三個真實。

「一念彌陀登上品」是住真實之慧；「二證本性明空有」是示以真實之際，真實之際就是我們的自性、真心。真心當中空有不二，事有理無，相有性空，真正明心見性，就達到了真實之際。第三，弘揚正法，廣度一切有情眾生，這是惠以真實之利。尤其是淨土法門，這是真實當中的真實。所以我今後其他的經論一切放下，專修、專弘淨土法門，一門深入《無量壽經》，至少要攻十年，求得到念佛三昧，求往生把握。

母親在祝願文裡面，藉宋朝宗澤將軍《早發》這首詩送兒上路。「傘幄垂垂馬踏沙，水長山遠路多花。眼中形勢胸中策，緩步徐行靜不譁。」這是將軍借物來抒發自己的心態。將軍要發兵準備去征戰了。發兵的時候大家靜靜地走，所以能聽到傘墜抖動和馬踏著沙的聲音。一路上，水長山遠，這條路很遙遠的，任重而道遠，坎坷、曲折肯定會有。而且路多花，花是比喻誘惑，有各種各樣的誘惑和障礙需要去克服。「眼中形勢胸中策」，自己心裡有主宰、有目標、有方向，鍥而不捨，就一定能夠達到目的地。要走這條路不可過急，也不能過緩，我們雖然是緩緩地走，「外若遲緩，內獨駛急」。這是母親對我出家的一個祝福。

出家這個志願，其實我很早就有了，到今天終於宿願得成。我剛剛開始學佛，就有出家的緣。我是一九九〇年開始接觸佛法，當時還沒有接觸到我們師父上人的經教。那時我在廣州，因為我外公去世的因緣，我母親帶著我的外婆和我走入廣州光孝寺，當時是為了散散心，遇到了本煥老和尚，當時他是光孝寺的方丈。他慈悲接引我們入佛門，送我們一些書，其中就有師父淨公上人的《無量壽經》的錄音帶，我記得是一心圓公司錄製的。

當時本老見到我，跟我好像特別有緣，對我講了不少話，兩次勸我要出家，說出家，將來你要做大法師。當時我剛上大學，只想著要出國，沒想著要出家。後來本老邀請我們師父上人到廣州光孝寺講《阿彌陀經》，邀請了兩次。我們是第二次的時候遇到我們師父上人。我母親當時從頭到尾聽了《阿彌陀經》，還做了詳細的筆記。跟師父上人的緣就這樣結上了。

後來在我出國留學之前，一九九五年，有一次隨母親跟一些居士到上海參加一個佛七。法會結束之後我們有一個很殊勝的緣分，到了徐教授（淨空老法師的弟弟）家裡。那時我們還不認識徐教授，是當地的居士問我們要不要去？我們說，要去，好啊！我們就去了。沒想到就是徐教授家，當時我們師父上人的母親還在，在房間裡念佛。當時徐教授護持老母親求生淨土，所以外人都不能見面。他告訴我們說，老母親在這個房間裡面，拍著椅背，有自己在那念佛。我們不打攪。徐教授很慈悲，送給我們母子很多師父老人家的錄影帶，有

《了凡四訓》、《認識佛教》等等。

後來我出國留學到美國，於是就找到達拉斯淨宗學會，從此就得以常常親近師父上人。在我二十四歲，一九九七年的時候，剛剛讀博士，那年五月，師父老人家到達拉斯淨宗學會主持佛七，在佛七當中有開示，我就參加了那次佛七。每天在現場聽師父老人家講開示，聽得非常感動。

當時韓館長（指韓瑛居士）剛剛過世，大家正在做追思的法會。師父上人為最後一批悟字輩的法師剃度，因為師父老人家講，他自己是不給人剃度的，都是韓館長要他剃他才剃，這是最後一批了。有些同修問我：「你要不要趕上最後一班車？以後沒機會了，師父老人家要封刀了。」當時我就油然生起要出家的衝動。但是這只是一種感情上的衝動，並不理性。

當時是猶豫來、猶豫去，下不了決心。最後沒法子了，請教師父。又不好明說自己想出家，就問師父說：「我們年輕人，現在要怎麼樣學佛好？」當時師父老人家在那小會客廳裡面，對我特別慈悲，我當時是一個二十四歲的小夥子，大概師父老人家看到我還很好學、挺誠懇，就給我語重心長地說了兩條：第一把書讀好，第二讀《無量壽經》。就說了這兩條。師父老人家沒讓我出家，讓我把書讀好。因我在念博士班，於是就繼續讀書！

當時我對自己發了九條孝願：

一、我從今日至未來際，對於父母，傾盡所有，乃至身命，以至誠心，禮事供養，晝夜六時心不間斷。若對父母，或因慳吝不捨，或貪利養名聞，不勤奉事，我則名為欺誑如來。

二、我從今日至未來際，對於父母，種種善願，盡捨身命，悉皆實現。若生退怯，不願成就，我則名為欺誑如來。

三、我從今日至未來際，對於父母，以種種美好柔軟言辭，令其歡喜，勤事不懈。若對父母以一粗言令其不悅，我則名為欺誑如來。

四、我從今日至未來際，日夜常思父母恩德善行，常生信敬，起教師想，於他人前，讚歎父母之德。若於父母，伺求其過，生一念輕慢之心，我則名為欺誑如來。

五、我從今日至未來際，以種種方便，安慰父母，令其不生憂惱恐懼，於一切境緣皆得解脫。若吝惜身命財物，生一念逃避之心，我則名為欺誑如來。

六、我從今日至未來際，常以種種大乘佛法，開解父母，令其歡喜，生起正念，明瞭宇宙人生真相，若於父母法供養時，遇有障礙，便生退屈，我則名為欺誑如來。

七、我從今日至未來際，護持父母修學佛道，護持父母往生阿彌陀佛極樂世界。假使三千大千世界大火相至，萬忍相加，我護持之願，無有動搖。若不爾者，我則名為欺誑如來。

八、我從今日至未來際，廣為他人演說孝道，以身作則，勸令一切眾生孝養父母，受持此願，無有疲厭。若不爾者，我則名為欺誑如來。

九、我從今日至未來際，為於父母，勤修戒定慧，熄滅貪嗔癡；求生阿彌陀佛極樂世界，速成無上正等正覺，圓滿孝道。再以神通道力，分身無量世界，於往昔世中所有一切父母，以方便智，供養教化，開示正道，攝其往生極樂世界。若不爾者，我則名為欺誑如來。

我讀給師父上人聽，讓他老人家指正。師父聽完之後，點頭說：「難得。」我馬上請教：「那我要護持好這九條孝願，要怎麼做？」師父就告訴我：「要認真學佛。」當時，我就像很多第一次跟師父見面的佛友那種心情一樣，就很想跟師父照一張相，最好是單獨照一張相，就很不好意思，但又很想，於是就硬著頭皮開口祈請，能不能跟師父老人家照一張相？師父很慈悲：「好好，來來來。」他坐的那個沙發是兩個人的座位，他是坐在中間。然後他就往旁邊坐一點，讓出一個座位來，說：「你過來，坐這！」我當時嚇壞了，說：「我還是站著跟師父照！這個不行，我不敢坐。」師父老人家笑著說：「沒關係，你坐，生佛平等。」這話我似懂非懂，反正我聽懂平等兩個字，那好，平等就坐！師父叫我坐就坐，於是就拍了一張照片。這照片很珍貴，第一次跟師父老人家單獨合影。

然後師父也詳細問了我的一些情況，我就詳細彙報，廣州人，今年二十四歲，正在準備讀博士，家裡的情況也跟師父一五一十地彙報。師父聽完之後，點頭說：「二十四歲，廣東人。唐朝六祖大師也是廣東人！他開悟那年也是二十四歲。」我這一聽，感覺到很慚愧。真的，跟祖師比起來，連給祖師提草鞋的資格都沒有。

當時師父在講開示的時候，就說了他的一個理想，說韓館長走之前，祈請他講《華嚴經》。當時是一九九七年，師父就開始著手講《華嚴經》，正式開講是一九九八年五月。所以師父老人家開示當中講：「希望到時候開一個華嚴班，有緣的同修一起來學習《華嚴》，深入經教。人不要多，有五個人就行了。」師父這麼一講，我又起了一種衝動，很想跟師父老人家學《華嚴經》。

下課之後，我就向師父祈請，能不能跟師父來學《華嚴》？師父沉默了半晌，跟我講：「世出世間法，都要看一個緣分。」然後就不說話。這話我又聽得似懂非懂，到底師父是什麼意思？因為當時還不知道，其實師父是沒有意思的，我們在琢磨師父有什麼意思，琢磨來琢磨去，沒弄明白。

師父看我還是很誠懇，於是就送我一套《華嚴經》，精裝本五冊，我至今還保留著。師父老人家鼓勵我說：「你如果能夠把《華嚴經》從頭到尾讀一遍，這個功德很殊勝。」沒有說讓我來學《華嚴》。但是我當時心發了，於是想到那就等緣分，自己先好好努力，認真學佛。

我回到自己的學校宿舍裡面，就發了個願。因為師父告訴我，說《華嚴經》從頭到尾讀一遍，一天讀八個小時，大概讀兩個禮拜。我就發了願，兩個禮拜讀《華嚴》。讀也讀不懂，讀著讀著就讀得打瞌睡，睏的不得了，業障很深重，讀不下去，索然無味。想到自己境界太低了，只好又把《華嚴》束之高閣。聽到師父講讓我讀《無量壽經》，那我就老實讀《無量壽經》算了。更何況古德講了，《無量壽經》是中本《華嚴》，這是清朝彭際清居士說的。於是從那時候起就一直讀《無量壽經》，《華嚴經》只是聽師父講的時候來看一看。

後來我博士畢業，在美國德州大學教書教了四年。這四年當中我就常常帶著母親去看望師父上人，親近善知識。二〇〇一年的時候，師父老人家在新加坡接待我們。我記得那一年是暑假，去了之後，師父單獨在他的小客廳裡面會見我們，就三個人，我母親、我、師父上人。

師父就跟我講，年輕人要有使命感。他勸我離開美國到澳洲，說：「澳洲準備成立淨宗學院，你過來，我們可以一起共修。昆士蘭大學送給我榮譽教授的學位，你將來可以跟我去參加國際的和平會議，將我們古聖先賢和平教學的理念傳遞給大家，給我做翻譯。」當時我聽了師父的這個呼喚也是誠惶誠恐，去澳洲很好，但是說給師父做英文翻譯，自己不敢當。我英文在大學裡教教金融課還算可以，講佛法、講傳統文化我講不出來。師父老人家當時鼓勵我說：「不要緊，我們共同努力。」我聽到師父的話都講到如此，對我這樣的遷就，說他跟我共同努力，我有什麼資格跟師父共同努力？我們跟在後面還跟不上！但是這樣的真誠，讓我們感動，心裡感動得無以復加。於是就下定決心要來澳洲。

剛好昆士蘭大學商學院在招老師，聘了我過去。而且很快，一個月之內將我和我母親永久居留的簽證就批下來了，於是我們就歡歡喜喜到澳洲。在昆士蘭大學教書，也教了四年。這四年當中有幸跟著師父老人家參加各種宗教和諧的活動、聯合國教科文組織的會議。我不僅為師父做翻譯，而且常常為師父趕寫發言稿，翻譯成英文。甚至師父到後來乾脆就讓我上台代他去讀這個發言稿。

在跟隨師父老人家的這幾年當中，讓我感受到師父的那種「不忍眾生苦，不忍聖教衰」的悲心。以及他老人家「為眾開法藏，廣施功德寶」的威德。無論走到世界哪一個國家地區，都受到當地的上至國家領袖、宗教領袖，下至平民百姓的尊重愛戴。於是漸漸也發起要弘揚、護持正法的心。

師父老人家當時鼓勵我學習講經，當時我也不敢發這個心。講經，我聽師父講經聽了不少，知道古人有「錯下一個字轉語，墮五百世野狐身」的公案，稍微講錯一點，就完了，後來因果不得了。所以哪裡敢發講經的心？

師父非常善巧，知道我信心微弱，所以他就鼓勵我說：「你可以把弘法當作副業。」我這一聽，把弘法當副業，這句話不錯，反正不影響我的正業，正業是在大學裡的教授工作，不影響我賺錢養家糊口。副業，想講的時候就講，不想講就可以不講，一點壓力都沒有。而且一開始師父就讓我講《因果輪迴的科學證明》、《太空物理學跟〈華嚴經〉的關係》，用科學的角度來講佛法，不是講經，問題不是很大，所以也就可以嘗試一下。

我記得二〇〇二年六月，我跟母親剛剛到澳洲，那個時候師父就叫我講，說：「你把你搜集到的關於輪迴的科學案例給大家講講。」我問：「怎麼講？」他說：「在攝影棚裡講。」在攝影棚裡，我從來沒講過。在大學課堂裡跟學生們講課，還可以，經過這麼幾年的歷練，不會怯場。在攝影棚對著攝影機，也沒有聽眾，講不出來。師父說：「不要緊，去講講，試試看。」就趕鴨子上架，把我推到攝影棚裡。

我當時很認真，生怕自己講得不好，墮五百世野狐，我就一個字、一個字的寫講稿。一小時的講稿，用四十個小時寫。於是寫好了，在攝影機面前就照著念，不敢念錯，所以非常地呆板，那是我第一次講課。好像光碟後來也流通了。早年的佛友可能有看過，那時候非常地緊張，從頭到尾肌肉都是緊繃的，一點笑意都沒有。所以很多同修跟我說：「你怎麼比光碟裡的樣子年輕？」我說：「可能是因為在攝影棚裡面太嚴肅了，看起來老了。」

第二次是二〇〇三年四月，師父老人家叫我講《太空物理學新發現的啟示》。那次也是趕鴨子上架，因為太空物理學，我根本就不懂。師父老人家一開始講：「你先幫我搜集一些這方面的資料，我們講《華嚴經》的時候能用得上。」我以為師父要，所以就搜集很多。從美國太空總署網站，從圖書館，找了一大堆資料，拿到師父那裡。師父看都不看，跟我講：「這樣吧，你準備一下，到時候你給我們講一堂課。」「不是師父要嗎？怎麼要我講了？」當時我心裡這麼想，不敢說出來，依教奉行。就問師父大概什麼時候講？師父講：「你過幾天就上山去講。」就是上圖文巴（編者注：澳洲淨宗學院所在地）。

我當時所在的昆士蘭大學是在布里斯本，在山下，距山上大概有一百公里的路，他讓我過幾天去。我心想過幾天，這太空物理學啃幾天就能通嗎？師父這麼講也不敢多說了。於是就在家裡閉關，從早到晚，一早三、四點鐘就起床，要啃這些物理學的資料。還要看看《華嚴經》，這兩邊對比著寫講稿。寫了一個講稿，不滿意，重新再寫。那幾天就是一條心做這個事情，都沒下過樓，後來把這個講稿寫出來了，就帶到山上，跟師父彙報。

師父聽了之後說：「好，那你就明天十點鐘在攝影棚講，然後還要現場直播，那是我講《華嚴經》的時段，我明天不講了，由你來講。」我這一聽，心都毛了。這也太快了，我還沒準備好呢！第二次上攝影棚，第一次太緊張了，第二次更緊張。而且這還現場直播，講錯了，「君子一言，駟馬難追」。而且學院當時還沒來得及通知，說師父明天這個時段改為鍾博士來講，沒有時間通知，沒有預告。所以我想當時全世界的人都等著看師父。時間到的時候一看，怎麼換了人？當時你就知道我心裡是什麼滋味。

結果我準備的講稿卻不到一個小時就講完，但師父是兩個小時的時段，怎麼辦？我想了個法子，用國語講一遍之後，再用廣東話再講一遍，所以湊夠兩個小時。就這樣子，師父慢慢的、善巧的引導我走上這條路。

當時這個課講完之後，心裡都空白了，腦子裡什麼想法都沒有了，不知道講得好還是不好。中午跟師父一起吃飯，也不敢問師父我講得怎麼樣。吃飯的期間正好新加坡一位居士打來電話，說突然聽到鍾博士在講課。他在新加坡聽了，能不能趕緊把那個光碟寄給他，他要在新加坡流通。我這一聽，心裡有點亮光了，大概還有點欣賞的價值。

經過這兩次不同尋常的歷練，對攝影棚的恐懼感就沒有了。從這以後，在攝影棚裡講慢慢也就自然了。到現在，我在攝影棚裡面已經度過了兩千小時了。現在講課可以說面前有人、沒人都一樣，講起課來如入無人之境。這是練出來的。所以師父常講，你要講經弘法，沒別的，就是天天練，天天上講台。所以我當時經過這兩次的練習，就有一點發心了，弘法看來也並不那麼難，就開始萌發辭職來專門弘法的這個心願。

師父老人家也看出來了，他老人家心裡什麼都明白，你在他旁邊什麼都瞞不了他，這是我跟他多年的心得體會。你要想瞞他，就是自欺欺人而已，你心裡的念頭他都知道。二〇〇五年的時候，他就勸導我發心，把副業改為正業。當時我因為經過練習和師父老人家不斷地帶領，心就愈發愈大了，不像以前那樣的卑弱，以前真不敢。師父引導我走上這條路，我就跟母親商量決定把昆士蘭大學終身教職辭去。

二〇〇六年九月二十七日，母親帶著我到香港來拜師。當時師父老人家很高興，他換了新裝，是別人送給他的韓國的一套服裝，他穿上了，正式接受拜師。母親帶著束脩之禮和她寫的《送子拜師文》，祈請師父老人家收留我這個學生。我們按照古禮，先向佛菩薩三拜，然後母親帶著我請師父老人家上座，我們再向師父上人三拜。過去我們向師父上人三拜，師父總是講：「不拜。」你要是拜了，他最多是講：「一拜。」他不會不說的，不會等你三拜的。這次他正式地接受了我三拜。我母親把《送子拜師文》給他恭讀了一遍，他收下了。

二〇〇六年底，我將澳洲的工作辭掉。房子、汽車，賣的賣、捐的捐，這些財產基本上都清理掉了。於是我母親回到國內，重新過上她的退休生活。她要靜修，要念佛求生淨土。而我就跟著師父老人家專職學習儒釋道課程，學習講經。

從二〇〇七年的年初開始，就每天在攝影棚裡練習，儒釋道的經典講了不少，有十幾種。另外還參加海內外的各種傳統文化論壇、各種弘法的活動，到現在已經是五年了。

我當時剛剛走上這條路的時候，二〇〇七年春節，師父老人家就跟我講，說我可以發心復講《華嚴經》。當時我聽了也感到非常地震撼，把我十幾年前的那個夢又震醒了。這是一個已經塵封了很久的夢，就是當時二十四歲的時候，想跟師父學《華嚴》，當時師父也正在講《華嚴經》。現在師父主動說讓我復講《華嚴經》，我心裡感覺到非常振奮。於是就想一心學《華嚴》，同時紮根，所以講了很多紮根教育的經典。

師父在二〇〇八年回到家鄉廬江實際禪寺，在那裡講《華嚴奧旨》。當時他讓我在實際禪寺帶一個華嚴班，十來個法師，一起發心學《華嚴》。先紮根，師父講用一年時間紮根。根紮好了，再深入《華嚴經》，一門深入，能夠開悟。所以我們大家一開始幹勁十足，後來因緣不足，師父老人家不能夠在廬江住，離開了。我又繼續堅守下去。可是師父不在，大家就懈怠。慢慢地有的人走了，有的人也就不能夠堅持原來的課程。

我跟師父請示，現在國內的因緣不成熟，要不然我還是離開，師父同意了。師父讓我還是回到香港來，師父每天在這裡講經，我當然心裡是很希望跟隨在師父身邊學習，所以又回到香港來。到現在，又五年過去了。

今年（二〇一一年）年初的時候，我在細細地思考，自從辭職拜師之後，到現在將近五年時間，我都在學習這些基礎的紮根課程，儒釋道三個根（指《弟子規》、《太上感應篇》、《十善業道經》），還有《沙彌律儀》，紮四個根。到底紮好沒有？今後方向在哪裡？我這一生的目的到底是什麼？於是我就非常冷靜地來思考。

這一生自己目標很明確，最重要的，第一就是念佛求生淨土、了生死。第二要弘揚佛法。傳統文化是弘揚佛法的一個輔助，因為沒有傳統文化的根基，學佛也很難學得進去。自古以來祖師大德無不是在儒、道上面用功用得很深。蕅益大師、印光大師，這些人都是通儒通佛。師父講：「儒和道可以代替小乘，做為大乘修學的基礎。」這五年來我都是學這個基礎課程。師父說：「一年就要打好根基，然後一門深入。」我學了五年，雖然是根性比較鈍，人家一年可完成的，我得五年完成。但是不能老在這個上面，還得要想想終極的目標。

我想想弘揚傳統文化也差不多了，名聲在外，不能夠再繼續了，要激流勇退。如果再繼續的話，古人講的「譽高則毀來」，你的榮譽、名譽太高了，譭謗就來了，出名不是好事情。現在沒法子，我們現在講課的光碟很多到處都流通，還有很多同學都把它出版成書，印了很多，虛名在外了。自己了生死還是遠之遠矣。所以突然生起對無常的這種恐懼，你看人生都過了一半，今年三十九虛歲，能不能再有個三十九年，不好說。我們如果沒有成就，那只是繼續沉淪在六道輪迴裡，這一生就廢了，太可惜！

所以思來想去，還是要走出家的道路。這一出家，首先自己可以清淨；第二可以專心來研究佛法。

我之前一直在講《無量壽經》，還沒講完，講了一大半。講《無量壽經》的時候，就特別有感觸，師父講「一門深入，長時熏修」，這個理念講了又講。而我這個人真是鈍根，你看聽經聽了這麼多年，如果從頭到尾算將近二十年，辭去工作專職學習都五年了，「一門深入，長時熏修」還沒有真正落實，還在大雜燴。儒釋道經典是講了不少，講來講去講的什麼？說得難聽一點，鸚鵡學舌而已。都是復講老師的，復講祖師大德的，自己一點體會、一點證悟都沒有。古德講的「說食數寶」而已。餓的時候，你就說那個食品，怎麼說你也吃不上。「數寶」，不是你家裡的寶，你數也不是數自己的，自己還是一貧如洗。

我們即使在這個講台上講得天花亂墜，生死還是沒有把握，那有什麼用？所以就下定決心，從今以後就一門深入《無量壽經》。「一門深入，長時熏修」才是真正成就的秘訣，成就的快捷方式。那些其他的大經大論，等到開悟見性以後再講。所以我就跟師父表白，說今後我就跟師父一門深入學《無量壽經》。師父對著我笑笑，還在考驗我，他說：「要先紮好根。第一年把三個根紮好，第二年把文言文學好，文言文要背一百篇古文。」我就對師父講：「我現在年紀大了，文言文不學了，現在我自己學的文言文，大概也能夠用了，反正佛經文言文都比較白，能看得懂。再講我只學《無量壽經》，也沒有多少問題，不背文言文了。」師父還是考驗我，跟我講：「那你文言文要是不背，你將來可能後悔。」我就說：「後悔就後悔了，反正我能往生，什麼都行，沒什麼後悔的。」

之後，我就特別給師父寫了封長信，跟師父表明，辭職拜師之後跟師父學經教，也在弘揚儒釋道傳統文化，到現在我感覺到已經可以告一段落。這個任務不管是完成得好還是不好，反正要畫句號。底下的時間就要一門深入學《無量壽經》。我還特別向師父表明，希望能夠出家，大概出家的因緣能夠成熟。

師父看了這封信之後也很歡喜，立刻給我安排。他跟我講：「我給你安排。」他就找香港圓明寺暢懷老法師，請他幫忙剃度。我就跟師父說：「請師父您親自給我剃度！」師父老人家一九九七年已經封刀了，就沒再給人剃過。所以師父跟我講：「不是我不想給你剃，是我給你剃了之後，你的障礙會很多。」

我當時聽了之後感覺到師父非常地慈悲，給你剃也是慈悲，不給你剃也是慈悲。師父講得非常嚴肅，跟我講：「你走這條路，要做好心理準備，這個坎坷、障礙，你自己要能忍受。」當時我已經下定決心，只要能夠為弘護正法，多少苦、多少辱，我都能忍。師父講說，讓我跟暢懷老法師去剃，我就聽從師父安排。於是就安排昨天完成這個剃度儀式。暢懷老法師請了他的老友，香港觀音寺的上融下靈老和尚做羯磨師，完成了圓頂儀式。師父上人很慈悲，全程參加了我們的剃度儀式。

當時我母親也是很希望我跟淨公恩師，在他座下剃度。但是因為師父老人家這樣安排，所以她特別寫了一封信給我的剃度師暢懷老法師，說明情況。因為我是一直跟淨公上人學習，現在沒學成，雖然在您老人家座下剃度，希望您成全茂森的剃度儀式之後，讓他還是在淨公上人座下學習。這個得說好，不說好到時會引起誤會。

我母親寫了這封信，我給大家讀一個片段，她是這樣寫的：

尊敬的上暢下懷老法師慈鑒：

欣聞我兒茂森發心出家，今特來拜見您老。承蒙上淨下空老法師介紹，您是一位在香港德高望重的佛門大德，特別推薦茂森在您的法座下舉行圓頂儀式。作為茂森六十七歲的老母親，我感到十分欣慰和榮幸。我支持兒子學習釋迦牟尼佛，出家修道，弘法利生，自覺覺他，覺行圓滿。我支持兒子出家以後，以講經說法為家業。效法蕅益大師及印光大師，堅持：一、不做經懺佛事及化緣；二、未證無生法忍前，不為人剃度，不傳戒；三、不做寺院執事、住持，而專注於講經弘法。因為茂森年紀尚輕，宜遠離名聞利養，一心辦道，伏望暢公慈悲護持，茂森剃度儀式最好能小範圍低調進行。

我希望茂森出家之後，十年之內，仍舊跟隨淨老學習淨土經典及《華嚴經》，以止語、禁足、靜修為主，早證念佛三昧。拜讀暢公的人生經歷，十五出家，有志於道。先後親近圓瑛、倓虛等佛門泰斗，弘揚天臺教理，住持倓老的中華佛教圖書館及天臺精舍，創立香港佛教青年協會，創建圓明寺等等。為佛教事業鞠躬盡瘁，雖年至耄耋（他今年八十三歲了），仍不遺餘力地奉獻，深得四眾弟子敬仰。由您做茂森的剃度師，茂森真是三生有幸。淨老是茂森的親教師，我做為母親，五年前曾帶茂森到香港拜師。特呈《送子拜師文》，對淨老說：「我就把兒子送給您調教，希望茂森在您的指導下專心修身弘道，並效法您當年不管人、不管事、不管財，專一潛心治學，自度度他。我希望茂森將來能承傳您的法脈，發揚光大，臨終往生極樂世界，上品蓮生。至於採取什麼形式，或如師父上人行做沙門，或如李炳南先生示在家相，完全聽從您的指導安排。」現在淨老安排吾兒茂森在您座下剃度，一是對您老的敬重、推崇。二是淨老五十多年的弘法生涯在國內外影響廣大，嫉妒障礙在所難免，為了減少給青年一代這樣的坎坷，所以他慈悲請您老剃度。至誠祈請暢公慈悲接納，同意茂森以上的出家請求。我雖然今天是第一次拜見您老，但由於淨老的推薦，我對您信心十足。至誠感恩您的應允。祝您法體安康，常住度生。

慚愧淨業學人趙良玉攜子鍾茂森頂禮敬呈

二〇一一年四月二十六日於香港

暢公接了這封信看了以後，非常隨喜母親跟我的這個志願，一切同意。而且在這信上簽了字，上面寫著：「釋暢懷同意茂森居士出家請求。二〇一一年四月二十六日於天臺精舍」。簽字同意了，於是把這封信也歡歡喜喜地呈給我們淨老。然後就準備出家，選定了日子。

暢公選的這個日子也主要是就我們師父上人的行程，等他在外弘法歸來之後，在香港的這個時期。所以非常地感恩師父上人、家母、家人、暢公的成就。我知道一個人出家的因緣，是非常不容易的。暢公，雖然我沒有跟他去學法，他是我的剃度師，淨公是我的傳法師，我對暢公也是非常地尊敬，他待人很真誠。

前天晚上我就住到圓明寺，先把頭髮基本落了，留下三小撮，在儀式的時候才最後剃除。前天晚上是十四，月亮圓了，天空也很晴朗。我晚上獨自一人出來散步，舉頭望明月，低頭思未來，這未來的路該怎麼走？

當年弘一大師，他遇佛法比我晚，所以出家也晚一些，出家時三十九歲，虛歲。我今年也三十九歲。弘一大師六十三歲往生，二十多年的出家生涯，成就很大。他是持戒念佛的，最後往生淨土。倓虛老法師四十多歲出家，也成為天臺一代祖師，最後往生淨土。我們師父上人三十三歲出家，比我早六歲，成就大家可以看到，那是不可思議的。

我今後這條路該怎麼走？師父常常講，在家要做在家人的好樣子，出家要做出家人的好樣子。那我到底怎麼樣才是做好樣子？在家人的好樣子，如果總結一下，可以概括為孝親尊師、五倫八德、敦倫盡分、閑邪存誠、老實念佛、求生淨土，能做到這些就是在家人的好樣子。出家人光是這樣還不夠，要怎麼樣？以苦為師，以戒為師，紹隆佛種，弘法利生，要荷擔起如來家業。雖然我自己在家沒有什麼成就，不能做高士。那麼出家之後，就要努力向高僧看齊。我記得拿破崙曾經講過，「不想當將軍的士兵不是好士兵」，這句話我們不要從世間功利的角度去理解。這是什麼？自己一定要有個志向。既然已經發心出家，這後半生，也是短短幾十年，那就要認真努力，不可以枉過一生。

所以我自己在月下獨自思考，希望此生能夠朝這個方向去努力，做到以下幾條：第一個求福、求慧、求往生，過去圓瑛大師有一個「三求堂」，這是他的三條願望。求念佛三昧，求往生把握。開悟求不得的，你一求反而是障礙。往生能求，往生淨土，「但得見彌陀，何愁不開悟」。第二個求弘法利生。修福修慧莫過於弘法利生，師父老人家提到的，要把佛教回歸到教育上。出家人就是老師，跟在大學裡面教授在身分上沒什麼不同，只是我們是義務的工作者，在家的教授有薪資、有收入，教的是世間法。我們出家之後也是當教授，教授佛法。我們生活很簡單，不為名、不為利，就是希望將佛法弘揚光大，利益苦難眾生。因為眾生的苦難都是因為迷惑顛倒而來，如果他們覺悟，苦難就沒有了。

具體來講，要把佛教回歸到教育，第一個就是講經不斷。把佛教回歸到教育上就是要講經。當然我們自己學淨土、弘揚淨土，也希望各宗各派都有人才出現，都能夠弘揚。一個人不能做多樣，只能做一樣。弄雜了，就做不成，只能一門深入。佛法裡面八萬四千法門，我們希望都能有能人出現。講《華嚴》的，講《法華》的，各經各論都有人弘揚就好。講經說法就能把佛教帶起來。人才多了，大家志同道合，將來彙集在一起，恢復佛教的叢林制度，建佛教大學。師父早年的理念就是，希望佛教大學裡面設立大乘八大宗派，小乘兩個宗派。每一個宗派一個學院，譬如說淨宗的淨宗學院，天臺的天臺學院，華嚴的華嚴學院，戒律的戒律學院，每一個宗都有一個學院。天天講經教學，樹立起學風和道風，那真是佛教大學。除了修學的宗派以外，還要加上一個專門培養護法人才的學院，等於是管理學院，怎麼管理好佛教的寺院、佛教的叢林。當然也可以考慮成立一個傳媒學院，專門傳播佛法。佛法要現代化，要弘揚必須用現代的傳媒工具，普及到全世界。師父在這方面開創先河，率先用網路、衛星、遠端教學弘法，收效非常的顯著。

把教學帶起來後，佛教大學如果能興旺起來，還希望以後能夠真正有六和僧團出現。如果我們這個世界真有六和僧團，那這個世界一定消災免難。希望什麼？每一宗都有六和僧團。因為這個六和裡面，見和同解，戒和同修，你修的法門都要一樣，你的見解也要一樣。所以最好是每一個宗有一個六和僧團，那十大宗派就有十個六和僧團出現，這還得了？僧團與僧團之間，宗派與宗派之間，互相恭敬、互相讚歎，絕不互相譭謗。古德講得好，「若要佛法興，除非僧讚僧」。互相要讚歎，隱惡揚善。像昨天我們看到一個很感動的場面，暢懷老法師特別恭請我們師父上人在大雄寶殿正位上，一個和尚、一個羯磨都坐在旁邊。

正位上讓我們師父上人坐上去，請他開示。還更特別的是，請我母親也坐在正中，跟師父平排，也坐在正位上，也讓我母親講兩句話。他的做法我沒想到，這個見地不簡單，把佛法的根本顯示出來了。佛法的根本是什麼？孝親尊師。一位是我的母親，一位是我的老師，他把這兩個人捧上去，顯示出學佛的大根大本，這個心量了不得。

不僅佛法要回歸教育，每一個宗教都要回歸教育，共同來挽救人心，使社會和諧。宗教要回歸教育，首先宗教要和諧，共同推動共同價值觀的教育。我們中華傳統的倫理、道德、因果教育，這些價值觀每個宗教都相同。那麼把道德、因果的教育復興起來之後，這個世界一定非常美好。也唯有在安定的社會當中佛法才能夠振興，才能夠培養出高僧大德。這是我在出家前一天晚上，月下徘徊，獨自的思考，想了這些事，也感覺到自己任重而道遠。

如果沒有學佛，沒有接觸到這些殊勝的教育，那就罷了。現在接觸了，遇到明師了，又接觸到了聖教，自己也有所覺悟了，理應立志以師志為己志，把師父的願望落實。師父老人家常對我講，要振興佛法這個工作不是一代、兩代人能夠完成的了，至少要四、五代。為什麼？因為佛法已經斷了四、五代了，你要重新把它復興起來也要四、五代人。我們是前期做鋪墊的，希望把這條路鋪好，下一代的人繼續走，他們繼續去努力。正如師父老人家這一生弘法，現在到晚年，他最大的願望就是培養弘法的人才。師父老人家很謙虛，他說他也不想要多，有個五、六個學生能夠成就起來，這就很了不起了。我相信，佛菩薩加持，大眾要發心，是不會令我們師父老人家失望的。

弘法利生的工作要我們四眾同修志同道合、心連著心、手牽著手、共同的努力、團結一致，才能夠做好。這不是一個人、兩個人能做得到的。當然弘法關鍵還是在於我們自己本人修學要有成就。

希望我們一起努力，把佛教帶回教育。我自己一生也像師父老人家那樣，學習釋迦牟尼佛，不管人、不管事、不管財。生活盡量的節儉、簡單。把自己的餘生貢獻在弘法利生的事業上。可能自己還想在戒律上多研究一下，效法祖師大德持戒念佛。戒是一種保證，一個持名的助行，戒律持得好，心才能清淨。同時自己能夠持戒，也可以為大眾做一個表率。讓別人看到出家人真正的好樣子，對佛法也能夠生起尊重心。

自古以來，講出家人是將相之所難為。出家可做人天師表。憑什麼能做人天師表？就憑你的戒律、你的威儀。這方面我自己也很薄弱，以後要多用功。希望大家多多監督我，看到我放逸的時候，要批評我、提醒我，莫忘初心。

今天時間到了，我們就跟大家分享到此地。講得不妥之處，請大家多多批評指正！謝謝大家！阿彌陀佛。

二、學習誠敬心的心得分享

（編者按：二〇一一年十一月二十九日是澳洲淨宗學院成立十周年的誌慶，定弘法師在澳洲南昆士蘭大學克萊夫柏格佛中心作了《學習誠敬心的心得分享》的講話，和大家分享了「彌勒十心」的學習體會，感人至深。）

尊敬的諸位法師，諸位大德、同修，大家下午好！阿彌陀佛！

定弘今天非常榮幸，也感到很誠惶誠恐，登上學院十周年誌慶的這個神聖的講台，跟大家來分享佛法。定弘是今年（二〇一一年）農曆六月十五日出家的，學院等於是養育我法身慧命的地方。我記得學院在開幕典禮的時候，師父上人還請我來做主持人，沒想到時間過得這麼快，現在已經出家了。出家了，這次是第一次回娘家，這是我法身慧命的娘家，我感覺到非常榮幸。當然也很惶恐，自己修學並沒有什麼成就，感覺到十年的光陰虛度了。今天雖然是出了家，也在弘法的道路上走了不少年，有一點點微善，但是自己了生脫死還是沒有消息，道業沒有成就，實在是愧對師父老人家。

因為剛剛受了戒，今天披上這件二十五條衣。我出家之後，都佈施得光光的，連買二十五條衣的錢都沒有，還是師父給我的衣服。披上這件衣服，就想到師父的婆心教誨「地獄門前僧道多」！

為什麼修學沒有成就？我就自問自己。師父在講經裡面常常提到，就是因為誠敬心不足。印光大師曾講「一分誠敬得一分利益，十分誠敬得十分利益」。我自問自己，這麼多年佛學常識是學了不少，也能夠上台講經。特別是五年前，自從辭掉昆士蘭大學的教授職位，就開始追隨師父老人家學習弘法。五年下來講了不少經，儒釋道三家講了二十多種，超過兩千多個小時，但是實在講，我自己感覺到就是師父講經裡面常講，這是做佛學的、做儒學的、做道學的，沒有真正入學佛、學儒、學道的門。（大眾鼓掌）大家給我鼓掌，我就更加感覺到羞愧了，因為什麼？能說不能行，不是真智慧。不能夠入佛法之門，原因就是誠敬心不足，或者可以說一分誠敬都沒有，所以可能一分利益都得不到。我自己屈指一算，師父的經教，我是一九九二年就接觸了，到現在頭尾就是二十個整年。二十整年，感覺到自己是一事無成，非常的羞愧。

這次來，承蒙學院悟行法師邀請，讓我給大家做一個簡單的分享。我就請教師父上人，這次來講要講什麼題目？師父老人家就告訴我，你可以給大家講講「學佛要有誠敬心」。我想這正是對治我的毛病。講演總是要有一個提綱，大概這是我沒有那種能力觀機隨緣開示，所以必須之前要準備一個提綱。那用什麼做提綱？正好前不久，聽師父講《大經科注》，講到彌勒菩薩的十種念佛心。這是在《無量壽經》第一品裡面，彌勒菩薩他發了十種心，願意求生淨土。我想正好用來做為我的演講提綱，因為這十種心正是菩提心。我們要求生淨土，條件就是《無量壽經》講的兩條，「發菩提心，一向專念」而發菩提心，甚至比一向專念更重要，沒發菩提心，光有一向專念，不能往生。

彌勒十心出自於《大寶積經》的《發勝志樂會》，過去十多年前師父曾經講過三遍，當時（一九九七年）我聽了就非常的感動。那時我二十四歲，聽了這部經之後，就發了九條孝願。所以這部經對我特別的有教化的意義。這次又重溫《殊勝志樂經》裡面的彌勒十心，又非常的受用，所以來跟大家分享。

誠敬心就是菩提心，它是菩提心的體。師父講菩提心講了五條，真誠、清淨、平等、正覺、慈悲，這是菩提心。真誠就是體，誠敬是對自己真誠，對一切人事物都恭敬。所以我們來講彌勒十心，用這個做提綱。因為講佛經，我們就按照講經的方式，正正規規的講。我們先念經文，然後逐段分享。

這是出自於《三藏法數》抄錄的經文：

「彌勒菩薩白佛言：『如佛所說，阿彌陀佛極樂世界功德利益，若有眾生，發十種心，隨一一心，專念彼佛，是人命終，當得往生也。』」

這是彌勒菩薩在大會上祈請釋迦牟尼佛。《大寶積經》裡就有《無量壽會》，是五種

《無量壽經》原譯本其中一種。彌勒菩薩在這裡講：「如佛所說，阿彌陀佛極樂世界功德利益」，肯定是之前就聽到本師（世尊）講阿彌陀佛本願功德、極樂世界依正莊嚴，都生起嚮往之心。極樂世界這麼殊勝，我們大家都想去，怎麼個去法？在這裡彌勒菩薩著重給我們講發菩提心。他說：「若有眾生，發十種心。」這十種心就是菩提心展開，也就是誠敬心的展開。「隨一一心，專念彼佛」，這十種心，你能發出一種就十種具足，你一種沒有做到，那你十種都沒做到。所以一即是十，十即是一，我們發起這樣的菩提心，然後專念彼佛，這就跟《無量壽經》講的宗是一樣的，「發菩提心，一向專念」，這個彼佛就是阿彌陀佛。「是人命終，當得往生」。既然這十種心這麼重要，我們就得留意了，看看我們這個心跟彌勒菩薩所講的十心對不對得上號？相不相應？如果相應，你就能瞭解你肯定能往生，只要你願意去，你肯定能去；但是你要是不相應，那就得要調整心態了。

第一條：「無損害心。念佛之人，於諸眾生，常起大慈之心，不加損害，令得快樂，是名無損害心。」

這是十心的第一個，對一切眾生都不能有損害的意念。這個「眾生」包括十法界所有的眾生，都不能夠有惱害他們的念頭，而應該生起大慈悲心，憐憫他們的痛苦，盡量讓他們離苦得樂，甚至他有一念覺得不舒服，我們都應該幫助他消除。絕對不要跟任何一個眾生對立、產生矛盾，甚至起衝突，這就是有損害的心。佛教的戒律，五戒、沙彌十戒，第一條都是把殺生列出來。殺心就是損害眾生的心。我們如果還有損害眾生的意念，殺戒就不圓滿。我自己反省，我這一條確實沒有怎麼做好，沒學佛之前不用說了，殺生害命肯定造了很多。因為自己從小到大都比較順利，學習成績每次考試都是最優秀的那一名，二十六歲成為博士，然後又當美國大學的助理教授，後來又獲得美國大學的「優秀傑出人才」的綠卡。然後師父叫我來澳洲，我就來澳洲，昆士蘭大學又請我，又破格提升我做副教授，讓我當博士生導師，這一生好像都是順順利利過來的。這人一順利，就容易起傲慢心。這一起傲慢心，往往跟人就格格不入，我過去都是這個樣子。

我記得我是二〇〇二年六月份來的澳洲，那時澳洲一個月就給我辦好了我和我母親的PR，就是永久居留，這是非常快速的。來了以後就在大學裡教書。師父老人家叫我常常跟隨他參加國際會議，推動宗教的團結。這是一個很好的學習機會，但是我有一半的心裡想著：「你看我還是挺有能力的，師父都看得起我。」這是傲慢。沒有把這樣的一個機會用足，為什麼？因為沒有誠敬心。傲慢心增加就沒有得到利益，最多是什麼？得到一些閱歷，瞻視師父老人家在這些活動中的風采，學到一點點他老人家的行持，頂多是這樣而已。但是真實的利益沒得到，就是因為傲慢心。

那時候在昆士蘭大學，我的一個同事正好是聯合國教科文組織駐澳洲國家委員會的主席，是昆士蘭大學商學院的教授。我跟他聊天就聊起我們師父老人家的這些理念，他聽了很感興趣。在二〇〇四年十二月，他就問我，能不能邀請師父老人家參加阿德雷得的聯合國教科文組織的國際會議？我說：「這太好了！你發邀請函吧！」他就給師父發了個邀請函，於是我就幫忙做些安排工作。因為當時自己年輕氣盛，覺得你看這個事情我很有能力，我在安排師父老人家，我在護師父老人家的法，儼然一個護法的樣子出來了。結果在安排整個事情的時候，就有點像高高在上發號施令一樣。那時候悟梵法師正好做師父老人家的秘書，悟梵法師也非常能幹、非常優秀，跟著師父這麼多年，人家是老資格。我是初來乍到的，竟然好像發號施令的樣子。當時我做事又特別認真，就把每一個人該做什麼，用一二三四五六七，這一條條全部列出來，然後給她，下達指令。這是什麼？不懂做人，只會做事，沒有用。當時因為師父老人家對這個會議也是非常的用心，因為這是頭一次參加聯合國教科文組織正式的國際會議，並且做主題演講，所以他就讓大家都要跟我配合。當時我沒有那種感恩的心，更沒有謙卑的心，而是用一種傲慢的心去做這個事情。當然這個會議辦得很成功，從頭到尾各方面都非常順利。

但是事後悟梵法師當然心裡就不舒服。之後我也不懂，我這人就是傻大粗，事情做完了就撂下不管，也沒有考慮到別人的情緒問題。所以當時師父老人家讓我把他跟我這兩年，那時是二〇〇三年初開始參加國際的活動，二〇〇三年到二〇〇四這兩年來，老人家在國際活動上的這些理念、活動做一個總結。我就認真的寫個總結，中英文的。然後我就交給悟梵法師，請她幫忙把一些相片插進去，做成一份很好的資料。當時也是指令式地去攤派工作，卻沒想到自己一個在家人，怎麼能夠對出家人好像是對手下一樣的命令，這樣做非常的不妥當。結果悟梵法師就扣在那裡，不動了。不動之後我心裡當然也不高興了，我說：「你怎麼能扣著師父的工作？」卻沒想到是自己的無理、傲慢、不懂得尊重人，導致這個結果。結果我就向師父老人家彙報，直接就參奏。師父老人家就在我面前狠狠的批評了悟梵法師，說：「你這是嫉妒障礙，你怎麼可以這樣做？趕快做！」完了之後，我現在知道師父當時是恒順眾生，批評自己的人，因為我當時還沒有真正跟師父很久，不能算是能罵的人，所以當時他就批評了悟梵法師。我當時覺得心裡還挺過意不去的，因為他罵得挺大聲的，一點面子都不給。當時悟梵法師當然也是趕緊就做了，師父都已經這麼批評了，那篇報告做得很好。

這是二〇〇四年的事情。一直到最近，我在學習經教的時候，突然就反思到這個事情，覺得自己非常的羞愧。這是為什麼？悟梵法師往生以後，我在思考，因為跟悟梵法師也是有將近十年的工作合作，她現在一下子走了，就讓我深深的反思，想起這些過去一幕一幕，就覺得非常對不起她。而且更羞愧的是自己確確實實損害眾生的心就很嚴重，沒有考慮到人家的情緒，沒有考慮到人家的心理，自己傲慢、就沒把別人的面子、心態考慮到。師父老人家這麼狠狠的罵她，那肯定主要還是我自己的問題。所以現在再反思起來，我也覺得要向她懺悔。我想她已經往生實報莊嚴土了，她在極樂世界肯定都聽到我們在這裡講課，所以我也向她懺悔。

實在講，悟梵法師往生了以後，當時對我的觸動很大。因為二〇〇二年六月，我在澳洲淨宗學院參加佛學講座，當時我們學院很多法師練講，講得非常好。我聽了悟梵法師講《阿彌陀經要解》，聽得特別有受用。她講經是不用看講稿的，上台等於倒背如流這麼講出來，我當時就非常敬佩她。她做師父的秘書工作，也是任勞任怨，十分辛苦。所以我當時知道她往生之後的訊息，我也很難過，那天晚上我特別念佛念通宵，然後給她迴向，我想全球有很多的同修也跟我一樣，有念佛給她迴向。

學了經教以後，懺悔自己損害、惱害眾生的意念，就是從自己周圍的人這裡開始懺悔。想到悟梵法師病了以後，她是半年前病的，悟梵法師是一個很能幹的人，她給師父老人家做講經的字幕，上字幕從頭到尾都是她做的，給師父老人家查名詞術語，查得非常好。當時我們都不知道，現在因為我在協助師父做這方面的備課工作，才體會到梵師當年是多麼的辛苦。而且我都沒有她能幹，做不來她的工作，我們是二、三個人一起合作，才能夠做出她一個人做的工作量。所以當時就特別的有感觸，我就在佛像面前發願，願捨自己十年的陽壽迴向給她，希望她如果壽命沒到，業障消除，能夠恢復過來，能夠為師父上人繼續效力，這是難得的一位才女。如果她真的陽壽已盡，也希望她業障消除，順利往生淨土。師父老人家這是用她這個教材來教化我們，我覺得她就是菩薩示現的。這是第一條「無損害心」。

第二條：「無逼惱心。念佛之人，身心安靜，於諸眾生，常起大悲之心，深加湣傷，令得脫苦，是名無逼惱心。」

前面「無損害心」，講到「起大慈心，令眾生快樂」。第二條講「無逼惱心」，是令眾生離苦，這是起大悲之心。念佛之人，他身心安靜，這個安靜很重要。我記得幾年前，我剛剛辭職，踏上學習弘揚佛法這條道路，悟莊法師就跟我說：「你學佛一定首先要安靜下來。」我一聽，反省反省，自己確實是一個心浮氣躁的人。這心浮氣躁怎麼來的？也是這麼多年在世間名聞利養污染造成的，一直都是在世間追逐著名利，好聽一點就是事業有成，實際上就是在爭名爭利。所以爭名爭利的心肯定是浮躁的，必須要把名聞利養放下，心才能安靜得下來，安靜你才能夠得定，得定才能開智慧。所以如果不能放下名聞利養，怎麼可能安靜？

我自己常反省，在跟隨師父老人家全職學法之前，肯定是名利漢，肯定心浮氣躁。二〇〇六年底辭掉工作，跟隨師父學習，這個名利心雖然一直在淡化，但是還並沒有完全的清除。譬如說在海內外有很多地方請我們去講課，有講傳統文化的，那是沒出家之前，也有講佛法的。在講的時候，肯定就會起心動念，在分別「今天這個場地坐了一千人，真好」，講的時候也很用心，發揮就很好；假如是底下寥寥無幾，坐七、八個人，位子空空的，那個心力就起不來了。為什麼會有這種分別？就是因為對名利沒放下，所以對這個得失心就很執著。自己做的事情必須要有功有成自己才會滿意。如果覺得好像做這件事情人家也不欣賞，或者你做了之後人家不僅不欣賞，還不尊重你，心裡就覺得很難過。這些都是名利的習氣。

怎麼樣斷？我很感恩師父老人家，他就勸我說：「傳統文化論壇，你以後少參加，為什麼？真正要救世，還要靠《無量壽經》，靠大家念佛。」當時我就在思索，因為師父老人家在香港常住，「佛所行處，國邑丘聚，靡不蒙化」，香港就得要化，怎麼化？舉辦論壇。二〇〇九年十月份，有一位企業家，他受到我的鼓勵，在香港舉辦了一個三百多人的論壇，也很成功，師父老人家出席了。結果我自己還覺得不是很滿意，因為我自己出席的論壇都有一千多人參加，怎麼現在才三百多人參加？不行，我們應該辦個一萬人參加的。你看，這種得失的念頭就很重。結果我就鼓勵一些發心的同修可以辦萬人論壇，然後向師父老人家彙報，這樣辦好不好？師父老人家說：「這個我不參加。」我說：「師父，您到別的地方都參加萬人的，為什麼在我們香港不參加萬人的？」「不行，就是不參加，還不如念佛，我講經重要，講經不能斷。」其實我在想，師父老人家他是在教化我，教化我什麼？把這些念頭得熄掉，因為看到我身心都不夠安靜。師父對我們的期望不是只是做什麼大場面，好像弘法利生的場合很熱鬧，不是那個，是讓我們自己真正求得念佛三昧。所以師父說：「念佛，要改成念佛。」師父說改成念佛，好，就念佛，也不知道念佛到底有沒有人來？我說不如做成三時繫念，三時繫念我們請悟道法師來，肯定一萬人都有。但是師父說：「不行，就是念佛。」好，那只好聽師父的話，他們就去念佛了。而且師父也不讓我去參與，那我就不參與了。

現在靜下來想一想，師父老人家對我真的很慈悲，怕我在做這些活動時被捲進去。因為那時雖然還沒出家，但是有這個志願，是希望這一生像師父老人家一樣，專門是講經弘法的。這種事情可不好做，你得吃很多苦頭，耐得住寂寞。你做大場面、弄熱鬧，當然你是會很活潑，你會很有熱情，可是可能就耽誤了你的光陰。所以我現在回想起來，真的就很感恩師父老人家。所以那時決定出家後，我就給師父寫了一封信。因為師父幾年前，就向大眾公佈，那是二〇〇七年，有一次在《學佛答問》裡面，他老人家說：「我希望鍾茂森將來出家，做個大法師，續佛慧命，弘法利生。」我那時候沒聽話，二〇〇七年到二〇一一年，四年，在外面晃蕩了那麼久，現在終於這心安靜下來了，於是就想該出家了。今年虛齡三十九，人生過了一半了，不能再等了。過去弘一大師出家，三十九歲，他自己到晚年的時候，對自己都不滿意，他說自己是二一老人，「一事無成人漸老，一文不值何消說」。弘一大師尚且是這樣感歎，我們怎麼能跟人家比？現在都三十九歲了，如果還不趕緊，那可能師父老人家的願望就實現不了了。

所以我就寫了封信給師父彙報，我願意出家，請師父老人家安排，請您老人家看看，我現在出家的時機到了沒有。我想師父看了這封信，那肯定是好像等了好久好久，終於來了一個回音一樣。所以他馬上就給我安排，到香港圓明寺上暢下懷老和尚那裡出家。本來我還想著，是不是師父會看看時機成不成熟，沒想到師父立即給我安排，不知等得多麼焦急了。所以成就了出家，師父也很慈悲，特別出席我出家儀式觀禮。並且在儀式上講了開示，（因為一同出家的有三個人）師父開示說：「你們出家一定要把佛法帶回到佛陀教育上。」這是老人家對我們的期望。所以我自己現在感歎，確實因為身心不能安靜，就沒有辦法體會到師父老人家那種期許，這中間也不知浪費了多少光陰。

我二十四歲那年，就是十五年前，在美國達拉斯淨宗學會，那是我第一次能夠有幸拜見師父老人家，和師父老人家說話，那時我們尊敬的悟道法師也在。我那張相片還留著，跟師父老人家的，跟悟道法師的。當時師父是為最後一批悟字輩法師剃度，像我們學院的悟勝法師、悟通法師、悟琳法師，他們都是那時候出家的。我正好也參加這個儀式，有人就鼓勵我：「你要不要一起？師父最後一次給人剃了，以後封刀了，你趕最後一班末班車，要不以後沒機會了。」當時我業障深重，沒下這個決心，當時心裡確實很多起伏，猶猶豫豫，還是沒有出成。我就問師父老人家，我說：「您還記得十五年前在達拉斯的情景嗎？那時候您給最後一批悟字輩法師剃度，那時候我想出家，又沒出成。」師父說：「我記得。」我就問師父：「如果那時候跟您老人家出家，會不會比現在更好？」師父說：「那當然，但是你那時候不信！」所以我想想非常的慚愧，為什麼？因為名利心放不下，心不安靜，確確實實對師父、對佛菩薩那種期待，我們不能夠體會到，麻木不仁。也更不能體會到眾生的那種苦難，那怎麼可能說「起大悲心，深加滑傷」？做不到。一定是要把身心安靜下來。出家志求無為法，修道的人是修無為，不是修有為。我們現在修道還在做有為，甚至把有為的那套，原來世間法那套急功近利，這樣的做法搬到我們修無為法上來，就錯了。所以只有自己心安靜下來，清淨下來，才能夠體會到眾生的疾苦，「無逼惱心」才能真正生起來。真正無損害心、無逼惱心，念念幫助眾生離苦得樂，你才有第三條。

第三條：「樂守護心。念佛之人，於佛所說正法，當須不惜身命，守護愛惜，是名樂守護心。」

這就是發心護持正法。沒有真正發起菩提悲願，愛樂護法的心就生不起來。我是十八歲，剛上大學就皈依佛門了。剛剛皈依之後，什麼都不懂，就跟人家講，我這一生發願要做大護法人。那時候什麼叫護法都不懂，到現在才明白什麼叫護法。師父講經裡有提到，你必須要弘法，你才是護法。你不能弘揚正法，那你這個法怎麼護？你必須讓大家都來學、都來修，你才能護法，「人能弘道，非道弘人」。我才知道原來護法是這麼個護法的。

出家了，我出家的目的沒有別的，就是為了弘護正法。如果說自己修行成就，可以不用出家。因為出家反而不一定能夠像在家修行那樣更清淨，我想老修都有這種體會。像我媽媽，自己一個人在小屋裡，她就能夠自己修，她愛聽經、愛念佛，她自己能夠很清淨。像劉素雲老師，就在家裡聽經，聽《無量壽經》，一門深入，長時熏修，她得念佛三昧了，師父老人家給她印證的，她沒有出家。真正你想修行成就，不一定要出家。出家的目的是什麼？就是為了弘揚正法。我出家的剃度師父暢懷老法師，他給我起這個法名，定字輩，定弘，內號傳道，弘和道是用《論語》裡面的話，「人能弘道，非道弘人」。暢公跟我們師父老人家一樣，都是希望我們走弘揚正法的道路。

「樂守護心」，能不能做到這裡講的「不惜身命，守護愛惜」？上個禮拜，因為香港突然變了天，陰雨天氣，師父老人家有一點點傷風感冒，流鼻水。講經的時候，師父常常拿著毛巾擦擦鼻子。鼻水有時候甚至流下來又擦掉，那是感冒了。最後講到時間快到的時候，一直在咳嗽，都講不下去了。我非常有這種體會，因為我在出家前，用《弟子規》的七個科：孝、悌、謹、信、愛眾、親仁、學文，來作為《論語》的主線，然後用《論語》

講《弟子規》，講了三十個小時的一個專題，叫《君子修身之道》。因為趕任務，心可能也急了，結果就感冒了。感冒了還拚命講，一天有時候講四個小時，一個禮拜講二十二個小時。講到最後那個聲音都講不出來了，講兩句咳，講兩句又咳，非常辛苦。結果講完之後，肺氣都傷了，調理了好幾個月才調理過來。

於是我就向師父老人家祈請，我勸請他說：「師父，現在您身體小恙，不是很大問題，您休養一、二天，把身體調過來再講，要不然怕您這麼硬撐著傷了肺氣，可能拖的時間更長。」結果師父沒有說話，那個表情非常嚴肅，又有點無奈，很不情願的樣子。這時大家剛吃完飯，氣氛非常的凝重，大家都不說話。師父講：「《淨土大經》如果每天少講兩個小時，一年就少講一百個小時了。」因為老人家是每天講四個小時，當時我一聽，眼淚就掉下來，非常的感動。師父老人家八十五歲的高齡，講經這樣勇猛精進、不疲不厭，一天四個小時。連續講，我講過，知道多麼辛苦。我是三十多歲人，年齡還不足師父的一半大，師父老人家一天講四個小時，你就知道他多麼辛苦！所以有些時候，外地來的同修想見師父，這邊護法居士好像特別的嚴格，不讓大家打攪師父，這也是出於無奈，大家也要體恤。因為八十五歲的高齡，如果還有很多應酬，那真的會把身體拖垮。所以當時我祈請的時候，師父這麼回答，我心裡就很難過。一方面也希望師父老人家多講，一方面師父老人家身體必須休息。最後師父老人家還是答應了，休息了一天半，然後又繼續講，一天四個小時。

這就是「不惜身命，守護愛惜」。

這是師父給我們做示現。他這麼精進，我們年輕人怎麼可以懈怠？講經的、聽經的都不可以懈怠。你想想師父一天講四個小時，我們要是聽經聽不上四個小時，這是不是有點太對不起老人家？老人家是拚了命，為了消災免難，為了救度苦難眾生，讓我們有一個聞淨土法門的殊勝因緣，每天這樣講。他知道他每天講，就會有人每天聽，所以他不能停下。我們自己雖然不能夠像他這樣每天講四個小時，那你至少得聽四個小時，「樂守護心」！

第四條：「無執著心。念佛之人，常以智慧觀察於一切法，不生執著，是名無執著心。」

「無執著心」，必須要有智慧，常以智慧觀察一切法，一切宇宙人生的真相，必須你要明白，你才能夠沒有執著，這就是師父常講的看破、放下。看破、放下，不是口頭講講，在日常生活中，在待人處事接物中，你得真刀真槍的練。我看到師父老人家，真的平常就給我們做示範、做楷模，他老人家上台講經是言教，台下是身教。我覺得很慶幸，在他老人家身邊能夠觀察到，這是學習。

譬如說來澳洲前一天晚上，坐半夜的飛機，晚上十一點五十分，從香港起飛。結果晚上到機場都十點多了，進了海關，進了候機大樓。因為香港候機大樓特別大，要走路走到七〇號登機口，那路很長，要坐一段車才能到那邊。當時同行的居士不少，有一位護法居士，他自己比較喜歡散步走路，他就勸師父老人家說：「師父，我們一起走過去，不用坐車了。」師父說：「好好好。」師父反正什麼都說好好好。然後我在旁邊就說了：「師父，那個登機口很遠，要坐車過去。」但是那位居士他比較喜歡走路，他就說：「我們聽師父的，師父說好，我們就走路。」

我一看到這個，那就算了。但是走著走著看到不行，真的很遠，而且時間也比較稍微緊湊一點，得走很快才能走過去。我就又忍不住說：「師父，真的是蠻遠的！」我這話不敢大聲說，那位居士他走在前面，他聽不到我對師父講的。師父就跟我悄悄說：「不要緊，他喜歡走，我們就走。」當時我就特別受感動，八十五歲的高齡，這位老人家，你看眾生有什麼樣的請求，他都能隨順，一點執著都沒有。你喜歡做什麼，我隨順你。不像我們這年輕人都不能隨順，都有這些意見。這真的是值得我們學習。

第五條：「起淨意心。念佛之人，能離世間雜染之法，復於利養等事，常生知足之心，是名起淨意心。」

「淨意」就是清淨的意念，清淨心。淨土法門的核心就是「心淨則佛土淨」。我們要生極樂世界，要念到心清淨，心不清淨不能生淨土。怎麼才叫清淨？這裡有個標準，「能離世間雜染之法」。世間雜染你必須要離開，「雜」就是夾雜，」「染」是污染，這些都是妨害道心、妨害清淨心的。這其中特別提到，「復於利養等事」，講到名聞利養，因為一般的凡人都對名聞利養會執著。古人有說過：「天下熙熙，皆為利來；天下攘攘，皆為利往。」你說有幾個人能夠名利一點不沾？很難！這就是我們要修的。像我這麼多年在世間，雖然還算沒有犯太重的罪業，但是也不輕，就是名聞利養、五欲六塵的享受，自私自利、貪瞋癡慢造得很多。這些名聞利養一追求、一起心動念就是妨害了你的淨意心。所以怎麼做法？要「常生知足之心」。最大的福報就是知足，人到無求品自高，人知足就快樂。

師父老人家對這一條，可以說對弟子們是非常嚴格的，名聞利養常常提醒我們不能沾邊。我在前兩個月早上，在香港我們住的精舍那裡，因為環境比較清幽，早上師父常常會出來散散步，我就跟著師父出來散步。我就問師父老人家：「師父，您講放下名聞利養，我感覺到自己已經放下。」為什麼？你看我現在已經沒有銀行存款了，名下已經沒有任何財產，現在也出家了，除了幾件僧衣，可以說一無所有。我現在基本上名聞利養都差不多放乾淨了。師父笑笑說：「沒有。」我這一聽說沒有，我再想想還有什麼沒放下？你說財，我真的是幾乎到身無分文的地步了，出門搭個計程車還得協會的同修供養我，要不然我沒錢。怎麼辦？我想想，對了，是不是還有點名，淨宗學院還掛著副院長。師父老人家在我剛剛辭掉職務，二〇〇六年，五年前他讓我掛這個名，實際上就是虛名，不管人、不管事、不管財的。我就說：「可能這屬於一個名，我想把這個也辭掉，請師父准許我。」師父說：「這個你還得保留，將來你還得去，對團結宗教、參加國際的活動還是有點幫助的。這個事情我已經老了，你們年輕人得要好好的接棒，不能老讓我們做。」我說：「您又不讓我放下這個，那我還有什麼沒放下？我想不出來了。」師父老人家語重心長的告訴我：「你名利心的念頭還有。」這一下讓我肅然，這一句話真的有點像一把刀子插到我心裡去。我想師父看得這麼細微，雖然名利的事情已經幾乎乾淨了，但是你還有雜染之心。師父老人家講：「你現在一百萬，你可以不動心了。一千萬，你會不會動心？」我就拍拍胸口說：「一千萬，我不動心。」「那一億，你動不動心？十億、一百億，你動不動心？」我就不敢拍胸口了，我說：「這個沒有試過，還真不敢說！」師父說：「這個你要是不放得乾乾淨淨，你到了那個平台上，你將來難免都會墮落。」必須要認認真真的，在心源隱微處洗滌乾淨，把一切雜染都洗乾淨了，才叫淨意心。我覺得這真是任重而道遠。其實弘法原來還是先要成就自己，自己要真正做到，清淨心現前了，你這個弘法才不會墮落。

第六條：「無忘失心。念佛之人，求生淨土，成佛種智，於一切時，念念不舍，是名無忘失心。」

這是具體的講，要念念求生西方淨土，念念不捨佛號，不能忘失。我自己思考，從朝至暮，從暮至朝，一天二十四小時，多少時間心裡有佛號？多少時間又忘失掉了佛號？我們大家都好好回顧一下，就不用拿時間長的說，就說今天，今天以來大家心裡有多少佛號？我的心裡就覺得忐忑不安了，確實忘失的時間比不忘失的時間要多！師父講，那你往生怎麼能有把握？臨命終時你忘失了怎麼辦？即使說你一半一半的機率，你二十四個小時有百分之五十的機率，十二個小時不忘，十二個小時忘了，那你往生的機率也是一半一半，按這個機率來講，這真是不可以掉以輕心！

幸好我們修淨土法門，了生脫死靠這個法門我們有把握。為什麼？你看師父老人家今天早上就給我們講《無量壽經》，黃念祖老人家的批註裡面有一句話，我聽了之後無限歡喜。師父老人家講，這個法門是救誰的？就是救我們這些凡夫，無功德者。凡夫，我是凡夫，我沒有功德，就是沒有戒定慧，但是蒙阿彌陀佛四十八大願的願力，他接引我們往生。怎麼才能往生？師父講一個條件，就是你真信切願。你是不是真信了？你是不是真願意往生？

我每次講課講到這裡，我都會做一個調查，像我們今天可以調查一下，在座差不多一千人，你真信切願能往生的，請你舉手。真信切願，真想往生，真好，阿彌陀佛，謝謝你們！這都是菩薩，這麼多菩薩。師父老人家可惜沒來看到，看到多歡喜！這句話好像答得挺爽快，可是真的嗎？你真有信願嗎？我把這句話反過來問一問，你是不是現在身心世界一切放下？請舉手，（少了一半都不止），謝謝你們，謝謝！這怎麼回事？這兩個問題是同一個問題，你真信切願求往生，你肯定身心世界一切放下；你要是身心世界沒放下，對不起，你那個信不是真的，願也不是真的。所以我們要真正下功夫，還得在放下這方面下功夫，常常思考，到底我對這個人世間，一切人、一切事、一切物還有什麼沒放下？

第七條：「無下劣心。念佛之人，常行平等之心，於諸眾生，尊重恭敬，不生輕慢，是名無下劣心。」

這條我做得最不好，所以今天是趁這個機會多向大家懺悔業障。我貢高我慢也很嚴重，儘管師父好多次，甚至拍著我的肩膀告訴我：「人要謙虛，不能傲慢！」他說：「你傲慢，你就會很多障礙。」我每次聽到就覺得非常慚愧，讓老人家這樣叮嚀，真是覺得自己非常對不起老人家。這個平等心就是謙卑的心，自己卑下，對別人要尊重。印光大師講的，「看一切人都是菩薩，唯我一人實是凡夫」。這是真的，你看我前面提到的，那時候對梵師我都有點看得不順眼，沒想到人家是妙覺菩薩，真是慚愧！

實在講，對一切眾生都要尊重，乃至對一隻螞蟻、一隻小蟲都得尊重，沒有「下劣心」，不能輕慢牠。我們學了佛，不殺生，這一點我基本做到了，螞蟻不會殺了。有時候螞蟻不知不覺就上到我手臂來了，我還會給牠皈依，皈依佛、皈依法、皈依僧。我以前是這樣對待螞蟻的，覺得還挺不錯的，我挺慈悲，你看我給牠皈依了，就這樣送走了，一口氣把牠吹到不知多遠了。你沒有殺害牠，但是你有沒有傷著牠？你自己試一試，如果是一個比你大十倍的人，一口氣把你從五樓吹下去，你會不會摔傷？那你吹螞蟻，掉到地上，牠會不會摔傷？我真的就沒去想這個問題。這就是什麼？對眾生還是不平等，還有損害、逼惱的心。後來聽經教，聽師父講，對眾生都得恭敬，不生輕慢。那換位思考，假如我是那螞蟻怎麼辦？我是不是很想讓別人一口氣把我吹到地上？「己所不欲，勿施於人」，那我就不能吹牠，想明白了。想明白怎麼辦？螞蟻爬到手臂上剛想吹的時候，不行，得把手臂放在地上，讓牠慢慢爬下去。如果你真的尊重人，你為什麼要改變人家的行走路線？讓牠慢慢的下去。所以這一點我也做得特別不好，現在就是改過。

第八條：「生決定心。念佛之人，不著世間言論，於無上菩提之道，深生正信，畢竟不惑，是名生決定心。」

知識份子都有這個毛病，就是喜歡戲論。什麼是戲論？世間言論都是戲論。乃至什麼？真正對一個修道人來講，傳統文化也屬於戲論。不過這個戲論對眾生、對社會有幫助，我們就應該恒順眾生，不能夠斷了眾生這樣的一個學習機會。所以佛法在世間，不壞世間法。但是我們自己修行不能著世間戲論，你講可以，你講《論語》行不行？可以，但是不能著。

你執著了，你就是沒有「決定心」。

我把工作辭掉了，我原來在大學教金融，那就是戲論。把那個放下了，現在出來講傳統文化，講儒釋道很多的這些課程，實在講我也著了。我給自己列了一個很長的課程計畫表，講完一課再講一課，講完一課再講一課，已經講了二十多種了，後面還有二十多種等著講。師父也隨順我，好，你喜歡講，就讓你多講，每天給你錄。二〇〇九年年初，我向師父老人家請示：「師父，我已經講完了《文昌帝君陰騭文》，講了一百個小時，下面應該講什麼好？」師父講：「那就講《四書》。」《四書》很長的工程。《大學》講了三十小時，《論語》講了二百八十二個小時，好了，講來講去，講到最後好像不行了，怎麼師父老講要「一門深入，長時熏修」，好像我走的這個路不太像，我就去請問師父。因為什麼？原來我的計畫書上還有復講《華嚴經》，這是更長了。《華嚴經》它屬於佛法，在五年前，我剛辭職的時候，師父就鼓勵我，將來你可以講《華嚴經》，那時候他也在講《華嚴經》。後來他說《華嚴經》不講了，改講《無量壽經》。師父講《無量壽經》，我這《華嚴經》將來講還是不講？我在那想，請問師父。師父說：「都可以，你自己看著辦。」你沒有「生決定心」，你還疑疑惑惑，師父都不給你提醒。因為什麼？師父告訴你的，不是你自己悟出來的，你不可能「生決定心」。

所以五年下來，也算是修得很多、講得很多，終於覺得不行了，自己了生脫死一點消息都沒有。你還講什麼？那不就是著世間言論了嗎？於無上菩提，你有沒有「深生正信，畢竟不惑」？你有疑惑。為什麼有疑惑？你不能「一門深入，長時熏修」，你不肯「生決定心」，就是有疑惑。於是就痛下決心，把這些全放下，沒講完的不講了，《四書》講了一半，《大學》、《論語》講完了，後面《中庸》、《孟子》不講了。師父以前叫我講《諸經佛說地獄集要》、《老子說百病崇百藥》等好幾個專題，因為師父看我愛講，他就給我講。現在發現不行了，於是我就跟師父講：「師父，弟子現在什麼都不講，就講《無量壽經》，好不好？《華嚴經》也不講。」師父說：「好好好！」所以出家以後就專講《無量壽經》，到現在已經圓滿了兩部，就是講了兩遍，每遍都是一百二十個小時，普通話一次，廣東話一次。我講也不是對這麼大的場面，都是對著攝影機，沒有聽眾，這是練。名聞利養你得放下，你在大庭廣眾講，你這麼用力；你在攝影機前，一個人沒有，你也講這麼起勁，這才叫做不二。《無量壽經》（粵語版），因為還沒有，所以師父讓我在網上直播，普通話的因為沒人知道，沒有人聽，就是在攝影棚裡自己錄，自己錄完後自己聽，看怎麼改進。

我自己跟師父發願，我說：「從今以後，盡此一生效法大勢至菩薩，『不假方便，自得心開』，我們就專學一部《無量壽經》，專念一句彌陀聖號，我這一生要示現這個榜樣，好不好？」師父說：「好！」所以再也不敢有好高騖遠的念頭，再也不敢有所謂的出來講經說法、弘法利生的這些念頭，這些往往都是名聞利養的助緣。弘法都是隨緣，自己真正成就了，佛菩薩他自然就會幫助你、護持你，不用自己起心動念，我怎麼去安排，我怎麼去計畫，根本不需要。所以今後願意耐得住寂寞，像彭際清居士講的，從今以後再不敢作度人妄想了，不敢再度人了，好好先度自己。怎麼度法？我們就是學講經，講經對我來講就是修行，師父老人家一生就是這樣修成功的，我們照著做就好了，都不用自己再發明創造了，「述而不作，信而好古」，什麼念頭都不用打，這樣我感覺到是最好。

第九條：「無雜染心。念佛之人，修習功行，種諸善根，心常遠離一切雜染煩惱，是名無雜染心。」

這裡又提到不能有雜染，前面第五條「起淨意心」也提到，證明念佛法門不夾雜是非常重要。不僅不夾雜世間法，連出世法、其他的法門都不需要夾雜。大勢至菩薩就是這樣修成功的，你看他跟五十二同倫，從初信位一直到妙覺位，五十二個位次統統都是修一個法門，就是念阿彌陀佛。我們加上《無量壽經》，是因為《無量壽經》幫助我們堅固信願。蕅益大師講「往生與否，全由信願之有無」。信願是根本，信願就是菩提心，也就是我們這次題目講的誠敬心。你沒有真信、沒有切願，你誠敬怎麼能出得來？所以不能有任何的夾雜。自己要修習功行，這個功行就是自己的清淨心。念阿彌陀佛種諸善根，往生淨土不可少善根福德因緣，那善根福德因緣統統都可以從一部《無量壽經》、一句阿彌陀佛當中修圓滿。

我們現在首先要把世間的雜染放下，世間的電視、報紙，我已經不看很久了，確實很有幫助。畢竟我們是初學，若接觸這些肯定難免受污染，所以不接觸為宜。可是我想想過去講課，講儒釋道傳統文化，要查閱很多資料，常常上網，上網難免有很多夾雜的資訊來，甚至一些無聊的新聞，自己不經意的就隨著它看下去了，那都是雜染。幸好現在光講《無量壽經》，而且是復講，也不用查太多資料，更不用上網查資料，所以心就會愈來愈單純。

我這次來，有好多位同修很久沒見面了，見了我出家的形象，剃了頭，就說你怎麼愈變愈小了？就是愈變愈年輕，看你真的像個孩子似的。大概是因為現在心裡雜染少了，單純了，說得難聽點，幼稚了。幼稚點好，像劉素雲老師說：「傻，傻最好。」學愚最好，學幼稚，不要那麼多的妄念，心裡不裝人、不裝事、不裝物。劉素雲老師講的：「不裝人就少愛憎，不裝事少是非，不裝物少貪念。」這些都是雜染，都可以把它放下。

第十條：「起隨念心。念佛之人，雖觀如來相好，而不生愛著之心，於無念中，常念彼佛，是名起隨念心。」

這個就是要常念佛，二十四小時慢慢的去念佛號不中斷。念佛三昧怎麼能得到？必須像《無量壽經》講的，先修一向專念，你得念得專心，而且常常這麼念，天天不間斷。一向專念，印光大師傳的十念法，非常好。十句裡面能做到不夾雜，慢慢這十句不夾雜了，再來個十句、二十句不夾雜，一百句不夾雜，最後一個小時都不夾雜，這一小時成片了，再努力二十四個小時，這樣慢慢就成片了。所以「起隨念心」，就是無念中心清淨了，你能夠常念彼佛，這就是「起隨念心」。心清淨了，誠敬心就現前了。對一切人，你都真誠；對一切事、一切物，你都能恭敬。

今天給大家簡單的彙報我學習師父老人家《淨土大經科注》講到的彌勒十心，結合如何來學習誠敬心，給大家做一個分享。有不妥當的地方，請諸位多多批評指正！謝謝大家！

三、佛法的人生智慧

（編者按：二〇一一年十二月二日，受澳洲昆士蘭大學佛陀教育學會的邀請，定弘法師回到曾經任教的澳洲昆士蘭大學，和校友們分享了《佛法的人生智慧》，法師深入淺出，分享佛陀的教誨，將佛法傳播給大家。）

主持人：我想鍾茂森博士每個人都非常熟悉，就是定弘法師，他曾經在我們昆士蘭大學任教，他是二〇〇三年進的我們昆士蘭大學，當時我是看著他進的。在我們教學期間，他教學的成績是非常的突出。因為我們在學術界要看一個學者的造詣的話，首先我們就看他在這個領域裡面見地如何，當時鍾茂森博士的論文，在經濟領域裡面確實是首屈一指的。在這之前他也碰到了佛法，也遇到我們的老師，他想在這個領域裡面，多元文化教學的領域裡面更上一層樓，因此在這兒經過了四年的教學之後，在二〇〇六年底的時候，離開了我們學校。他是跟隨我們的老師做一個傳統文化的義務工作者。當時在他離開學校的時候，說實在我是持有保留態度的。我理由是怎麼樣？當時我在學校裡面看到我們鍾博士的前途，在教育領域裡面，可以說前途非常光明。如果離開學校去走傳統文化這條路，這條路難走，因為傳統文化離開我們已經一百多年，已經邊緣化，包括我們，特別在我們教育系統裡面、教育領域裡面，真的是邊緣化，要走這條路不容易，這是其一；其二，我們的老師淨空上人德學兼備，精通中西文化，有修有行，做為他的一個學生出去弘揚，壓力是相當大的，這也是我持保留態度的一部分；第三部分，我們鍾博士如果出來弘法，隨著我們老法師的法緣，將是世界聞名，這對一位年輕的學者是一個非常大的考驗，名聞利養的考驗。今年六月份，我們的鍾茂森博士出家了，成為定弘法師，定，一定要定在弘法上，所以說他走的路是再加一個字，更困難！所以我希望在座的各位法師，你們是老修行，帶攜一下年輕的法師，對於我們來說，我們的護法責任是更重大，希望我們保護好我們的年輕法師，保護好我們的定弘法師，讓他在弘法的道路上一路上很通暢。接下來我們熱烈歡迎定弘法師為我們講學，謝謝各位。

尊敬的諸位嘉賓，諸位老師、同學們，大家下午好。阿彌陀佛！

人生總是很多的變化，我記得在五年前，我在昆士蘭大學的課堂裡面，都是穿著西裝、戴著領帶來跟大家講金融課，沒想到五年以後，我都已經改頭換面了。

這次因為跟我的恩師淨空上人回到此地，回到圖文巴淨宗學院，參加學院十周年的大慶典禮，有一個空檔時間，承蒙昆士蘭大學佛陀教育學會邀請，來跟大家結結法緣，也感覺到非常的歡喜。可能在座的朋友有一部分人對我非常瞭解，甚至很多上過我的課。

今天給大家分享的題目是「佛法的人生智慧」，實際上這要從什麼是佛教說起。大家可能對我自己的人生選擇都會有一些疑問，為什麼你原來是在昆士蘭大學做教授的，現在居然走上這一條遁入空門的道路，或許很多同學有這種疑惑。我就必須把佛教到底是什麼說清楚，它為什麼值得我這樣去追求，放棄一般人所追求的一切去追求這個。

佛教它不是一個宗教，很多人都把它誤會了，可能百分之九十的人，甚至更多的人都會認為佛教是宗教。沒錯，它在許多國家都屬於宗教部門管的，所以它就應該是屬於宗教，實際上它不是宗教。那它到底是什麼，我把這兩個字拆開來說一說，佛和教。什麼是佛？佛是一個人，你看它是人字旁，他不是神，這是一句印度的梵文，它原音叫佛陀耶，英文叫 Buddha，或者是 Buddhaya，中文的意思就是覺者，覺悟的人。覺悟什麼？簡單的來講，就是覺悟宇宙人生的真相，在佛經裡面有一個名詞術語叫做「諸法實相」，法就是宇宙一切萬有現象，諸法就是一切的現象，它有實相、有真相，能夠覺悟到這種真相，這個人就是佛。在覺悟的過程當中有不同的層次，如果沒有能夠完全覺悟宇宙人生的真相，可能覺悟了一部分，譬如說他對於人到底是怎麼一回事，自己到底是怎麼一回事，他覺悟了，在佛法裡講斷了見思煩惱。這個見就是見解，思是思想，煩惱就是不好的東西，我們都不想要煩惱，見解裡面有錯誤的，思想裡面有錯誤的，都叫做見思煩惱。如果能夠把見思煩惱斷了的人，在佛法裡面就稱為阿羅漢；再進一步，還有一種煩惱叫塵沙煩惱，塵沙就是像灰塵、像沙那麼多，很多很多，這些煩惱比較細微，如果能斷了，這種人叫菩薩，但是他還沒有覺悟圓滿，他還要再斷一層煩惱，叫無明煩惱，無明煩惱斷盡了，這個人就稱為佛，或者叫佛陀。

因此佛教它完全是一種教育，它教育我們懂得人生、宇宙的真相，不斷的把自己的煩惱放下，煩惱放下了，智慧就能夠現前。這三種層次，阿羅漢、菩薩和佛，這就好比在大學裡面三個學位的名稱。在大學裡面，我們有學士學位、碩士學位、博士學位，博士屬於最高學位，就算圓滿了。在佛法裡也是三個學位，阿羅漢好比是學士學位，菩薩好比是碩士學位，佛好比是博士學位。

我們在申請上大學的時候，不知道大家有沒有注意到，申請表上一般都會有這麼一段話，不管是在美國也好，在澳洲也好，在其他任何西方國家，你都會發現有這麼一段話：受教育的權利是人人平等的。我原來是在美國教書，在德州大學、堪薩斯大學都教過四年，所以我對美國教育體制也比較瞭解。他們的教育就是平等的教育，無論男女老少、各行各業、各個不同的宗教，不同的膚色，你只要符合它的錄取條件，都可以平等的上大學，所以在教育裡面是完全平等，就像孔子說的有教無類。佛法這種教育它也是有教無類，也是平等的，任何的種族、任何宗教信仰的人，男女老少，他們都可以學習佛法。而且當我們能夠真正達到佛法裡所說的標準，你斷了見思煩惱，你就能夠得到阿羅漢這個學位；你要再斷了塵沙煩惱，你就獲得菩薩這個學位；再進而斷了無明煩惱，你就獲得佛的學位。佛這個學位是人人都能拿到的，不是說只有釋迦牟尼佛拿到，只有阿彌陀佛拿到，不是，任何一個眾生都是平等的，都有資格拿到佛這個學位。

為什麼人人都能拿到這種學位？因為人人本性就是佛性，簡單的來講，你本來就是佛，只是因為你自己有這些煩惱而不能證得。《華嚴經》上講煩惱有三大類，跟前面講到的見思、塵沙、無明這三種煩惱相對應的，《華嚴經》上講是執著、分別和妄想。執著是見思煩惱，你對人、對事、對物都有執著，你放不下，那你叫凡夫；放下執著，你就是阿羅漢；放了分別，你就是菩薩；放下妄想，就是不起心不動念，完全回歸自然，回歸到了自性，這個人就是佛。

所以學佛，跟在世間大學裡學的學問有不同的地方，我們叫學道。老子在《道德經》上講：「為學日增，為道日損」，損就是減少，為學要增加。你們在這上課，每個學期得修多少門課，記學分的，然後一門一門累積，學分滿了你才能畢業，這是為學，當然得不斷增加，知識得增加，愈多愈好。可是學道正好相反，不是讓你不斷的增加，而是讓你不斷的減少，叫「為道日損，損之又損」，減少一直減少，就是放下再放下，放到最後，以至於無為，無為則無不為。無不為的境界那就是相當於佛法裡面講的究竟圓滿，你就無所不知，無所不能。這是《華嚴經》上講的，一切眾生皆有如來智慧德相，但因妄想執著而不能證得。這一切眾生不光是人類、動物、螞蟻，還有我們看不見的其他維度空間的生命，我們講鬼神、天人都會有，這些眾生本來就具足、就具有，還不僅是具有，是具足，滿足的具有如來的智慧德相。德就是德能、能力，相是相好。我們看到佛的相是特別的莊嚴，其實你的相跟他是一樣的，也是這麼莊嚴，你本來就是那樣子，為什麼現在不像那個樣子？你照照鏡子一看，有時候看到自己都不想看了，那是什麼原因？但因妄想執著不能證得，就是因為我們自己有妄想、有分別、有執著。

所以這樣簡單幾句話，我們就把佛陀教育的雛形給大概勾勒出來了，它是門教育課，讓我們認識宇宙人生真相，你認識了，認識得圓滿就叫佛。怎麼認識？放下，放下妄想、分別、執著，也就是斷煩惱，斷盡煩惱了，就是一切放下了，你就是佛。就好比你那個大圓寶鏡本來就是可以遍照寰宇，它本來是很光明的，但是現在很多灰塵，那怎麼辦？你得把灰塵擦掉，天天擦天天擦，最後都擦乾淨了，它就恢復了本性的光明。

再來看我們的本師釋迦牟尼佛，我們稱他本師，根本的老師，這位老師他的名號就教我們應該怎麼修學。釋迦牟尼四個字是梵文，翻譯成中文，釋迦叫能仁，牟尼叫寂默，合起來，釋迦牟尼就是能仁寂默。能仁就是慈悲，對待別人我們要用仁愛的心。你看儒家講仁，己所不欲、勿施於人，己欲立而立人、己欲達而達人，想到自己就要想到別人。從這開始，慢慢把愛心擴大，對盡法界虛空界，對整個宇宙所有的眾生，都用這顆仁愛的心，這就是佛的心、菩薩的心，這是對別人。寂默就是講心要空寂、要清淨，這是對自己的。為什麼釋迦牟尼佛要用這個名號？那就是對治我們這個世界上這些眾生的毛病。

佛的教學，他所有的名號、所有的形相都有表法的意思，他不是隨便起個名字。就好像父母給兒女起個名字，那都是父母對兒女有個希望。像我原來俗家名字叫鍾茂森，茂盛的茂，森林的森，就是父母希望我做棟樑之材。能仁寂默的意思也是對治我們現在眾生的煩惱，我們現在眾生愛心非常缺乏。你看我上個月跟我們師父老人家去了一趟羅馬，訪問梵蒂岡，跟天主教教皇見面，結果在羅馬街道上看到一起車禍，就是有人撞車傷到人了，結果那位傷者沒人救他。見死都不救。這是什麼？沒有仁愛的心，沒有慈悲的心。所以釋迦牟尼佛他就告訴我們，一定要慈悲，一定要仁愛，這是對治我們那種冷漠、不仁的心。

我們這個世界眾生心裡都不清淨，很多的污染。特別是現在電子資訊時代，網路、媒體污染都特別的嚴重，青少年每天都上網，身心都遭到嚴重的污染。釋迦牟尼佛這個「牟尼」教我們要寂默，心要清淨，因為心不清淨，你沒辦法體會出快樂是什麼味道。很多人可能這一輩子都沒嘗過什麼叫快樂，他以為有錢就快樂，拚命的去追求財富，得了一億還不夠，要兩個億，兩個億不夠，要十個億，一直無止境的追求，愈追求是愈苦，我們講「欲壑難填」。所以苦苦地往外去追求，你永遠找不到幸福和快樂。幸福快樂怎麼得來的？你放下就能得到。你把這個心收回來，能夠享受一下清淨的這種法喜，從聖賢學問當中你可以淺嘗到一點點。

我們師父老人家今年（二〇一一年）八十五歲，他二十六歲開始學佛，第一個老師是臺灣大學著名的哲學教授方東美教授，方教授告訴他，佛法是高等哲學。因為方東美教授本人學哲學的，他最佩服的就是佛教裡的哲學。他說《華嚴經》是佛法裡面哲學的最高峰，最完美的一部哲學概論。然後告訴我們師父說，學佛是人生最高的享受。我們師父當時對佛法都有誤解，一聽到佛教，迷信！這是沒文化的老頭、老太太學的，就會燒香拜拜，拜神拜鬼。你看佛教裡面供那麼多的神像，這是低級宗教，因為高級的宗教就一個神，拜這麼多的叫泛神教、多神教，這是低級宗教。結果方東美教授告訴他：「你年輕，你不懂。」他說學佛是人生最高享受。我們師父聽了以後，這才肯進來學，這一學進去真的就欲罷不能，一直從二十六歲學到八十五歲，你看六十年了，真的愈學他愈體會到這是最高享受，他得到了！現在你看，他這麼大年紀身體健康、思想敏捷，非常有智慧，每天講經四個小時，這不容易！我不知道在座有沒有講課的老師。我以前在昆士蘭大學一個禮拜上六個小時課，一個禮拜才上六個小時課，其他時間就是做做研究，看看書，備備課。上課是比較辛苦，六個小時都已經覺得多了，就常常跟我們的系主任去抱怨，你少來點課，我們多點時間自己得研究研究。你想想，一個老人家八十五歲，一天上四個小時課，一個禮拜上二十八個小時課，這個工作量有多大！你就想想，那等於差不多是七、八個人的工作量，再加上他還有其他方面的應酬，還有其他的為世界和平、為團結宗教所做的很多、很大量的推動工作，他卻都能應付自如。這靠什麼？一個是智慧，一個就是功夫，人家學佛真有功力，有定慧的功，一個定，一個慧，心定有智慧，他才能夠做事情做得這麼圓滿。所以他這是給我們現身說法，他真得到了。

他的第二位老師章嘉大師，當時就告訴他，說你學佛將來應該發心出家，出家要學釋迦牟尼佛。釋迦牟尼佛何許人也？三千年之前，在印度，他是淨飯國國王的太子，家裡是應有盡有，享受的是榮華富貴。可是釋迦牟尼佛的靈性很高，真的就像孔子在《論語》當中講的，君子憂道不憂貧，謀道不謀食。他對這衣食享受方面一點也沒有放在心上，他追求的是道。他在那思考，人為什麼有生老病死苦？這個痛苦能不能夠解脫？生老病死，國王也跑不了，父王他也得生老病死，所以怎麼才能解脫？於是他就出家要找這個答案。不光是自己求解脫，而且更重要的，幫助一切眾生找到解脫的方法。這是他老人家覺悟比我們一般人高。

出家了，在印度當年有九十六種宗教，真的是古宗教之國，那裡當時學術比我們中國還要發達，真是百家爭鳴，百花齊放。那個時候宗教裡的修行人，他們的境界都很高，他們都修禪定，都能夠上到禪天，所以他們能夠看到六道輪迴的現象。當時釋迦牟尼佛叫悉達多太子，喬達摩．悉達多，他出家跟這些宗教的長老們去修苦行，苦行了六年。因為當時宗教的這些長老都認為，你只有修苦行才能得到解脫。那就修苦行，修到什麼？六年當中一天只吃一麻一麥，甚至肚皮都貼到了脊樑骨上，這麼樣的苦！但是他的決心非常的堅定，真的是孔子所說的志於道，人家的志向立在道上，連身命都可以放下。

但是還是解決不了問題，他的禪定也能夠達到宗教裡面長老他們的境界，他看到六道輪迴，但是他都沒有辦法解決這三個問題：第一個，六道輪迴是怎麼來的？第二個，為什麼會有這六道？第三個，六道以外還有沒有境界，如何去超脫六道的境界？當時九十六種宗教的人都沒辦法解答他的問題，所以沒辦法，他只好自己一個人走到恒河邊上，在菩提樹下打坐，他發了一個誓願，說我不把這個生死問題弄清楚，不能了悟生死的話，我誓不起此座。於是就在菩提樹下入定，就是入到非常深的禪定。宗教裡面他們的禪定都只是世間的四禪八定，但是當時釋迦牟尼佛已經入到了第九定，第九定就超越了六道。一個非常偶然的因緣，他晚上看天上有明星，突然就大徹大悟。大徹大悟之後，我們講他的妄想分別執著一下全放下了，本性中的智慧，如來智慧就全現前了，他成佛了，拿到了佛的學位，他什麼問題都清楚、明白了，然後就開始在人間教化，當時他三十歲。他是十九歲出家，三十歲證道，就成佛了。

成佛以後講經說法四十九年，講經說法就是我們辦教育、辦講座。當時釋迦牟尼佛在這四十九年中，大大小小的講座辦了三百多場，一直到七十九歲入滅，就是我們一般人說他過世了。實際上，對一個了生死的人，他知道人根本沒有生死。這個生死是怎麼回事？只是肉體的生滅。就好像一件衣服，我們穿上這身衣服，穿了十年壞了，壞了怎麼辦？脫下來再換一件。這身體就像我們的衣服一樣，你穿了幾十年，老了，沒辦法再用了，就把它卸下來，然後再換一件新衣服，這就是所謂的輪迴。實際上有沒有生死？沒有生死，因為這個身體不是我，它是我的衣服，你說我把衣服脫下，我死了嗎？沒死，我不是好好的嗎？我們的靈性是永恆不滅的。釋迦牟尼佛就知道了，原來真正的我就是自己不生不滅的靈性，他證明了這點，完全覺悟了，這個人叫了生死，成佛道了。所以我們講他涅槃或者滅度，這些都是什麼？講他不是死了，因為對他來講沒有死。

　　他老人家這四十九年都做些什麼？概括起來就是教育，講經說法不就是辦教育嗎？不僅是教育，他辦的是義務教育，不收學費。你看我們大學裡收的學費還挺高的，對留學生還有更高的價碼。這不是義務教育，但是釋迦牟尼佛一分錢學費都不收，他比孔子做得更徹底，孔子收學生還有個束脩之禮，他連束脩之禮都不要，就是你只要肯學，他就肯教。所以他講經的課堂也沒有固定，也沒有像這麼好的一個講堂，這麼好的座位，還有空調，這麼好的音響、燈光，他沒有。他在哪講？恒河邊、菩提樹下、野外，或者是有人請他，他就在精舍裡，竹林精舍，或者是祇樹給孤獨園，這些都是他曾經常常講經的地方，那算不錯的講堂。很多時候就是在野外，我們很多同修是讀《無量壽經》的，《無量壽經》在哪講？王舍城耆闍崛山中，在山裡頭講。所以他的這個教育非常活潑，隨時隨地，也沒有固定的課時，沒有固定的時間，課時長的有二十二年，般若會；短的，簡單幾句話。所以你看《大藏經》裡面，那些經長度大小不等，《華嚴經》很長很長，九十九卷，你從頭到尾念一遍，一天念八個小時，得念二、三個禮拜，才能把整部經念下來；短的簡單幾句話，一頁紙就沒了。這是當時他老人家教學非常的活潑。他所辦的就是教育，他教學的內容就是關於宇宙人生真相的教育，是至善圓滿的教育。

從佛法裡面這些稱呼，我們就能夠進一步的瞭解，它確實是教育，不是宗教。你看釋迦牟尼佛，我們稱他本師，根本的老師。到寺院我們見到出家師父，我們稱師父，師父是什麼？就是老師，老師後面加個父，就對他更尊敬，古人講的「一日為師，終身為父」。所以我們自己稱為弟子，三寶弟子，弟子就是學生，這是師生的關係。所以從種種的這些現象看，我們就可以給佛教正名，它不是宗教，它是教育。認識這個問題非常重要，因為如果你要一開始就把它當宗教，那愈學就變得愈迷信，而且佛法裡面真正的東西可能你得不到，被你這種誤解、被你錯誤的理念給障礙住了。所以今天我們特別把佛教是什麼給大家解釋清楚，以後大家如果真有興趣來學習佛陀的教育，那就非常的順利了。你要把它當作教育來學，不是迷信，也不是宗教。

現在我們看到佛教存在的形式多種多樣，我們師父歸納了六個形式。

第一個就是釋迦牟尼佛親自傳下來的教育的佛教，它本來面目就是教育。

第二種就變成宗教了，什麼時候變成宗教？大概是二、三百年前，清朝時候。清朝前期，順治、康熙、雍正、乾隆他們那個時候都非常清楚，佛教不是宗教，是教育，這些皇帝他們都學這個教育。順治出家了；康熙他也是個佛學大家；他的兒子雍正更了不得，我看過雍正皇帝寫的一本著作叫《宗鏡錄大綱》，淨土宗第六祖永明延壽大師從《大藏經》裡面彙集出來的，叫《宗鏡錄》，這本書一百卷，他把它重新整理，抽取精華做了個二十卷的版本，叫《宗鏡錄大綱》，一般人沒辦法做得這麼深入；乾隆也是，他下令編了《乾隆大藏經》。所以這些皇帝都非常清楚，佛教是教育。什麼時候演變成宗教？到後來大概是很多出家人經典不學，經也不講，本來教育就得多講課，他不講課，大家就不認識了，到最後慈禧太后當政，她就完全廢除了宮廷裡面講經教學的制度。在清朝的時候，每個朝代都是，皇帝都封佛教的這些大師為國師，請他們來宮廷裡面講經教學。慈禧卻把它廢除了，而且她對佛教不尊重，你看她自稱是「老佛爺」，比佛還高。她一不尊重，底下的人、朝野百姓全都不尊重，後來是愈來愈偏。八國聯軍侵略中國，把鴉片帶進來，同時也把宗教帶進中國來，那個時候，宗教就變成正式的名詞。在中國古代，它講的是教育，儒釋道三家都是教育，它沒有講宗教，宗教是西方國家講求的。這種事情，現在我們看佛教都是宗教，一到寺院裡面，和尚就會念經，就會敲法器，做經懺佛事，超度死人，那都是變成只做儀式，沒有實質的內涵。實質是什麼？是教育。

還有第三，學術的佛教，就是把佛教當作學術來研究，像很多大學裡面在佛教方面開了課，我們以前昆士蘭大學還有一位教授也是專門研究佛教的，可惜後來病故了，很可惜。很多大學都有研究佛教史的，研究學術，但是不講修行，更不談怎麼了生脫死，怎麼成佛，不講這個，那就是變成學術。

第四個是企業的佛教，把佛教事業當做企業來辦，來賺錢。很多大的廟還蓋很多分廟，像分公司一樣，還有國際聯網，這都有，這是企業的佛教。

還有旅遊的佛教，所謂「天下名山僧占多」，所以就辦旅遊開放，寺院都開放，門票賣得挺高，賺錢！做旅遊，沒有修行，也沒辦法修行，天天都人來人往，怎麼修行？

第六個就更麻煩了，變成邪教，這是有一部分人別有用心，打著佛教的旗號，它就不是真正的佛教。

這六種不同形式的佛教，我們得認識清楚，然後我們就要選擇，到底我要選擇哪個佛教。我自己本人是選擇教育的佛教，其他的這五個對我沒有任何吸引力。

我也不想是宗教，我不參加什麼敲打唱念，告訴大家，我連敲木魚都不會。出家當和尚了你還不懂得敲木魚？我就是不懂敲木魚，我只懂講經說法，這個我可以，就像大學裡面講課，這個我可以，你讓我敲引磬、敲大磬，那我都不懂，外行。

我也不做學術佛教，我原來都做了八年學術，在大學裡教了八年的課，都膩味了，對我們本身靈性的提升也沒有什麼太大的幫助，煩惱始終還是斷不了，所以還是回歸到教育上來，真正進入傳統的回歸到教育上的佛教，自己學、自己修，才能體會到那裡頭的喜樂。正如《論語》第一句話夫子說的，「學而時習之，不亦說乎？」學習這些經典，不是光是學一個理論，更重要是習，學而時習。這個習，我們在以前讀中學的時候老師給我們講，當成溫習來講，這是完全錯了！你學了之後得回家溫習功課，你才能考好，那就不亦說乎。我們覺得愈溫習愈不樂，學得挺苦。你看很多中學、小學的學生，一天到晚背那麼大書包，他每年考這麼多的試，頭昏腦脹的，學校又追求應試升學率，壓力特別重，不是不亦說乎，是不亦苦乎！所以為什麼他苦、他沒有樂？因為他學聖賢的經典，他沒有去「時習」，沒去用。你沒有用到你自己日常生活工作當中，待人處事接物當中，你就是學是學，用的還是煩惱，那就苦。所以儒家都告訴我們這點，你學了聖賢的道理，必須要用到生活當中，你才有喜悅。有了喜悅，別人看到就羨慕你，你一天到晚滿面紅光、滿臉微笑、自在快活，怎麼我們這麼苦？他向你請教，這時候你就跟他分享。這是「有朋自遠方來，不亦樂乎」，那也挺快樂的，這種分享絕對是免費的。

我現在講課、講經從來不收一分錢學費。過去不一樣，我出去講金融課程，明碼實價跟他談，一小時六千塊錢，還要包機票、包食宿，招待得好。那時候都是個名利漢，追求名聞利養，跟人家談這些事，現在想起來，那也是不亦苦乎！現在快樂，現在世間名聞利養都放下了，我是身無分文，走遍天下。我自從五年前辭去昆士蘭大學這個職位，那時學校給我 tenure，就是我們講的鐵飯碗，等於說只要你不肯辭掉學校，學校不能辭掉你。工作很好，薪資也不錯，生活也安逸，一個禮拜才六個小時課程，對我們來講那是不在話下。而且每年暑假就有三個月的假期，還有寒假，寒假又有一個月，四個月假期，平常也沒什麼壓力。我是在商學院教書，學院每年都希望你能出一、二篇文章，我們這個學院所有老師平均每年發表零點八篇論文，這麼多老師，人均零點八篇論文。我每年都能出一、二篇文章，那算不錯了，很多人一年出不了一篇文章，甚至好幾年也出不了一篇文章，因為寫論文很花時間。我自己都是這樣，寫文章從頭到尾，從研究、建立課題、找資料、做運算等等，然後寫文章、修改，平均是二十五個月，文章出來就是兩年多，當然是好幾篇文章同時進行。我當時是平均一年四到五篇文章，屬於學院裡面的佼佼者。我也不算很費力氣，所以對我來說工作不算很難，也挺輕鬆的。

以前我跟我母親就住在河邊那些房子，St Lucia 那個區裡頭，每天早上太陽出來之前，我跟我母親出來散步一小時，晚上太陽下山的時候，我跟我母親又出來河邊散步一小時，每天還做早晚課，還有聽經，過得挺愜意的。為什麼把這些安逸的生活放下來，追求佛陀的教育、佛法的教育，有的人他想不通。

剛才主持人馮老師還說，她那時候勸我，你得好好考慮，她是非常愛護我，也是因為這條路不好走。因為什麼？你把鐵飯碗丟了，將來沒飯吃怎麼辦，是不是？老人家都有這個心，都會考慮，為後生晚輩著想，這學校工作不好找，你走了出去，以後再回來恐怕回不來了。Tim Brailsford，他現在是 Bond University 黃金海岸的校長，他年輕有為，對我也很愛護，就是他破格提升我做副教授，還給我 tenure，而且還對我承諾，說你再忍兩年，我一定給你教授。他生怕我跳槽跳走了，讓我一定得忍兩年。結果沒想到我忍不住兩年就走了，但是不是跳槽，是辭職了。所以我辭職的時候，他想不通，他找我談話，他說一般人要是工作沒什麼成績，走投無路，走你這條路我還能理解。您現在每年發表這麼多論文，學校挺器重你的，（我從二〇〇三年一月來的）二〇〇三年商學院就給你「優秀傑出研究人才」獎，二〇〇四年昆士蘭大學又給你這個獎，還帶著七萬五千元研究經費給你，二〇〇五年破格提升你做副教授，給你 tenure。我是二〇〇六年辭職的，他就跟我講，您能不能夠再想一想。我跟他解釋，怎麼解釋都解釋不通，他沒學佛當然沒辦法理解，這條道不一樣。然後他就跟我講，他怕我腦子出毛病，所以就跟我講，這樣，我把你的職位留一年，你這一年當中要是真想明白了，你再回來還有機會，你這一年以後你還不回來，那就沒機會了。我是非常感恩他，但是我這一走就是走五年都沒回頭。回頭是回過，但是回頭是看他來的，給他點禮物，告訴他我現在很快活，「學而時習之，不亦說乎？」他聽了還是沒明白，這沒辦法，人各有志。所以學道的快樂，它不是從外面，你得到名利、得到享受，好像你覺得快樂，那種快樂只能叫刺激。就好像人打嗎啡、吸毒一樣，你這是毒癮來了惶惶不安，吸了毒好像飄飄然了，那是快樂嗎？那是愈來愈苦。

學道不同，學道那種快樂，是從內心裡面像泉水一樣湧出來的，你可能吃得很簡單，就像孔子《論語》上講的，「飯疏食，飲水，曲肱而枕之」。飯疏食，吃飯粗茶淡飯；飲水，茶都沒有，咖啡也沒有，就喝水，白開水；曲肱而枕之，睡覺連枕頭都沒有，曲肱就是把手臂曲起來當枕頭來睡。但是孔子能做到什麼？他樂在其中。他的學生顏回，他是「一簞食，一瓢飲，居陋巷」，不改其樂。簞食，吃飯連碗都沒有，拿些小竹片編成一個小竹簍叫簞，一簞食；一瓢飲，杯子也沒有，拿個葫蘆瓢在那喝水；居住在陋巷。孔子講，別人在他的處境，「人不堪其憂」，但是顏回不改其樂，孔子非常讚歎顏回。他樂在哪？他就樂在不斷的力行聖賢之道，從這裡得到法喜。這法喜嘗到了，你對世間的名利真的就不感興趣。

所以 Brailsford 教授當時好心，希望我能回頭，我九牛都拉不回頭。這個快樂我淺嘗到一點點，雖然只是一點點，那也是世間沒辦法比的。古人所說的「世味哪有法味濃」，這種法味就是「如人飲水，冷暖自知」，你自己喝了才知道，我告訴你這水多好，你聽了只是個概念，你沒有感覺、沒有感受，你必須自己親嘗。怎麼嘗？你得去修學，學了習，學而時習。所以佛法，教育的佛教，必須是我們要透過力行來得到。所以這個課就不能不講，經也不能不聽，你不聽課，你就不能明白這些道理，不懂得怎麼去運用。

因為今天時間有限，佛法的大海，我只能夠拿出一滴水給大家嘗嘗，講起來三藏十二部是講不完的，佛都講了四十九年，我這四十九分鐘能講多少，是不是？所以我就給大家拿一滴海水，讓大家瞭解瞭解，雖然是一滴海水，但是保證這一滴海水是來自大海的，是真的佛法。如果你把佛法歸納起來，它的課程到底是什麼樣的，怎麼個修學法？

你看中國佛教四大名山，大家都知道吧？四大名山，第一就是九華山，是地藏王菩薩的道場；第二是普陀山，在浙江，觀世音菩薩的道場；第三，五臺山，文殊師利菩薩的道場；還有峨嵋山，在四川，是普賢菩薩的道場，這四大菩薩就代表了佛法修行的課程。

佛教的教育它非常講究藝術性，這些菩薩的形像它不是讓我們頂禮膜拜，它是讓我們瞭解它代表什麼樣的教育內容，所以我們在瞻禮這些菩薩像的時候，立刻要想到菩薩教我們什麼，你這才能學到東西，你到寺院裡拜沒白拜，不是迷信。

地藏菩薩代表什麼？代表孝親尊師，這是佛門的第一課。《地藏菩薩本願經》很多同修可能讀過，我也是這本經帶我入門的，入佛門這部經是很好的基礎課程。當時我讀這本經讀得非常感動，痛哭流涕，因為這個是記錄地藏菩薩是怎麼來的，他的來歷，我們講是他的個人簡歷。地藏菩薩過去是婆羅門女，那是她在因地上，無量劫前，不知時間多長遠，無量劫前她也是像我們一樣，是一般凡夫。她是個女孩子，是婆羅門，印度把貴族就叫做婆羅門，她是個貴族的女孩子。結果她母親造惡業墮了地獄，她非常難過，很孝順的一個女孩子，到佛門、到道場，當時她那時候的佛不是釋迦牟尼佛，那時候有一位佛叫做覺華定自在王如來，於是婆羅門女就去瞻禮佛的形相：是看他來的，給他點禮物，告訴他我現在很快活，「求佛大慈大悲加持我，讓我能夠知道我母親在哪裡。」結果她因為很真誠，她把所有的這些家裡的財物都佈施供養道場，道場就是寺院，是佛陀教育的機構，它的職能是推動佛陀教育，佛門裡的術語叫弘法利生，弘揚佛法，利益眾生，就是每天要講經教學的，這是好事情。所以她就把自己家裡的財物拿去供養，支持佛陀教育事業，功德很大！她那種誠懇、至誠心感動了佛，佛在空中現聲音，沒有現形相，告訴她：「我是你所瞻禮的覺華定自在王如來，見到你那種對母親的孝心超過常人，所以特來安慰你，妳想知道妳母親的去處，妳就趕緊回家念佛。」這是告訴她念佛號，念當時的佛，是覺華定自在王佛，她回家念佛。結果婆羅門女因為思念母親心切，回家念佛，念了一日一夜，念到一心不亂，我們講她得定、得三昧了，念佛三昧，達到念佛三昧神通就現前了。

我們凡人說神通，實際上不是什麼神的通，是每個人本來就有的通，《華嚴經》上講，一切眾生皆有如來智慧、德能、相好，這個德能就是神通，一切眾生都有，只是因為自己

有妄想、分別、執著，你沒辦法用它，它出不來，被障礙住了。你的心清淨了，你得定、得三昧了，三昧是梵文，就是講正定，你得定之後，自性本有的能力就現前，她就能到地獄去，婆羅門女就下了地獄。這地獄可不是一般人能去的，只有兩種人能去，一個是菩薩，去度眾生的；一個就是造了地獄的惡業，下地獄受苦的。結果她到地獄，那裡有個鬼王叫無毒鬼王，問她說：「菩薩」，你看，鬼王稱她叫菩薩，說明她已經證得菩薩，證得念佛三昧那就是菩薩。鬼王問說：「菩薩，您來這幹什麼？」她說：「我是來找我媽的。」「你媽叫什麼名字？」她報了名字叫悅帝利。「她因為她女兒孝順，修大供養，真修行，所以這個功德已經讓她生天了」。你看婆羅門女救她母親離開地獄生天了，這是大孝。不僅是讓她母親離開地獄，跟她母親在一起的那些人都沾光，都一起生到天上去了。這個念佛功德不可思議，「一人成道，九祖生天」，那沒錯的！

地藏王菩薩前身是婆羅門女，那種孝順！教我們什麼？學佛必須從孝道開始學起，你沒有孝道就沒有師道。佛法是師道、是教育，你學這門教育要想學得成功，關鍵所在兩個字，「誠敬」，真誠恭敬。近代淨土宗十三祖印光大師說得好，「一分誠敬得一分利益，十分誠敬得十分利益」。誠敬怎麼來的？你沒有孝心就不可能有誠敬，你對你爸爸媽媽都不誠不敬，你能對誰誠敬？你向佛門裡面發大願，「眾生無邊誓願度」，那是假的！你對自己父母都不能夠愛、不能夠敬，怎麼可能度眾生？所以第一課是地藏菩薩教我們的，孝親，你才有尊師。佛法是師道，必須要透過尊師重道，有這種誠敬心，你才能入得門來，否則，你即使學得再多，也只是做學術的佛教，嘗不到真正的法味。

第二位菩薩是觀世音菩薩，他代表大慈大悲。地藏菩薩代表孝親尊師，專門是對父母、對老師；現在觀世音菩薩教我們把這種孝道、把這種愛心、把這種恭敬心擴展，對一切眾生都用這顆心，這就是觀音的大慈大悲。這個大是平等的意思，它不是大小有對待的那個大，有對待就不是絕對的，是相對的。這個是絕對的、平等的、沒分別的這種慈悲，這是觀世音菩薩代表的。

第三位菩薩是文殊菩薩，他代表智慧。這個智慧不是普通智慧，佛法裡面有個專門的名詞叫般若，般若智慧。般若是什麼？就是體悟了宇宙人生真相，明白宇宙是怎麼回事，你才有智慧，你才對一切萬法不生執著，你才能夠把煩惱斷除。宇宙人生真相到底是怎麼一回事？現在量子科學家已經給我們透露出來了，你看著名的量子力學的創始人普朗克博士，他一直研究量子、研究原子，研究了一輩子，他得出一個結論，說世上根本沒有物質存在。他說什麼是物質？物質就是波動，振動產生物質。就像琴弦那根弦的振動，天文物理學有一個弦理論（String Theory），就是講這個。所有物質分析到最後，原子核裡頭有中子、有質子還有夸克組成，原子核外面繞著電子；電子再往裡頭分，分到最後，現在能發現中微子，大概是電子的一百億分之一；再往下分就發現只有波動，什麼物質都沒有。

波動怎麼來的？普朗克博士說，這是由於意識產生的，就是意念、念頭動了。就好像慧能大師跟廣州光孝寺那兩位法師講的，不是風動，也不是幡動，仁者心動。您老人家心動了，才有物質發生，才有宇宙形成。你要是心不動，那就是永嘉禪師講的，「夢裡明明有六趣」，六趣就是六道，「覺後空空無大千」，什麼都沒有，這是真正的覺悟。知道什麼都沒有，你就不會執著。萬法皆空，這不是讓你消極，不是，那是事實真相，量子力學已經給我們證實這點，事實真相真的就是空，只有波動。只有你把念頭放下了，你才能看到真的是這樣，你念頭不動，你才能觀察動的現象。你成佛了，就是念頭不動了，所以你一切的現象都瞭解，然後你看到眾生，凡夫動，動得太厲害了，大風大浪，阿羅漢動得就很輕微，菩薩就更微細。佛是不動，就好像一湖湖水，湖水無風無浪，那是非常平靜，外面的山，山色照得非常清楚，你對於宇宙人生真相很瞭解，一目了然，因為你心不動。如果你有風有浪，那是照不清楚，所以你就不明白宇宙人生真相，所以你就糊塗，糊塗你肯定就造業，造業你就會受報，你就會有苦。

所以佛法講惑業苦，迷惑就造業，造業就受苦，受苦了又更加迷惑，如此不斷的惡性循環，就是輪迴。什麼時候把迷惑一下放下，你就覺悟了，迷惑沒有了，你就不造業，不造業你就離苦得樂。宇宙人生真相你明白了，就真有這個好處。明白了以後不是說什麼都不幹，就是空了，做什麼？有什麼意義？你自己不起心動念，你自己覺悟了，那還有眾生。

覺悟的人明白，眾生跟自己是一體，他跟我一體，他不覺悟也會影響我，我就不能甘心、不能忍心看著他迷惑顛倒受苦，我得幫助他。這種幫助是無條件的，為什麼？是一體。就好像我們的人身哪一個部位，譬如說手傷了，很痛，左手傷了，右手去撫摸它、愛撫它。請問愛撫講條件嗎？右手有沒有跟左手討價還價，你得給我多少錢，我才能愛撫你？沒有，念頭都不動，自然反應，就是去幫助它。這就是佛法講的「無緣大慈，同體大悲」，無緣就是無條件，大慈悲是沒有條件的，那是自然反應。佛菩薩度眾生，他不起心、不動念，他是自然反應。這個境界大家琢磨琢磨，左手傷了右手去幫助它，它起心動念了沒有，是不是自然反應？它為什麼能這樣反應？因為是同體，它知道是同體。我們為什麼不能幫助別人，看到人遇到車禍死在路上都不肯去伸出援手？就是因為迷惑太深了，就是麻木不仁，這個就是痛苦的根源。所以文殊菩薩代表智慧，告訴我們，你真明瞭了宇宙人生真相，你所過的生活就是佛菩薩的生活，自度度他。

最後普賢菩薩代表力行，力行就得真的去實踐！佛跟你講了半天，你不真的去實踐，不是白說了嗎？今天我們這一個多小時講課，您聽明白了嗎？聽明白您得真的去實踐！怎麼真幹？首先我得要認真學佛，我得求智能，我得聽經、聞法、學習。而這個學習很關鍵的，要「一門深入，長時熏修」，一部經下去，跟一個老師學，這得師承。這種學習是最快速的，跟咱們在大學裡學的方法不一樣。我曾經問過我們的學生，學生四年畢業拿到學士學位，我問他你覺得學到什麼東西？他看著我愣了一下，好像什麼都沒學到，就是拿到文憑了。你看大學四年是不是白學了！為什麼學不到東西？你看他也很用功，天天早出晚歸，學的東西太雜了、太亂了，東學一科，西學一科，按照學分制，四年學下來科目不少，什麼都沒學到，腦子就像漿糊一樣，亂七八糟，沒有智慧。你讓他上班去擔當一個專案，管理一個企業，你看我們商學院學管理系出來的能管理企業嗎？不行，知識很懂，懂的理論不少，沒有智慧。

所以佛法要學智慧，一門深入，你一門下去，跟一個老師學，那你能夠得定，因定開慧，這個智慧是從心定得來的，不是你學得愈多就愈有智慧，不是。學得多只是知識，知識不能解決問題，只能發現問題，你學知識多，你能發現很多問題，所以知識愈多問題愈多，是不是這個樣？智慧是解決問題，所以智慧愈多問題愈少，這就對了。所以力行第一個要求解，這是理解，要明白佛在經裡的教誨，跟老師來學習。你要是還沒有真正的老師，我就推薦我的老師給您，淨空老和尚，這是我這半輩子來所遇到的這麼多大德裡面我最敬佩的，我已經學了二十年，給大家做證明，他確確實實是難得的第一善知識。你要是還沒找到，你就不用找了，我二十年給你做證明。解門，你要認真去學習經教，聽經聞法；行門，就是你聽懂了，你去認真實踐，聽明白一點就做一點。譬如我今天聽到地藏菩薩代表孝親尊師，回家就要孝敬父母，給父母洗洗腳；父母不在身邊，給父母打個電話，寄點錢；

快生日了，寫個賀卡；快過年了，寄個禮品，時時想到父母，從這開始力行。尊師，對老師要恭敬，最重要的是老師教你的，你要領悟，要認真的學習，這是對老師恭敬。學觀音菩薩大慈大悲，我現在從我旁邊的人開始，不僅對我喜歡的人慈悲，對我不喜歡的人也得慈悲，大慈大悲是無條件的、平等的，對一切眾生都是這樣慈悲，這是大慈大悲。從這裡開始落實，就是普賢菩薩的功課。

佛法博大精深，今天一言難盡，有講得不妥當的地方，請諸位大德同修們，多多批評指正！謝謝大家！阿彌陀佛！

四、體驗人生最高享受

（編者按：二〇一二年五月，定弘法師跟隨恩師上淨下空老法師到泰國弘法，參加了在泰國舉辦的「二〇一二多元宗教高峰會議」，在此期間，五月二十五日，法師受恩師慈命，在曼谷班哲希利公園和大眾分享了學佛和出家以來的心得，題為《體驗人生最高享受》。）

尊敬的諸位法師，諸位大德同修，大家早上好！

今天師父上人讓我在此地給大家做一段學佛的分享，給我取的題目是「體驗人生最高享受」。這個題目非常吸引人，我在二十年前就開始聽師父講經了，那時我剛上大學在廣州念書，聽的是師父的錄音帶。師父上人常講，過去方東美老教授跟他說到，佛經哲學是世界哲學的最高峰，而學佛是人生最高享受。我想這句話在座的諸位都很熟悉，到底我們有沒有體驗到，這個最高的享受我們有沒有得到，或者有沒有淺嘗到幾分？

師父上人被方東美老教授這句話帶入佛門，他透過六十年的學佛，真正完全的體驗到這句話了。我自己也是被師父上人的這句話深深的打動，可以說這句話對我非常富有吸引力，我之所以今天能出家，也是一直被這句話引導、帶領。而在二十年的跟師父上人學習經教的過程當中，也在不斷的體驗、不斷的印證，學佛確確實實是人生最高的享受。我現在只能說是淺嘗到一點點，大海水是那麼多，我是能淺嘗到一、二口了。但是雖然淺嘗到一、二口，我嘗到的確實是海水的味道，今天我就把我淺嘗到的一、二口的味道跟大家分享。

師父講學佛是最高的享受，我們看師父上人本身就給我們最好的表法。他老人家今年（二〇一二年）八十六歲高齡，老而不衰，跟年輕人的體力精力相彷彿，身體健康、心情舒暢。現在有句話常講，一看這個人很陽光，臉上都透著光芒，光彩照人。你看師父上人參加多元宗教的高峰論壇，他一上台，全場寂靜，大家肅然起敬。無論是什麼樣的宗教，無論男女老少、各行各業，見到師父老人家那種神采，立刻就油然而生敬意。這種威德攝受眾生，我想不僅攝受人，也一樣攝受天地鬼神。

你看我們這次來曼谷，從香港坐國泰航班，國泰有好多航班到曼谷來，結果那一天本來天氣預報是有雷暴雨，之前都是下大雨，我們的飛機到達之後，變得陽光明媚。後來同修們告訴我，這全天就你們坐的這一班航班沒有誤點，其他的航班全部誤點了，全都是被風雨擋住了。下來之後陽光那麼充足，所以我們說師父很陽光，天上也有印證。但是陽光也不會特別的強烈，你看這兩天，師父上人從酒店走過來，我們大家跟著師父老人家走，都特別愛護老人家，兩位同修在旁邊一人打一把傘罩著老人家，發現怎麼沒有太陽？本來出來也是太陽很大，走在路上就沒有太陽了，很陰涼。我就跟大家開玩笑，說你們不用打傘，上頭有人打傘了。這都是我們親眼目睹，親身感受。

師父老人家現在的境界，雖然作為跟隨老人家這麼多年的弟子，我還是摸不透。境界之高遠，用顏回形容他老師孔子的話來講，「仰之彌高，鑽之彌堅」，愈往上看愈看不到頂，這種境界實在不是我們凡夫可以猜測得到的。所以他的這個體驗，他說學佛是人生最高享受，他完全得到了。我只有仰信而已，因為沒有到他這個境界，確實你怎麼可能感受？但是我們相信是真的。為什麼？雖然他在很高的境界，我們在很低的境界，但是我們真的按照老人家的教導去學習，真正得到一些。所以我們相信師父老人家講的確實是真的，他不是騙我們，學佛確確實實為你帶來最高享受。這個享受到底是什麼？你到他的境界就知道。但是現在我們現階段最重要的是要好好的探討一下，到底下手處在哪裡，門在哪？我們想進這個門，得找到門口。我今天給大家講得很粗淺，只是講一個門，下手處。這個下手處我摸著了，門我總算找到了，雖然懂得一點點，也應該完全供養給大家，要不然來一趟曼谷，跟大家沒有結個緣，也是不夠意思，所以要好好的跟大家分享。

師父老人家怎麼得到這人生最高享受的？我們看他剛剛學佛的時候，是方東美老教授給他推薦的，他入門是在章嘉大師座下。章嘉大師第一次跟他見面，就勸導他要看得破、放得下，告訴他說，這六個字，你好好回去做六年。六年之後我們師父上人就出家了。當時我們師父聽到這六個字，似懂非懂，因為當時畢竟才二十六歲，於是就問章嘉大師說，從哪裡入手？章嘉大師非常緩慢的告訴他，要從佈施下手。師父說，我沒有錢佈施怎麼辦？我生活都很拮据，薪資也很低。章嘉大師說沒有關係，你有十塊錢就先佈施十塊錢，有一塊錢就先佈施一塊錢，從這裡開始，愈佈施愈多，愈佈施愈自在。我們師父老人家有個好處，就是老實、聽話、實踐力強，聽懂一句就做一句，從佈施下手，好，那就下手。所以雖然窮，但是凡是遇到做善事的時候，譬如說印經、放生、賑災等等總是要隨喜。佈施到六年，他說把自己所有一切都佈施得光光的，真是沒有房產、沒有資產，也沒有銀行存款，全部的家當就是身上幾件衣服。結果出家的因緣成熟了，當時是有一位出家人請我們師父九次，讓他出家，非常有誠意，所以師父就答應出家了。到現在五十四年了，現在境界當然遠非昔日可比。

我現在能體會到的是老人家昔日的境界。他出家的時候就立了願，效法釋迦牟尼佛，捨家棄欲，行作沙門。其目的就是要把佛陀教育振興起來。他在經教裡跟我們講，除非是自己不知道，得不到佛法的好處；現在得到、知道了，就有義務把這麼好的東西供養給大眾，所以他出家的目的就是為了弘法利生。我是去年（二〇一一年）七月十五號出家的，我出家也是師父上人給我安排。他在二〇〇七年的時候，在《學佛答問》裡面就給大眾宣佈，說鍾茂森的母親現在送子拜師，給我寫了一封長信，說現在茂森完全交給師父上人，就是怎麼安排全聽師父上人的，哪怕是將來或者像師父您老人家行作沙門弘法利生，或者是像李炳南老居士示在家相弘法利生，全由師父老人家安排。師父收到我母親這篇《送子拜師文》，特別高興，那是二〇〇六年九月二十七號，我媽媽帶著我到香港拜師。我當時剛剛把澳洲昆士蘭大學教授職務辭掉了，要跟師父老人家來學傳統文化和佛法。結果二〇〇七年的那次《學佛答問》當中，師父就宣佈了，說我希望鍾茂森將來出家。他原話是這麼講的，「出家將來做個好法師，續佛慧命，弘法利生，怎麼選擇是自己的事情」，老人家是這樣希望。後來師父又說到，「但是選擇的時候，肯定對於將來會有影響」，這是二〇〇七年師父老人家講的。我可以說是慢了很多，我是二〇一一年才出家。當時我出家的時候，給師父上人頂禮，寫了一封啟請函，說弟子現在終於想明白了，真正要續佛慧命、弘法利生，還是以出家身、出家相最適合我自己，因為我沒有家累，我可以全身心投入到弘法工作當中。

我給師父表了態。師父很高興，立刻就派人聯繫香港圓明寺的暢懷老法師，這是我剃度恩師。暢公跟我們師父是三十五年的老朋友，一九七七年，我們師父上人第一次到香港講經就是暢公邀請，在他的中華佛教圖書館講的《楞嚴經》，師父在講經當中講了很多，這是在暢公的道場。中華佛教圖書館是倓虛老法師建立的，倓老是天臺宗第四十四代傳人，後來由暢公接管了。除了佛教圖書館以外，還有天臺精舍、圓明寺，都是暢公做住持。暢公當時覺得很驚訝，問了一下我的學佛經歷，他就笑，他說我們師父可能是開玩笑，怎麼可能讓他這麼好的學生來跟我出家，送給我？然後師父老人家跟他講，說：「他跟你出家，但是跟我學法。」於是我母親就按照這個意思給暢公也寫了一封送子出家的信，要送兒子出家，給暢公寫清楚。說我出家以後還是要在我們恩師淨老座下繼續學法，將來他是要弘揚淨土法門，如果師父上人沒有批准他出山之前，他是不會離開我們淨老恩師的。看看暢公您能不能同意，如果能同意，請在這封信後面簽個字，您簽字同意了才讓兒子出家，如果不同意暫時就不出家。暢公非常開明，就是我們師父也很讚歎，現在佛門裡面難得少有的法師，他沒有嫉妒心，也沒有控制佔有支配的心，收到我母親的信，他看了之後，立刻就在信上簽字了。然後我就擇定日期，就出家了。

我在圓明寺出家，出家當天，師父上人親自來參加我的觀禮。我是前一天晚上先把頭髮剃掉，剩下三撮毛，最後在剃度儀式上把它刮乾淨。師父老人家早上到，全程參加了我的剃度典禮，在我的剃度儀式上，他跟我說，既然出家，就要有這個使命，把佛教帶回到教育，要真正振興佛陀的教育。這是師父老人家對我出家的一個期許，我銘記在心。我想後半生，我今年四十了，後半生這是我的唯一的任務和使命，要把師父老人家的這個期望落實，要做圓滿。

我的剃度恩師給我起了個法號，他想了很久，左尋思右尋思，用什麼法號好？後來想到還是用定弘。定，是他的弟子的排輩，都是用定字輩；弘，是弘法的弘，正好，他說你出家一定要弘法，用定弘。我的內號叫傳道。傳道還有弘法，我想這一生，這兩位大德給我定下了人生的目標，後半生的目標，我自己就要不遺餘力的去實現。我之前是在昆士蘭大學教書，能夠有今天，可以說徹底放下身外物。說完全徹底放下身心世界，我不敢說，但是身外之物徹底放下了，這是肯定的。《無量壽經》上講：「捨家棄欲，而作沙門」，師父老人家跟我們講要學阿彌陀佛，我們跟師父老人家學，老人家勸我們要學習阿彌陀佛，以阿彌陀佛為老師。阿彌陀佛過去是國王，世饒王，為了求法，為了廣度眾生，發大菩提心，「棄國捐王，行作沙門」。把國家都不要了，這些金銀財富，三宮嬪妃，全部都捨掉，而去做一個苦行僧，以苦為師，以戒為師，發了大願要度盡遍法界虛空界一切眾生。我們要學習從哪裡下手？師父講的沒錯，從佈施下手。

一般人，像我這種根性，我是屬於中下根人，其實應該是下根人，一下放下我做不到，我是一點一點放下。所以同修有時候問我，說師父老人家講看破、放下，很難，我做不到。我就勸他說，我自己的做法是分兩步走，看不破先看淡，放不下先放鬆，你別一下子來，慢慢的放。我之所以有今天，能夠出家，把世間這些名聞利養能放下，那也是透過三級跳。

第一級是我博士畢業之後在美國德州大學教書，美國政府給我「傑出教授與研究人才」的綠卡。當我正準備享受一下美國的優越生活，還有當教授的受人恭敬的心情，師父老人家就召喚我了。二〇〇一年，當時剛剛註冊成立淨宗學院，師父在新加坡。我跟我母親每年都必定去拜訪師父老人家，師父在新加坡淨宗學會五樓，他就在寮房底下的小會客廳接待我和我母親，我們三個人坐在一個小圓桌上，煮了兩碗麵，師父晚上不吃，我和我媽吃。吃了兩碗麵之後，師父就跟我講，說希望我能夠到澳洲淨宗學院去跟大家一起共修。而且他說，昆士蘭大學現在要邀請我去做為他們的榮譽教授，要參加世界的聯合國的和平會議，還有這些宗教團結的活動，我們希望把中國老祖宗留下的教誨給大家分享，你來可以給我做翻譯。讓我做英文翻譯。我當時聽了不敢承當，我覺得師父老人家世界威望那麼高，高僧大德，我們那麼卑微，怎麼敢說給師父做翻譯？於是我就說，師父，我就怕能力不夠，你讓我上台講講課，英文的金融課還行，講佛法講不出來。師父老人家就很中肯的說了一句話，說：「不要緊，我們一起努力」。我當時聽到，感覺到師父那種謙虛、那種真誠，就讓我沒有辦法拒絕老人家這樣的呼喚。

所以回到美國之後，就跟我媽媽商量好，決心放棄美國，要到澳洲去。美國當時給我的條件挺好的，薪資當然比澳洲要高出一倍，而且學術的條件要比澳洲要好，也就是商業金融這個領域，放棄美國就意味著要放棄自己事業的追求，這是要下決心的。師父不是講要看得破、放得下嗎？於是就跟我母親商量好，決心就放棄美國了。當時雖然想離開美國，但是不想放棄事業，所以就在澳洲找找，看看哪一家大學可以接受我，我能過來邊教書邊兼職，來協助師父老人家。於是就在網上找，找到昆士蘭大學，師父說他就是到這個大學做榮譽教授。他們正好金融系要招高級講師，我想我條件應該能符合，就給校方寄了我的簡歷。沒過多久，這學校就打電話跟我要求做了一個面試，完了之後，就很快給我寄來一個聘函。我說你們怎麼這麼快？本來按照道理，你應該是先請我去你們學校參觀參觀。他說不用了，我們對你都很瞭解了。大概金融的領域也比較小，同行之間都比較容易瞭解，在網上都有這些資訊，因為我在美國也獲過幾次學術的論文獎，也在這些雜誌發表了不少的論文，他們也都知道。我就跟他講，我說我不能一個人過來，我是跟我母親一起生活的，我媽現在跟我在美國，你要不就給我和我媽媽一起辦移民，否則我去不了。結果他說這沒問題，立刻就由大學出面，以最快速的方式給我辦了移民簽證。結果後來洛杉機的領事館打電話來通知我們的時候，說我們這麼快就辦理好的情況是很少有的，因為我們是從頭到尾一個月就辦妥移民了。

我們辦好移民之後，我就給師父上人打了電話，報告我們的情況，師父老人家非常高興，在電話裡面說這是三寶加持。於是我們母子倆就高興地把美國的東西都處理完了，移民到了澳洲。師父老人家當時特別讓我們住他的寮房，他把房子騰出來給我一個月，說你這一個月當中，自己找自己的房子、搬家等等，都安排好了，你再搬出去。師父就這樣很順利的把我們接引到澳洲來了。

在昆士蘭大學教書的過程中，我就有幸得以跟隨師父上人，在聯合國教科文組織於全世界舉行的每一個和平會議上，和這些團結宗教的活動當中，給老人家做助理和英文翻譯這些工作，學習得非常多。因為這樣的學習，不僅是從光碟上看師父，而是真正從現實生活當中，從每一個方面，點點滴滴的生活小事裡面去觀察、去學習，真的是獲益匪淺。不只是師父在講課上面所講的這些內容，而真正跟隨老人家，這樣來看他的身教，目睹他老人家的這種風采，體會老人家救世的慈悲心，菩提心逐漸逐漸的在長養。

師父老人家有一次跟我單獨講，說年輕人一定要有使命感，你既然接受了佛陀聖賢的教育，必須要立志、要發心弘法利生。這些諄諄的教導至今仍然是猶言在耳，好像這是剛剛聽到一樣。逐漸逐漸，對於自己人生的目標方向、在人世間的意義愈來愈明白了，就是師父老人家講的使命感，我來這個世間到底要做什麼？過去沒明白，都是想個人的名利，世間人覺得這是好事，你要建功立業，要有成就，成家立業，那都是沒有離開小我。現在要跳出小我，要想到我來這個世間是要幫助眾生覺悟來的，當我們有這一點點發心的時候，感覺到整個人生都不一樣了，就好像有無窮的動力在推動自己，學佛的那種心境、那種誠敬心就不一樣。印光大師講「一分誠敬得一分利益，十分誠敬得十分利益」，誠敬心你怎麼能得到？你必須自己要發菩提心，要真正想到我來這個世間要幫助苦難眾生，我們要續佛慧命，我們要護持正法。這個心發出來了，你有這種使命感，你才能夠生起對佛法的誠敬，知道不靠佛法的熏修，你的願、你的志向是不可能實現的。

像我二十四歲還在美國讀博士的時候，當時我在美國達拉斯道場見到師父老人家，我聽了幾年經很受感動，就發了九條孝願，可能在座有些同修都知道。當時是聽師父老人家講《發起菩薩殊勝志樂經》，在佛法裡面有了很深的觸動、感動，所以發起孝養父母的願。我就把這九條孝願讀給師父老人家聽，師父非常用心的聽我念完這九條孝願。之後，我就向師父老人家請問，我說弟子雖然發了這個願，但是如何能夠保持不退心？我們很多同修都是發了願，可能剛開始都很真誠，大概一、二年之後就懈怠了，三、五年之後完全忘了，這是常有的事。發了願如何能夠不懈怠？特別是我這九條孝願，最後一條是發心自己要「勤修戒定慧，熄滅貪瞋癡」，為了父母要認真修行，將來往生西方極樂世界，乘願再來供養教化一切父母，不光是現生生身父母，過去生生世世累劫的父母我們都要孝養。你要做到，必須這一生要往生西方極樂世界，乘願再來，你才有這樣的本事去盡孝。所以我向老人家請問，怎麼樣保持這個願？師父就告訴我，你必須要認真學佛。他的鼓勵，讓我觸動很大，當時我就發了心，說希望將來有緣分，能夠跟著師父老人家來學法。因為師父當時他也是第一次跟我談話，雖然我是很早就遇到過他，卻沒跟他談上話

一九九二年，我在廣州，師父老人家應本煥老和尚的邀請，到光孝寺講《阿彌陀經》研習報告，當時我才十九歲，我跟我母親到光孝寺就見到師父上人了，但是沒說上話。到

二十四歲，我到美國留學的時候，才跟師父談上話。這第一次談話，師父就表示對我很關心，他問我：「你從哪來，今年多大了？」我說我是從廣東來，今年二十四歲。「廣東來，二十四歲？六祖惠能大師也是廣東人，他二十四歲就見性開悟了。」我聽他這麼說之後心裡挺慚愧，然後老人家就勸我要認真學佛。

當時師父正準備要開講《華嚴經》，這一次的《華嚴經》是一九九八年五月十八日在新加坡開講。當時是一九九七年五月，一年前，師父老人家就很想找幾個學生，開班講《華嚴經》，能夠有人去認真學。當時我就跟師父報名，我說：「師父，我想跟你老人家學《華嚴經》。」師父對我語重心長的說：「世出世間法都看一個緣分」，也沒有答應，也沒有拒絕，就說了這麼一句話。我當時聽了之後，好像師父答應了，又好像沒答應，心裡有點七上八下，但一想，現在緣分還沒有成熟。因為當時師父給最後一批悟字輩法師剃度，包括我們這次來的悟琳法師、悟性法師，還有在學院的悟勝法師等等，他們都是那時候剃度的，我是參加他們的剃度觀禮。那時候有人勸我：「你要不要剃？師父最後給人剃，以後就封刀了。」因為師父老人家說，這是韓館長讓他剃，所以他剃，韓館長走了，他就不剃了，韓館長就是那年走的。

當時我很想剃，但是又放不下，於是就耽誤了，一耽誤就十五年。所以我想緣分那時真是沒成熟，為什麼沒成熟？因為我放不下。你放下了，緣分就成熟了，你沒放下，緣分就不成熟，包括你往生西方極樂世界也是這樣。我們大家都是跟阿彌陀佛有深厚的緣分，無量劫來結的緣，所以你這一生聽到阿彌陀佛的名號、聽到西方極樂世界，你就生嚮往的心，你就願意求生淨土，這個緣分還了得？但為什麼你這一生還沒有把握往生，甚至可能臨命終時候還手忙腳亂去不了，為什麼？原因就是沒放下，這個不是阿彌陀佛不來接我們，是我們還不肯去。就像我當時一樣，其實當時如果我真想剃，師父肯定就給我剃了，何必再等十五年剃？這件事我還真的跟師父較了個真。我剛剃度完之後，我問師父：「師父，您老人家還記不記得十五年前在達拉斯的時候，那時候我就向您頂禮了，您還送我一套《華嚴經》，鼓勵我學《華嚴》，當時是最後一批悟字輩法師剃度，當時我有點想剃又不太想剃那樣，您記不記得？」師父說：「我記得。」然後我就問師父：「如果當時就剃了，是不是比現在要好很多？」師父說：「那當然。」接著說：「可是你當時不信。」確實不信佛，沒有信老實，所以看不破、放不下。我是鈍根，不是利根。所謂利根，你看像六祖惠能大師，聽到一句「應無所住，而生其心」，他就放下，他就做佛了。我們這是聽了二十年，才一點一點的放。但是幸好佛菩薩慈悲，師父老人家慈悲，長久住世，如果他不長久住世，我們就完了，法身慧命可能就夭折了。

要放下，從哪兒放起？先從身外物放起，首先要放下對世法的那種強烈的追求和欲望。你要學佛，學出世法，你對世法執著還那麼濃，那根本沒入門。說得不好聽，就把佛法當消遣而已，你沒真的去實行，假的不是真的。所以師父講，智者大師說過，一切要從「真實心中作」，你得要來真的，不能做假的。

《了凡四訓》裡說：「達者」，達者就是聖賢，通達宇宙人生真相的人，「內捨六根，外捨六塵，一切所有，無不捨者」。這是真正聖賢、佛菩薩，他們內捨六根，就是自己的身心放下了；外捨六塵，外面的世界一切萬物全放下了，沒有不能捨的。但是一般人做不到，這是利根人。像我這樣做不到怎麼辦？就是「苟非能然，先從財上佈施」，我們做不到一下都捨掉，身心世界都捨棄，怎麼辦？先從財上佈施，把身外物先放下。把身外物放下，再把身體放下，再把心裡的雜念放下，一點一點放。鈍根，我們可以循序漸進，當我們放下一點的時候，就能看破一點；看破一點，又能放下一點，看破、放下是相輔相成。下手處還是要在放下，放下就是從放下身外物做起。所以我從美國到澳洲，這是第一步，放下一點對事業那種強烈的追求感，所謂的成就感，那種名利心先要放下，這是第一步。年輕人，有幾個說能夠在事業正是如日中天之時，你能放下？這很難的。

你要學佛就要來真的，從這裡開始。不瞞大家說，當時我還有一種奢望，說這一生我要拿諾貝爾經濟學獎，苦苦的在這方面追求。那都是過去沒真正學佛，強烈的這種名利的執著。放下這一點點事業的追求，到澳洲去了，你才有可能親近善知識，「能親仁，無限好，德日進，過日少」。跟師父老人家在一起，就看他的行持，對每一個人、每一樁事、每一件物，都是那樣恭恭敬敬，真的禮敬諸佛。他坐的時候，紙巾用完了還把它整整齊齊的疊好放好，這是禮敬諸佛。紙巾也是佛，情與無情，同圓種智，無情眾生它也是佛。對一切人都是這樣，都是禮敬。我們這些在旁邊的人就看在心裡，我們也學。原來我自己的這些物品也都比較零亂，男人粗心、不拘小節，沒有那麼細膩，東西隨手就放，然後整理起來還挺麻煩。現在看到老人家，他的書房，他的臥室，真的每一件物品都有它擺放的地方，整整齊齊，這是《弟子規》裡講的「几案潔，筆硯正」，整個房室都是非常的清潔，這都要仔細的去學習。

跟師父老人家，我自己感受到這麼多年在一起學到最大的一點，就是老人家的慈悲心，真正是不捨眾生。你看老人家那麼大年歲，只要是為世界和平、為消災免難，他老人家是不遺餘力的要去做。我記得有時候一個月都要出國好幾次，第一年，二〇〇三年，我是二〇〇三年一月到澳洲開始工作，那年光跟師父老人家跑印尼就跑了七、八次，還有日本、新加坡這些地方，都是為了去推動宗教的和諧，推動和平的教育。看到老人家這種行持，我們自己才受感動。光聽師父老人家講要發菩提心，那個心還是沒發起來，總覺得這個事情應該是由師父做的，師父不做也會有人做的，跟自己好像不相關。現在跟師父在一起，才感覺到這個事情就要自己去直下承當，古人講的「天下興亡，匹夫有責」，是我的責任，不能把責任推給別人，當仁不讓，這要承當。

從二〇〇三年開始在澳洲昆士蘭大學工作，當時大學商學院院長對我挺照顧，他說你只要每年發表二、三篇論文，能夠把教學教好，你要跟師父老人家出行都沒問題。當時我因為學術水準還算不錯，在我們昆士蘭大學，獲得過優秀傑出研究人員的獎項，也有比較豐富的研究基金。所以我每次出行請假，我就用這個基金請代課老師，幫我代代課，然後每年的論文都交上數目。這位商學院的院長也都對我挺照顧，他覺得你做這個事情也是對我們人類社會很有貢獻，應該支持。如是四年下來，跟師父跑了很多地方。有一次，師父老人家就跟我講，希望我把工作都要放下。當時我剛來澳洲的時候，老人家鼓勵我兼職弘法，兼職做 part-timer，不影響我的正業；師父現在就說，你應該投入全職弘法工作。

當時廬江湯池鎮文化教育中心剛剛建立，師父就勸我，你可以加入這個中心去做老師，去幫助一起教化。當時我也想到，師父叫我去我就去，我也想回國內看看，在國內也找一個大學的教職，就跟我從美國到澳洲一樣，我也來做 part-time，到廬江中心做 part-time。於是我就找，發現廈門大學當時正準備建設他們金融領域的一個名牌學術機構，建了一個金融研究中心，要聘請海外一位知名教授做主席教授，帶領十五位助理教授來發展這一個領域。我就投了我的簡歷過去，他們請我過去看了一下校園，互相談得很好，就給我一個聘函，年薪八十萬（人民幣），請我去擔任這個中心的主席教授。而且條件特別好，每年還送五十萬（人民幣）的研究經費，再加上送一套在校園裡的房子，還有吃的餐票，反正吃住全部免費，基本上一年就自己省下八十萬現金了。條件很好，我就自己琢磨，說我最後還是要放下，但是我先做三年，三年就二百四十萬（人民幣），這樣的話我今後的道糧就有了。我沒有家累，自己生活簡單，我還要孝順我爺爺奶奶、父親母親，他們都在，我要贍養他們，手上要有點錢才行，我先工作三年。反正學校給我很優惠的條件，一年有三個多月的假期，再加上又不用上課，只要每年寫兩篇文章就可以了，我在哪寫都行。現在網路那麼發達，我在廬江中心就可邊做義工老師，邊給它寫寫文章就行了。

如意算盤打得不錯，跟師父老人家彙報，師父老人家把臉一繃，說：「你怎麼老想錢？」當頭棒喝！這下可把我打醒了。推動傳統文化教育，這是神聖的事業，你看我一開始就想到自己，把自己的後路都安排好了，自己要賺多少錢都先安排好了，我這些條件都符合了，這些所謂的緣分都成熟了，最後才想到去加入師父老人家弘法的事業當中，這就是自私自利。所以當時師父老人家當頭棒喝，我就深刻反省，確實不可以這樣。當時我母親也問師父老人家，這個情況跟師父報告之後，我母親就問說：「師父，你看茂森是在澳洲工作好，還是在廈門工作好？」結果師父老人家就回答一句，說：「要做聖賢人。」我媽當時聽了之後，覺得這回答好像不是在回答她的問題。要做聖賢人，然後不說話了。回去家裡我們仔細考慮後，覺得真的要做聖賢，這些全不要考慮，你考慮了自己的這些事情，那你怎麼能考慮為眾生、為佛法？即使你考慮，你也不純，你私心雜念太多了，你怎麼能夠把這樁神聖的事業做好？必須把這些念頭統統放下，就一個念頭，為正法、為眾生，你才有可能把這個事情做好，你才能感得三寶加持。

雖然弘法事業不是我們個人可以做得到的，但是你要求三寶加持。怎麼求法？必須你自己全心全意的投入，才能感得三寶加持。現在佛法這麼衰落，講經說法的人太少了，鳳毛麟角。師父老人家對我這個寄望，不僅是要弘法，講佛法、講淨土，還要推動世界和平，團結宗教，推動宗教教育。這種種工作我們都要去做，你還夾雜私心雜念，你怎麼能做得好？所以我當時思來想去，決心確實要放下。但是我自己雖然能放下，我父母、爺爺奶奶由誰來贍養？你看這個疑根很麻煩，懷疑就障礙菩薩精進。你真正發起菩提心了，你一有懷疑它又會退心，所以一退心，那個人面相都顯出來了，一看那個人就是自信都不足，做事猶猶豫豫，講話也沒有那麼斬釘截鐵。

師父老人家一看，就知道我有心事，有一天就對我講，說你只要真正為佛法為眾生，你家裡人有佛菩薩照顧，比你自己照顧要好上十倍。我當時聽到師父的話，心裡都亮了，師父正是說到我心坎裡。道理是懂了，你肯不肯真的去做？你不肯真的去實踐，你就得不到佛法的受用。那就得真的去實踐，只有真的去實踐你才能夠有真正的體驗，佛法一定要去體驗，體驗就是要去實踐，要放下。所以當時我就決心，我跟我母親商量好了，我在美國教書四年，澳洲教書四年，我的存款還有一些，我就準備全部送給我母親，給她做晚年的費用。我在澳洲也有房子，房子也賣了，我的汽車也捐給淨宗學院，什麼東西都佈施掉，然後就跟我媽媽回國。我媽媽也很贊同，覺得確實應該這樣。因為我已經拿到了副教授，母親早年對我的希望，希望我能夠當教授，我現在當了副教授，也不錯了，母親對我的心願也都滿足了。確實我們受佛法的恩惠，受師父老人家的恩德，我們應該報效，所以就決心辭職回國。我父親那邊我就不敢告訴，因為我父親和母親早年就離異了，我父親自己有家庭，我對他也有寄錢贍養，辭職的事情就不敢告訴他，因為他學佛跟我媽媽比起來，當時還差一截，所以就下了決定，先斬後奏。結果放棄工作了，我媽媽領著我到香港拜師，拜完師之後，當時師父留我在香港跟在他老人家身邊學習經教。

到二〇〇七年春節，我就開始在攝影棚裡面習講，師父老人家讓我每天講習，都是上網直播，用這個來鼓勵我，也是對我的鞭策。因為不用這種方法，他怕我懈怠，你要上台面對這麼多的觀眾，全世界都有人聽你的，你必須得好好講，不好好講，上得來台下不了台。從二〇〇七年到現在，習講的經典也不少。一開始師父老人家讓我學習紮根教育，儒釋道三個根，我學習的方法就是用師父老人家的方法，就是用習講，每天在台上講，實際上是講給自己聽。我在出家之前在攝影棚錄製的這些講習的課程，超過兩千小時，這兩千小時，一堂課都沒有缺的只有一個人，那就是我自己，其他人肯定都有缺課，所以自己受益最大。而且你認真準備講課，在學習、備課當中，就在慢慢的扭轉自己的觀念，在改自己的心。師父老人家五十四年就是這樣走出來的，他走成功了，我現在也發心走他這條路，我也是用習講的方法，來鞭策自己。所以從辭職以後走上這條路，結果自己也意想不到，爺爺奶奶、父親母親，他們都各自找到自己合適的地方養老，而且都有一些菩薩照顧他們，真的比我照顧要好十倍不止。

師父老人家講的一點沒錯，真正你自己發心為眾生，佛菩薩照顧是無微不至。現在我這感覺愈來愈明顯，感覺得愈來愈強烈，就體會到阿彌陀佛真的從來沒有離開過我，佛菩薩就是把我團團圍繞住。現在就感覺到自己所希望做的事，真的心想事成，而且非常吉祥、非常如意，心情非常舒暢，沒有什麼憂慮煩惱。過去還要憂慮一下工作，憂慮一下自己將來的生活，現在真是無憂無慮。特別學了淨土法門，現在我們一心求生淨土，如果是明天沒飯吃也不憂慮。為什麼？明天沒飯吃，一天還能堅持，三天沒飯吃快不行了，那念阿彌陀佛往生。所以，「君子謀道不謀食……憂道不憂貧」，我想真正要深入佛法，你才能夠做到。我現在確實所憂的就是自己沒有道，煩惱、習氣、毛病改都改不完，太多太多，每天發現的比改的要多，所以確實只有這一樣可以憂了。其他的，吃穿的，我現在名下沒有任何財產，沒有銀行存款，銀行帳號都關掉了。對日後的這種發展，所謂的事業，真的有一點像古德講的，「做一天和尚撞一天鐘」。這句話，其實原來不是一種貶義，它告訴我們要用這樣的心境，你這一天做和尚，你好好盡到你做和尚的本分。

我出家目的是什麼？續佛慧命，弘法利生，我就做這個本分。所以我出家立了三條願，第一條，我出家之後不擔任住持、執事，不管人、不管事、不管財，我不要道場。第二條，將來即使是很有威望了，也絕不收徒弟，不收出家徒弟，不給人剃度，更不會給人傳戒。這是印光大師他一生所奉行的。為什麼？一來是我自己德行不夠，不敢為人師，戒律自己也沒持好，不敢為人傳戒；再者，他來剃度，他要是沒好好學，那將來他墮落了，我們負不起這責任。不給人傳戒，不收出家徒眾。第三條，我是寧願餓死絕不化緣，我絕不開口問人要供養，寧願餓死。餓死了到西方極樂世界，好！這三條我給自己立了願，請大家給我監督。出家到今年不到一年，這三條都能做到；希望往後，假如我能活到八十歲，這四十年也謹守這樣的信條，這一生後半生只做一樁事，就是續佛慧命，弘法利生，走師父上人的老路子，就是講經說法。所以我就感覺到，從二十年之前到今天，這二十年的學佛路，我這是一點一點的放下。

剛才講了三級跳，在師父的帶領下，從美國到澳洲，從澳洲辭職回到中國，然後在香港出家，三級跳。我感覺到，我這樣的鈍根我能做到，每個同修，你們在座的都能做到，只要你肯去實踐。當然不是說讓在座每個人都像我一樣將來走出家的路，這不現實，但是我們心要出家，出煩惱家，出生死家。雖然現在還是在家人的形相，但是對於家、身外物，對於妻子兒女這些家庭眷屬沒有情執，要放下，這樣你才能夠穩穩當當的往生西方極樂世界。你要對這個世界有一絲一毫的留戀，都會成為你往生西方的障礙。像我這樣鈍根的人，如果不在事上放，你說我在心上放，我自己都無法確定。

譬如說如果我不把教授的工作辭掉，我敢拍著胸口說我自己放下名利了嗎？好像沒有證明。一定要透過證明，就是你要做到，你才知道你自己有沒有真正放下。當然放下身外物，這是最淺的第一步下手處，進而還有很多要放下。最難放下的情執，這情執真不容易，一個是感情，一個是情欲，這情欲是男女之間的情。放下這個情欲，我比較早就有這種立願，我當時還在廣州中山大學念書的時候，可能大家聽過《母慈子孝》也都有所瞭解，我不是在大學期間有個女朋友嗎？當時我媽媽就勸我，你要以事業為重，事業、學業沒完成，你不要談戀愛。所以我當時聽我媽媽話，就放下了。放下這種感情之後，學佛忽然就感覺到有很大長進。當時首先一個感應，就是遇到我們師父老人家的經教，這邊一放下，就遇到老人家的經教，就開始聽我們師父老人家講經，《認識佛教》、《了凡四訓》，還有《無量壽經》。我們是在廣州光孝寺得到《無量壽經》，是華藏視聽圖書館出的《無量壽經》的那個卡帶，聽了經之後有所覺悟。我當時是二十一、二歲那樣，聽了經之後就立願這一生不結婚，出家還沒敢想，這一世在家，我要全身心投入學佛，將來念佛求生西方淨土。

我在二十二歲生日的時候寫了這一首詩，做自己生日的抒懷。我想在這裡念一念，「歲至二十二，方知人生如幻，諸法無常，我與眾生於煩惱生死中流轉不斷，悲苦萬端。今我乃從生死中覺悟，願生極樂，願證菩提，廣度群靈（眾生），現世做護法，來生成菩薩。作詩一首，以作自勵」。我當時發願做大護法人，我要護持正法，這首詩是這麼寫的：「糊塗二十載，方覺身如幻。發願作護法，命終生西方。內密沙門行，外顯在家相。捨離情愛欲，清淨做道場。世間高成就，念佛達一心。常以定慧劍，斷諸煩惱障。齋戒修功德，善根令增上。命終知時至，笑往極樂邦。」這是我二十二歲生日的一個感懷，當時雖然認識得很淺，還是朦朦朧朧的，但是有個願，我要護持正法。雖然當時還不知道怎麼護持正法，以為是賺了大錢，又是一個很虔誠的學佛弟子，我用大福報大智慧來護法，想得是挺美的。所以當時說，世間要得到高成就，還要念佛，還得達一心，沒想到其實這個理解是錯誤的。真正護法是什麼？你心裡有道，那法在你的身上，你用你的身來護法，你能持戒，你能弘法，這才叫護法。如果光是有錢不一定能護法。有錢人很多，學佛的有錢人也很多，但是自己要是不明佛法他怎麼護？用自己的觀點，以為我是在護法，錯了！如果是控制欲很強、佔有欲很強、支配欲很強的話，甚至會把佛法都扭曲了，讓整個法運都衰敗了，那就是造罪業了。所以真正要護法，是自己要深入經教，自己要覺悟，要開悟，你才能把法護好。

當時我正準備出國留學，所以寫了不少詩給我的這些家人。還有一首詩，是寫給我表妹，她當時二十歲生日，我跟她同一個月生日。我寫完自己的自勉詩之後，就給她寫了首詩，希望她也能認真學佛，也能夠放下情執。我這首詩這麼寫的：「時值你二十歲生日，正是風華正茂，揮斥方遒，特作詩一首，以為勉勵。」這是節錄，「悠然二十載，前程可曾憂。心懷凌雲志，粗糧勝珍饈」，「愛乃輪迴路，緣盡又分手。若戀刀尖蜜，慧命怎能修？因果當深信，福慧精進求。早立出世志，念佛度春秋」。這是我一九九五年四月寫的，當時因為我對這個事還真的比較能夠看得破，知道家就是累，所以當時我就立了這個志向，這一生不成家了。

到了美國留學，我把我母親接來。我是獨生子，父母離異以後，我就跟母親一起生活，我跟我母親的感情非常深，在一起我們也是同修。在美國工作的時候，我們一同上早晚課，吃完早餐我們出去散散步，然後我去工作，我媽媽就在家聽經。然後中午我回來，因為我到學校很近，就是走路回來吃午飯，然後跟我母親吃完午飯，就午休。下午一般我就很少上班，我都在家裡聽經。因為工作並不忙，我一般一個禮拜大概上幾堂課，課上完了，就自己支配時間。我跟我媽媽聽經、念佛、做晚課，然後晚上出去散步，無所不談。世間人也覺得好像我也挺孝順的，確實我對我母親可以說是感情十分深厚，沒有任何的隔閡，真的沒有任何所謂的代溝，無所不談，既是母子，也是知己。

我要出家，這是比較大的一個挑戰，對於我和她也是個挑戰，雖然在理上我們都明白，畢竟都已經聽經二十年了，可是母子情深，這出家了就不是兒子了，這母親確實有放不下。但是我母親是個很理智的人，我跟她有長談，將來我應該走什麼路，因為師父老人家也召喚我們要走出家這條路，要做弘揚佛陀教育的專業教師。現在我都已經將近四十了，人生無常，歲月不饒人，現在趕緊抓緊機會。我母親也非常的支持我，於是我們就下了決心。

當我們下了決心之後，也是三寶加持，我父親也通了。一開始，我父親連我辭職的事，知道之後，心裡都很不愉快，但已既成事實，只好接受。我辭職之後，因為不斷的在弘法，大概也是弘法有一點功德，加持我父親，我父親思想都通了，他自己也決心念佛求生淨土。他也挺精進的，《無量壽經》已經念了三千遍以上，現在在一個念佛道場一心念佛，自己照顧自己，也非常的清淨。每次我給他打電話，他都說：「你不用擔心我，我這邊挺好的，也有同修照顧我，我現在就是念佛，希望阿彌陀佛早點來接我。」所以去年年初的時候，我父親主動給我來電話，就告訴我說：「兒子，我想通了，你應該走出家的道路，你要是出家，將來要做大法師，我應該支持你弘法利生。」當時聽到這個電話，我感覺到太奇妙了，不可思議！因為我覺得最難過的關就是我父親這關，過去他成天就叫我，你什麼時候成家？現在居然主動叫我出家，不可思議。

我當時聽到我父親這麼說，我還有點不相信，我說：「你說的真的嗎？」他說真的。我說：「那你趕快到佛前發願，說把兒子送給三寶了，把這個功德迴向你求生西方極樂世界。」結果他真的就在佛前發了願。於是我在去年七月份出家，出家的時候還不敢告訴他哪一天出家，怕他又反悔。結果出了家之後，慢慢消息傳開，就傳到他耳朵裡了，然後我這時候才給他打電話，我告訴他我已經出家了。他也很正常，沒有覺得好像心潮起伏，或者是睡不著覺，沒有。就是我出家之後第一次跟他見面，他說前天晚上他睡不著覺。第二天準備見我，那天晚上翻來覆去，他說他不知道怎樣面對。結果第二天見面卻挺好，很正常。

我母親是參加我出家的剃度儀式。在出家典禮上，我記得在儀軌裡面有四句偈，這是等於對我出家如何盡孝做了一個開示。偈子是這麼寫的：「流轉三界中，恩愛不能脫；棄恩入無為，真實報恩者」。流轉於六道三界裡頭，雖然我們這一生成為了母子、父子，家親眷屬，這種恩愛相纏不能夠解脫，所以六道輪迴裡面愛欲是根本。愛是情愛，欲是欲望，這個愛欲放不下，六道就出不去，古德所謂：「愛不重不生娑婆，念不一不生淨土」。要放下，你要想想，你不放下，你也沒有方法真正幫助他們。像我父母，雖然我對他們真是挺有孝心，真是挺愛他們，但是如果我沒有往生西方極樂世界，我自己沒有真正的功德，我就沒有辦法真正利益他們，他們還是該怎麼生死怎麼生死，該怎麼輪迴怎麼輪迴。唯有自己覺悟，自己得到解脫了，你才能幫助他們覺悟和解脫。所以我現在也非常的感恩三寶的加持，感恩師父老人家的帶領，我的父親母親，包括我的爺爺奶奶，都是一心嚮往求生西方極樂世界，人生有這個，我覺得足矣。你還有什麼所求？真正幫助家裡人，最殊勝的就是幫助他們求生西方，同歸淨土。

所以「棄恩入無為」，把恩愛捨棄掉，入無為法。什麼叫無為法？沒有妄想、沒有分別、沒有執著，這是無為法。從哪裡入？從放下情執來入。你情執放不下，那在六道裡就出不去，往生淨土沒指望。一定要放下，放下了，你才能真正幫助他們。「棄恩入無為」，才是真實報恩的人。

釋迦牟尼佛成為三界導師，天人供養，他的父母全得超度。他的父親往生西方極樂世界，釋迦牟尼佛在他臨終的時候護持他，等於說為他做助念，幫助他往生西方。他母親，生他下來之後沒多久就往生忉利天了。我們想到，不僅是生身父母，過去生生世世所有一切父母都得到超度。這時候我才體會到，師父老人家為什麼說要護持好你的九條孝願，必須要認真學佛，十五年前講的話，現在終於明白了。真正學佛，你才能夠完成圓滿的孝道。這裡最重要的，就是你要相信善知識的教導，真正相信三寶，信佛。學佛的人如果真信佛，你的境界會轉變得很快。現在我就感覺到，對於佛的這種信心愈來愈足，對於往生淨土的信心、願望很堅定，這世間不會再有什麼事情能動搖得了我們對往生的信願。蕅益大師講：「得生與否全由信願之有無。」你能不能得生西方極樂世界，關鍵在哪裡？看你是不是真信切願求生淨土，你真信切願就決定往生。你所謂拿到往生的把握，那就是真信切願。

蕅益大師還說，深信切願就是無上菩提。《無量壽經》講要往生西方，「發菩提心，一向專念」，菩提心發了沒有，就看你是不是深信、是不是切願。你要深信，就是不能懷疑，雖然可能我們一開始不理解，但是我們不懷疑。像師父老人家講，你真正發心為正法、為眾生，你的家裡人有佛菩薩照顧，不用自己操心，你自己的前途也不用去操心，全部是佛菩薩安排好的。你信不信？你真信就得真的去實踐，你要是放不下，你還是沒真信，所以真信佛不容易。那就放下，你不放下，你的信心就增長不了。還有願，你還願意求生淨土嗎？我每次問大家願不願往生，大家都舉手。可是換個角度來問你，你現在是不是願意身心世界一切放下，你肯不肯放下？你肯放下，你才叫願，不肯放下不能叫願，假的。哪裡說這邊我也想要，那邊也想要，腳踏兩隻船這怎麼行？你只能要一邊，要西方就不能要娑婆。

放下，不是說什麼事都不做，是心上不再執著，不在乎了，但事上該做什麼還得做什麼。所謂敦倫盡分，你得盡自己的本分，該做的這些義務你要做到，你得履行自己的義務。要不然，你不履行義務，人家就會說，你學佛的，你看什麼事都不做，責任也不負，當媽的不像個媽，當爸的不像個爸。這是譏嫌，會毀謗佛法，這也是錯誤。佛法在世間，不離世間法。雖然不離世間法，但是又不染世間法，不執著就是不染。你心上是放下，你什麼時候要走隨時可以走，這樣的心態就叫放下。

身外物比較容易放下，情執最難。我在出家的那天，那時是痛哭流涕，手絹都都濕透了好幾條。現在回想起來，就是那時候情執還是很深，畢竟是母子情深，幾十年，要放下不容易，但是也要咬牙放下。我母親當時也很堅強，也放下了，所以她當時在這個剃度儀式上也講了一番話，鼓勵我出家做好三件事。第一件，自己要覺悟；第二件，要弘法利生；第三件，要求生淨土，出家要三件事，這是我母親對我的希望。當時雖然是哭，哭完了還要出家，這個情執不能夠障礙我們走這條路。那是個習氣，但是它已經不會再動搖我們的決心，要放下，以後希望把這個習氣愈來愈淡化，到最後就沒有了。

你看我們師父老人家見到他母親，那時他們在抗日戰爭當中走散了，後來師父到了臺灣，經過幾十年之後，才見到他的母親。他母親見到了很悲涼，看到自己兒子都出家了。結果師父就勸她：「你不要想我了，你就好好想阿彌陀佛。」很淡的一種，這是那種親情，雖然是淡，但是它變成慈悲了，對一切眾生都像自己對父母一樣。所以出了家就不是只有一對父母了，所有的眾生都是自己的父母，我們要平等的去盡孝。

當自己真正放下情執的時候，你要想到，那個境界會轉得很快，父親母親他們也都跟著能夠放得下，這個都是感應。像我這次回來，雖然我出家了，我母親還是對我有時候挺想念的。上一次到日本，她跟我去日本弘法，講「阿彌陀佛四十八願」，打了個佛七，主要是幫助日本化解災難。本來是說有地震，說七級以上的地震，正好預言是在我們這個佛七最後一天，五月四號。結果我們在這個佛七當中，講經講到一半就開始地震了。然後我就提醒大家，現在正是考驗我們信願的時候，大家好好念佛，假如這個樓塌了，我們就念佛求生淨土。結果大家當時念佛念得很專注，可能那是最專注的時候，結果念了幾分鐘就不搖了，不搖了我們繼續講經，後來也沒有地震。後來才知道，原來是五點八級，大概是有所降低了。我媽媽也跟著我去。我跟大家講，我說這次去日本，你就別想再回來，你就像古人講，「風蕭蕭兮易水寒，壯士一去兮不復還」，要去都得寫好遺囑。真的有人就寫了遺囑，寫好了就跟著我去了。我就告訴大家，如果你要是去了，我們不能化解災難，我們就赴難。假如我們還能平安回來，那證明阿彌陀佛應該還有使命給我們，要我們去做，反正我們心要很安定，去也好、留也好，都是歡歡喜喜。結果，看來阿彌陀佛還是要把我們留下來，就回來了。

我當時跟我母親做了個長談，在佛七期間我就勸她真要放下，要認真念佛。我鼓勵她，她回去雲南大理，結果就跟我一個電話都不打了，原來經常打電話。然後她就在雞足山上，有一個道場請她去閉關念佛，七天都不跟外界接觸，認真的去聽經、去念佛，我聽了非常歡喜。真正要放下情執，你要想家裡人放下情執，必須你自己先放下，你自己做到了，你才能幫助家裡人做到。儒家講修身而後齊家，我們學佛也是，你自己要真正做到，你先放下，家裡人自然放下，因為他是你的依報，依報隨著正報轉。放下情執是一個考驗。

像我們這樣的知識份子，學佛很喜歡經教。在我二十四歲那年，見到師父老人家，師父當時就送我一套《華嚴經》，精裝本五冊，勸我回去好好讀，將來要好好學習。所以我當時就發了願學習《華嚴經》，做師父華嚴班的學員，將來要傳《華嚴》。在二〇〇六年底、二〇〇七年初，我辭掉工作跟師父老人家學法，當時師父就跟我講，說讓我機緣成熟可以復講《華嚴經》，當時師父老人家正在講《華嚴經》。我當時聽了心裡真是感動不已，這是十五年前發的願，現在接續上了。走了十五年世間的這些路，也受了不少污染，現在終於歸隊了，就一生立志學《華嚴經》，當時也搜集了很多資料，每天聽師父講《華嚴》，很歡喜。

二〇〇八年師父回家鄉，在廬江實際禪寺住了半年，在那裡過年的。離開家鄉七十年，回家過年，我們都跟著回家了。在實際禪寺住下來，師父老人家就讓我帶華嚴班，當時有十幾位法師來參加，來專學《華嚴》，將來要走弘法利生的道路。師父任命我做華嚴班的教務，跟大家先紮根，再學《華嚴》。當時我先在紮根這方面，師父勸我們要一年把三個根紮好，而我自己紮根足足紮了五年，這些傳統文化的經典，講了就將近有二十部，都是細細的學習，我是透過習講來紮根。五年之後，該學《華嚴》了，到那個時候我就想到，《華嚴經》這麼巨大，師父用了四千多個小時講這《華嚴經》才講了大概五分之一，所以從頭到尾講一遍得兩萬個小時，現代人能夠接受嗎？再問問自己能接受嗎？我自己都不能接受，那你能期望別人接受嗎？所以我思來想去，學《華嚴》，現在能夠普度眾生比較困難。應該怎麼做？應該把它轉成中本《華嚴》，講《無量壽經》。這也是得利於我開講《無量壽經》，我有這個悟處。

師父老人家叫我講《四書》，當時我是把《論語》講完了，我講了《大學》、《論語》，還有《中庸》、《孟子》沒講。《論語》我講得很詳細，花了二百八十二個小時，主要是採用李炳南老居士和蕅益大師的批註。講完之後我問師父，我現在要講什麼？師父告訴我，你現在講《無量壽經》。我講《無量壽經》的過程中，因為總是講到要「一門深入，長時熏修」，我自己也開始覺悟了。既然得到淨土了，我們這一生也要一心一意求生淨土，那當然《無量壽經》是最好的、最直捷的，為什麼還要走彎路？所以我就跟師父下了決心，說師父，《華嚴經》我現在不想學了，我現在想跟你老人家學《無量壽經》，行不行？師父老人家當時還在講《華嚴》，結果他點頭，說你可以講《無量壽經》。沒過多久，他說，《華嚴經》他也不講了，他說從現在開始，我到晚年也只講《無量壽經》。我一想，師父是不是特別對我有一種愛護？因為我想，我說我不想學《華嚴》，師父也不講《華嚴》了。我現在想學《無量壽經》，我說我這一輩子就只講這一部《無量壽經》。我感覺到「佛氏門中，不捨一人」，只要有人想發心學，他老人家為一個人講，他都講。當然《無量壽經》絕不是為我一個人講，是為普度大眾講，為什麼？末法時期，真的只有這部經是普度眾生，三根普被，利鈍全收。《華嚴》接引的只是上根人，《無量壽經》是上中下三根都有分。所以我們今後就專心講《無量壽經》，這時發現把傳統文化也放下了，把《華嚴經》，還有佛法其他的法門也放下了。

當我們這個第三步放下，剛才講的放下身外物，放下情執，到放下世出世間的這些法門、專精到《無量壽經》來，發現真的又不一樣。直到真正放下，專學《無量壽經》的時候，才發現自己對往生淨土有把握了。今後就是要報恩，上報佛恩、師父的教誨之恩，後半生就是專弘《無量壽經》。所以以後所有的人來請我講課，我都講《無量壽經》，哪怕是弘揚傳統文化的這些同修請我。上個禮拜一個商業論壇要請我去講，他問我能不能夠講以前講過的這些商業道德的專題？我說不講，我只講《無量壽經》，你讓我來講《無量壽經》，我就來講。所以我起了題目，「用彌陀心法治理企業」，我們用阿彌陀佛的這種方法來治理企業、來經商，也可以。師父老人家講，這一部《無量壽經》，修身、齊家、治國、平天下，統統能辦得到。所以我們將來就用《無量壽經》做演繹，告訴世人，《無量壽經》真正是涵蓋諸佛所說一切法門，也涵蓋世出世間一切聖賢教誨。

今天時間也到了，我想最後簡單的做個概括總結。人生最高的享受怎麼得到？必須是要看得破、放得下，看破一分就放下一分，放下一分就自在一分，自在就是享受。看破放下，最重要的是不離經教，我能夠有今天，還有一點點看破放下的能力，就是因為二十年沒有離開過師父老人家的經教，而且專聽一位老師，一門深入，就是一個師門。現在更是一門，就是一部《無量壽經》。愈專精，你的定力智慧就愈能夠增長，隨著你境界的提升，你會愈來愈自在，你的享受愈來愈高、愈來愈美。所以佛家的富貴，真的非世間所能比的，「世味哪有法味濃？」而真正得到法味、得到法喜，必須你自己從真實心中作，從誠敬心來作，要老實、聽話、認真實踐，你才能得到。

今天就給大家彙報到這裡，講得不妥的地方，請大家多多批評指正。謝謝大家。

五、禪與福慧人生

（編者按：二〇一二年七月二十三日，定弘法師受廣州大佛寺住持耀智大和尚和中山圖書館的邀請，回到家鄉廣州，在廣東省立中山圖書館一號報告廳作了一場《禪與福慧人生》的演講報告，法師於講座中，將禪與佛法的要義娓娓道來，告訴我們如何獲得福慧人生，現場聽眾反響熱烈。）

尊敬的大佛寺耀智大和尚，諸位法師，諸位大德同仁，諸位嘉賓，大家早上好！

非常感謝中山圖書館的熱情邀請，令定弘有幸在出家以來第一次回到自己的故鄉廣州做公開的演講。定弘生長在這一片故土，對這裡的每一寸土壤、每一棵樹、每一棵花草、當然還有每一個人，都有很深厚的感情。自己選擇了出家的道路，目標就是希望把佛法大智慧帶給一切眾生，當然先要從家鄉開始，所以這也是因緣殊勝，耀智大和尚慈悲促成此事，令我得以在出家後回國弘法第一站就在自己的老家，所以非常的感恩。耀智大和尚談到中山圖書館設立「禪文化大講壇」，是讓我們的廣大市民、廣大群眾能夠有這樣的平台瞭解佛法，瞭解中國固有文化中的這一個主流文化，就是禪文化，讓大家能夠學習怎麼過一個智慧的人生，過一個幸福的人生，我非常的讚歎、非常的隨喜。

今天圖書館給我的題目叫「禪與福慧人生」。我們在座如果有皈依的佛弟子，可能你們依然記得，當你們皈依的時候，皈依證明師帶你們宣讀誓詞，先是念「皈依佛，二足尊」。二足不是說兩隻腳，很多人可能對佛法不認識，一聽二足就是兩隻腳，搞錯了。「足」是滿足、圓滿的意思，「二」就是指福報和智慧，這兩者都圓滿，這樣的人就叫做佛。所以我們學佛目的就是希望得到幸福，福報圓滿；希望得到智慧，智慧圓滿，如果二者皆圓滿，你就成佛了。釋迦牟尼佛他不是一個神，他是一個人，他是一個有大智慧、大覺悟的人，他證得了宇宙人生的真相，他自己得到了福慧二足尊，然後他要教導眾生，一起來得到福慧圓滿。

佛教不是我們一般所認為的宗教，它是什麼呢？是教育。教育內容是宇宙人生的真相，瞭解了真相，你自然就懂得怎麼過日子，你的看法、你的想法、你的做法就會正確。你做的都正確了，自然你就不會有不好的後果，佛法叫果報，你的果報就好，你就能得到幸福，就能得到智慧。釋迦牟尼佛三十歲成道以後，說法四十九年，講經三百餘回，他做的工作就是教育工作。我們如果給佛陀評一個職稱，他應該評什麼職稱？是多元文化的社會教育工作者。他是一個教育工作者，他是老師，不是神，他的教育完全是義務的，不收學費，真的像孔子所說的有教無類，只要你來學，他都教。他每天教學八個小時，佛經裡稱為「二時說法」，他的講堂裡頭男女老少、各行各業都有，有點像我們現在的大講堂，誰都歡迎來，沒有男女性別的歧視，沒有種族階級的歧視，也沒有宗教信仰的分別。什麼樣的人，不管你信什麼教，從事什麼行業，都可以來學習，你只要學了，你就能夠得到幸福和智慧。所以我們如果把佛教做個定義，它實際上就是佛陀對一切眾生至善圓滿的教育。

佛跟我們是什麼關係？是師生關係，你看佛教徒見到佛都合掌稱「南無本師釋迦牟尼佛」，南無是印度話，就是敬禮的意思，恭敬；本師就是根本的老師，我們把釋迦牟尼佛是做為老師的，不是做為神或者上帝，他跟我們本來是平等。佛在講經裡面多次講到，在《華嚴經》裡也講到，在《圓覺經》裡也講到，一切眾生本來是佛，一切眾生皆當做佛。釋迦牟尼佛能成佛，我們每個人都能成佛。為什麼能成佛？因為我們每個人本有佛性，佛性就是至善圓滿的本性。這跟儒家講的思想一樣，儒家《三字經》大家肯定都讀過，開頭就說，「人之初，性本善，性相近，習相遠。苟不教，性乃遷」，大家都耳熟能詳。人之初，這個初是本來的面目，禪宗裡經常提「本來面目」，本來面目是什麼？性本善，我們的本性是本善，我們的本性跟佛是無二無別。

為什麼現在我們會有煩惱、會有痛苦，跟佛不一樣？《三字經》就講「性相近，習相遠」，本性雖然是一樣，但是我們習性不同，後天受到的教育如果不善，就會養成不善的習性。這個習性在佛法裡面就稱為兩種障礙，一個是煩惱障，一個是所知障，這二障本來是沒有，可是現在習性使然，我們最初一念不覺就開始形成這種習性，造成對我們本性的障礙，所以現在迷失了我們的本性。迷失，不是真的失掉，它還有，它依舊存在，只是因為我們迷了，好像是失去了，實際上根本沒有失去，依然還在。只要我們把這個障礙去除了，煩惱障、所知障去除，也就是把習性放下，本性就現前，你就成佛了。怎麼樣放下？必須透過教育，明白道理，所以「苟不教，性乃遷」，如果你不去教他，他這個習性就愈來愈厚，障礙就愈來愈深，障礙了本性。佛陀的教育，其目標就是幫助我們去除障礙，放下不善的習性，將我們本有的佛性顯現出來，這就是佛陀教育。不管你是從事什麼行業，不管你是在社會的哪一個階層，你都有資格、都有能力把自己的佛性彰顯出來。

禪宗裡面六祖惠能大師，他是個沒有讀過書的人，不識字，過著很貧窮的生活，跟他母親在一起，很孝順，靠砍柴為生，奉養他母親。結果他遇到有人讀《金剛經》，他就若有所悟，然後去黃梅求法，在五祖忍和尚會下待了八個月。剛去見忍和尚的時候，忍和尚就問他：「你從哪來，你來做什麼？」惠能大師是咱們廣東人，在唐朝的時候，廣東文化比較落後，所以中原地區的人看不起咱們廣東人，就把我們都稱為南蠻子。所以見到六祖惠能大師，五祖故意考驗他，看他境界到哪裡。結果惠能大師就說：「我從廣東來。」「來做什麼的？」「我來求做佛的。」「這口氣不小！」五祖說：「你這個獦獠還想來做佛？」獦獠就是罵人的話，就是你這南蠻子還想來做佛？惠能大師就說：「人分南北，佛性何分南北？」你看這句話把佛法的精要點出來了，說明什麼？任何人都能成佛。不僅人能成佛，佛法講一切眾生，我們講九法界眾生，從六道到四聖法界裡面的聲聞、緣覺、菩薩，都可以做佛。因為什麼？佛性是無二無別的，一切眾生是平等的。我們學佛要有這分自信，我要來做佛。我們看到佛門裡面有不少信徒，如果你去問問他，你來佛門做什麼的？看看有幾個人說我來做佛的，很多人不敢承當。為什麼不敢承當？因為對道理不瞭解，不知道人人本來是佛，既然本來是佛，當然能成佛；本來我沒有那些煩惱、業障，現在我要把它去除，當然可以去除。《大乘起信論》馬鳴菩薩跟我們講，本覺本有，不覺本無。本覺就是你本來是佛，你本來可以做到，你現在發心做佛，你肯定能做到；不覺的就是你的煩惱，你的迷惑顛倒本來沒有，現在要把它放下，你也肯定能放下，認識了這個道理我們就有信心。

我們今天的題目裡頭有「禪」字，到底禪是什麼？如果你查《佛學大辭典》，你會看到兩個字，叫靜慮，這是直譯過來的。禪流入中國，跟中華傳統文化有機的結合為一體，這是佛陀教育傳進來非常成功的地方，它跟中國傳統文化融為一體，所以得到朝野上自天子、下至庶民廣泛的接受。它傳入中國來，不僅不會跟我們中華傳統的文化相對立，反而互相補充、互相提升，佛法進來中國，把儒家、把道家、諸子百家的思想都提升了。你看「禪」字翻譯就是這樣，禪本來是印度話，它翻譯成靜慮，用的術語是從《大學》裡出來的。大學，大是大人，就是聖人，聖人之學。怎麼學？裡面有句話講：「知止而後有定，定而後能靜，靜而後能安，安而後能慮，慮而後能得」，這就是我們成聖成賢的過程。

第一個講知止，知止是什麼？你的心定在一個地方，止在一處，《大學》講：「止於至善」。什麼是至善？佛法把這至善就講得很明瞭，成佛就是至善，十法界智慧、福報最圓滿的就是佛，這是至善。我們現在的目標定在成佛上，就像六祖惠能大師來見五祖，我來學做佛的，止於至善。有這樣的立志，佛法說有這樣的發願，這很重要，如果沒有立志，求學是很難成功。佛法裡修菩薩道首先要發四弘誓願，這個跟儒家講立志成聖成賢道理是一樣。

知止之後，你的心才能夠定下來，這個心定在修學上，用佛法的術語講戒定慧，定是關鍵。戒是持戒，持戒是什麼？把老師的教誡要做到，這叫持戒，這個戒是很廣義的。你能夠持戒，就是能知止了，你心才能定，定了之後你的心就安靜了，心止在一處。禪宗的修行非常注重定，其實佛法八萬四千法門，所有的法門都重視禪定，不是說只有禪宗才修禪定，所有的法門其實都是修禪定。譬如說淨土宗念阿彌陀佛，念阿彌陀佛也是修禪定，把心定在阿彌陀佛佛號上，大勢至菩薩講的「都攝六根，淨念相繼」，這就是定。定了之後，心就不妄動了，這叫靜，定而後能靜，這境界就往上提升了；靜之後，一切的境緣，境就是物質的環境，緣是人事的環境，不管是順境還是逆境，不管是善緣還是惡緣，你都能夠安心，這叫靜而後能安；如如不動，你才能夠智慧現前，安而後能慮，慮就是智慧現前；

智慧現前你就能夠契入聖賢境界，契入佛菩薩的境界，這叫慮而後能得。得到什麼？得成聖果，得成聖賢，佛法稱做佛、作菩薩。你看大學之道這個修行的方法，透過佛法這麼一解釋，跟禪宗、跟所有其他的法門修學都是相應的。

我們希望我們的人生幸福，需要有定慧，心要定，定才能有智慧。現在整個世界普遍存在的問題就是人心浮躁，定不下來，妄動。妄動就不會有智慧，對外面的境界看不清楚，看不清楚就容易做錯誤的決定，做了錯誤的決定就會有不好的後果。我們的心如果是動的，就好像一湖水，一湖清澈的湖水，如果風很大、浪很大，水是動的，外面的山、樹這些境界就照不清楚。一定要讓我們的心，心如止水，像這湖水平靜下來，你才能夠照見外面的境界，照得清清楚楚，這就是智慧。現在人為什麼會浮躁？不是說沒受教育，受的教育很多，現在讀十幾年書的人很多，大學畢業都是讀十幾年書的，但是沒有智慧，只能說是知識很豐富，說到智慧談不上。知識是什麼？你知道得多，你常識豐富。智慧是什麼？你能做出正確的決定，你選擇正確，這就是智慧，我們現在社會欠缺的是這個。佛法正是給我們帶來智慧，依佛法而修，你一定能夠得到心定、靜、安和智慧。

禪最高的境界就是佛的心，禪是心法。禪宗的起源，估計大家都有瞭解，起碼是聽說了，這是在《大梵天王問佛決疑經》裡面談到，釋迦牟尼佛在入滅之前，這時候大梵天王禮請世尊來說法，希望佛在入涅槃之前把還沒有說的法都給我們說出來，使得後世人依教奉行而能夠成佛。於是大梵天王捨身為座，用自己的身體變成一個大法座，然後供養世尊一株大蓮花。結果世尊把這株蓮花拿起來，一句話不說，向大眾示意。大眾愕然，誰都看不懂，到底佛是什麼意思？當時大會有八萬四千人天大眾，座下只有一個弟子迦葉尊者，他見到佛拈花這個動作，他就破顏微笑。結果佛也就知道迦葉尊者得到了，所以佛講：「我有正法眼藏涅槃妙心，實相無相微妙法門，不立文字，教外別傳，總持任持，凡夫成佛，第一義諦，今方付囑摩訶迦葉」，已經把佛的心印傳給他，這個法會也就圓滿了，這就是禪的由來。

我們問，佛講正法眼藏、涅槃妙心付囑給迦葉的，到底是什麼？我們也想得到。如果要說出來，說不出來，你要問我，我也說不出來，如果能說出來的，肯定就不是「正法眼藏、涅槃妙心」，所謂「道可道，非常道」。南嶽懷讓禪師也說過，「說似一物即不中」。不能說它是一個什麼東西，你說它像什麼都不是，什麼都不像，又什麼都不是，但是它又有，這是一種境界，這是大智慧。佛告訴我們，得到這種境界了叫大自在，就是福慧圓滿。

怎麼才能得到這種境界？首先第一個，我們要立志要得到這個境界，這個境界每個人本來具有，為什麼我們不肯取得？我們本來可以受用的，為什麼我們不去受用？我們自己得到了，也能幫助大家、幫助眾生去得到這樣的自在。立志之後，就像六祖惠能大師講的，我來做佛的，這就行，你發心來做佛。

然後佛告訴你怎麼修行。這個修行要從放下入手，就是前面講的「本覺本有，不覺本無」，不覺得是煩惱、是障礙，你把這些本來沒有的煩惱障礙放下，你才能得到本來具有的正覺。所以禪不是用我們能思惟想像的心去得到的，這個境界，佛說是不起心不動念、不分別不執著，你才能得到。不起心不動念非常難，我們要從不分別不執著做起。

佛告訴我們，如果你能放下執著，這是煩惱當中最粗最重的煩惱，叫做見思煩惱，把這個放下，你在佛陀教育裡頭你能得到一個學位，這個學位叫做阿羅漢，你成了正覺。阿羅漢放下了執著，對一切法他都不執著，知道一切法都是因緣假合的，不是真的、不是實有。好比我們人身，你說這個身體，我們稱它做定弘法師，實際上定弘法師真的存在嗎？哪一塊才是定弘法師的主體？是我的心臟還是我的腦袋、五臟六腑、四肢？你說心臟，心是主體？好，那心臟現在還能夠有換心的手術，把張三的、李四的心換在我定弘法師的身體裡頭了，那我現在叫定弘法師，還是叫張三、還是叫李四？所以我本身這個肉體是沒有主體的，完全是各種因緣和合，什麼因緣？由各種器官、各個細胞合成，合成這麼一個肉體，我們就稱它叫定弘法師。假名而已，不是實有，每個人身體都是這樣，當你知道這個事實真相了，你對身體都不執著了。

實際上除了身體以外，你看看世間一切萬物不都是這樣嗎？你說這個講壇，講壇是木頭做的，由釘子釘在一起，木頭、釘子、各種板把它合在一起，稱為講壇；你把它分開，那就木頭是木頭，釘子是釘子，哪裡有講壇？所以講壇這個相本身是個幻相，不是真實的。阿羅漢知道這個事實，所以他就放下對一切法的執著了，放下執著，他就得到很大的自在。什麼自在？他沒有生死了，我們稱為了生脫死。這個了生死，這了是明瞭，明瞭生死根本沒有，只是因緣的聚散而已。像我們這個肉體，現在因緣聚合，因緣是各種條件，我們的細胞、我們的器官各種條件聚合成這麼一個體，我們叫它生；當它散去的時候，我們叫它死了，實際上只有因緣聚散，沒有生死。阿羅漢明白這個道理，他就歡喜了，原來生死根本不存在，放下了。

如果我們再進一步提升，不僅放下執著，連分別都放下，對一切法不分別，一切善、一切惡，好醜是非，全是一味平等，這樣的境界你證得了，在佛陀教育裡頭你又證得一個更高的學位，叫做菩薩。菩薩放下分別，分別又稱為塵沙煩惱。再往上提升，不僅分別沒有，連起心動念都放下了，一念不生，沒有妄念，心真正不動了，這個境界是最高境界，在佛陀教育裡面最高的學位，叫做佛陀。佛教是三個學位，跟現在大學裡面學士、碩士、博士三個學位是一樣的。所以佛教確實是教育，它不是宗教。

我們學了佛法，最關鍵的就是要去落實，落實沒有別的，就是放下。那你說放下好難，放下肉體我就做不到了，別說去作菩薩、做佛，作阿羅漢都很難。為什麼放不下？還是沒看破。我剛才講這個道理大家聽了，只是一種常識，沒有真正領會，沒有真正入心，就是沒看破，沒有把這個事實真相變成自己的人生觀、宇宙觀，所以受用還是得不到，那只能叫做常識。佛法學了很多，也只能是知識而已，這個是佛學，是學術。你學了很多常識、很多名詞術語，你能夠寫論文，你能發表很多著作，甚至在大學裡教書，當教授，但是煩惱沒放下，生死沒了，這只能叫佛學，不是學佛。學佛是得真做，學了之後你要真放下。當然要放下煩惱不是那麼容易的，要一點點來。

明朝袁了凡先生說過，「達者內捨六根，外捨六塵，一切所有，無不捨者，苟非能然，先從財上佈施」。達者就是證得聖果的人，我們講佛、菩薩這就是達者，通達宇宙人生真相了，所以他能夠內捨六根，六根是我們的身體，包括眼耳鼻舌身意；外捨六塵，色聲香味觸法，這叫外面的境界，是我們六根相對應的境界，眼所見的叫色，耳所聞的叫聲，等等。真正證得聖果的人，內捨六根，外捨六塵，一切都能捨，沒有不可捨，捨盡了就是成佛了。因為我們的心地本來是一塵不染，六祖惠能大師講「本來無一物，何處惹塵埃？」一塵不染的。怎麼達到一塵不染的境界？捨！捨盡了就一塵不染。確實這個不容易做到，「苟非能然，先從財上佈施」，財是身外物，這個我們有下手處，我自己就是這樣學過來的。

我在美國念完博士之後，在德州大學教金融。那時候我在廣州中山大學念書，就是念國際金融專業，當時我學佛了，耀智大和尚對我是非常愛護。我學佛的時候，大概宿世還有點善根，學了之後，發了個願，說我今生要做大護法人。十九歲皈依的時候，發了這個願，但是當時是懵懵懂懂，什麼叫大護法人不曉得，以為以後賺大錢就能夠護法了。所以我就選擇讀國際金融專業，而且要考到美國去念博士，將來能夠賺大錢，我來護法。但後來透過佛法的學習才知道，這樣的認識太粗淺了，真正護法是什麼？你把佛法要做到，你在自身上落實了，你才叫護法。法在你的身上，以身護法、以身護教，就是要把佛陀的教誨落實到自己的言行，落實到自己的待人處事接物上，你的心行要跟佛相應，你本身就是活的佛法，你所在之處，就是佛法所在之處。

孔子在《論語》中說：「人能弘道，非道弘人」，道要靠人來弘揚，不是用佛法、用道來裝點自己，學佛要從自己身上真修實做下手。所以我學了之後，要去慢慢落實，怎麼落實？先放下。那時候我在美國教書，當時美國政府給我一個很特殊的綠卡，叫做傑出教授與研究人才綠卡，讓我留在美國。後來我的老師在澳洲建立道場，我就追隨老師去學佛，捨棄了美國高薪到澳洲，在澳洲，剛好昆士蘭大學給我一份教職，但是薪資比美國要減一半。於是就到了澳洲，在澳洲昆士蘭大學任教，當時因為原來學習的時候打下比較好的基礎，發表的論文也比較多，所以兩年大學就提升我做為永久的教授，就是我們現在中國人講的鐵飯碗。當時我就追隨老師學佛，老師鼓勵我說，我們年輕人要有使命感，什麼使命？既然遇到佛法，就要立志將這麼好的教育去普及，去讓大眾廣泛的接受，這真正能夠安定人心、淨化人心、和諧社會。

你看中國歷史上，凡佛法興盛時期，都是國泰民安、天下大治的時期。唐朝最明顯，貞觀之治、開元之治，直到滿清康乾盛世，都是皇帝來護法，朝野都學佛。像前清帝王帶著文武百官每天在萬壽殿讀《無量壽經》，把《無量壽經》做為日課，能令天下民心安穩，所以佛法興盛對國家、對人民能帶來很大的好處。更重要的是，我們自己也能提升，自己能超越六道輪迴，也幫助這些善根深厚的眾生超越六道輪迴。所以他鼓勵我要立志弘法。

我當時恰好有這個因緣回到國內，因為佛法，現在縱觀歷史，包括我們看到天下各國，佛法根基最深厚的還是在中國，要回到中國來為國家效力。所以當時只想到這樣，我可以兼職弘法。因為當時想到我還要生活，我上面還有父母、還有爺爺奶奶要我來贍養，我是長子長孫，這個家裡面最有出息的就是我，父母都以我為豪，我要去贍養他們，我得賺錢，一方面養家，我自己單身，花費很少，但是他們需要我，所以我要邊工作賺錢，邊學佛弘法。於是就想到，我在國內謀一份職業，兼職弘法。剛好當時廈門大學正創立一個金融財務的研究所，邀請國外著名的學者來擔任領導學術的主席教授。他看了我的簡歷，就覺得很滿意，就給我聘函，薪水很高，大概這道糧就已經充足了，那時候我再辭職，我再來全職弘法。

如意算盤打好了，我就拿著這個聘函跟我老師講，我想回國來，邊學佛邊弘法，也做點這個工作。因為這個工作一點都不需要我投入很多時間，它不需要我去上課，也不需要帶博士生，只需要每年寫幾篇文章在國際學術雜誌上發表，就能交差了。結果老師聽到我這麼說，就突然給我當頭棒喝，說你不要老想錢！我當時聽了就無言以對。

回去之後參悟，為什麼老師這麼說？想想自己既然發心要走聖賢路，要來弘法，怎麼第一個考慮自己的生活問題？《論語》裡面講：「君子謀道不謀食……憂道不憂貧」，我們要想的是自己怎麼成道、怎麼證道、怎麼弘道，不能想自己的利養。老師告訴我，你要真正發心為正法、為眾生，你家裡人有佛菩薩照顧。後來我把這問題想通了，確實不能想自己，要全身心投入到弘揚正法的工作上來。所以我就向我的商學院院長提了辭職函，當時他還很驚訝，這是一位澳洲人，他跟我講：「你現在前途是很光明的，你看你年紀這麼輕，才三十多歲，已經在學校拿到永久的教授職位了，你好好的繼續做下去，以後是前途無量。你又不是走投無路，混不下去，你為什麼還要走這條路？」他不理解，他以為我是腦袋進水了。我也跟他說不清楚，也不能說。他說：「這樣好了，我把你的職位給你保留一年，你這一年想清楚了，還有機會，回來你還能夠繼續當你的教授，只有一年，以後沒機會了。」結果到現在，我辭職到現在整整六年了，沒有回頭。

我把我在澳洲的房子賣掉佈施了，汽車也捐了，把財物分給父母，或者捐了，全部都放下，銀行的帳號也關閉了。學佛我想就得真的去實踐，學釋迦牟尼佛，釋迦牟尼佛當年王位都可以捨棄，專門來從事佛陀教育的工作，我這麼一點有什麼捨棄不了的？佛法裡講，你愈佈施，你會愈富有，善因得善果，絲毫不爽。佛法提倡三種佈施，佈施財，你能得財富；佈施法，你能得聰明智慧；佈施無畏，無畏就是幫助人解脫痛苦、解脫煩惱、解脫恐懼，你就能得健康長壽。你努力的行三種佈施，那你就愈來愈幸福，財富會愈來愈多，智慧會愈來愈高，身體還會又健康、又長壽，這不就是幸福嗎？怎麼做？從佈施，從這裡做。

有人說，你現在有什麼幸福，你又沒有錢又沒有勢，以前還有個教授的頭銜，現在什麼都沒有，你有什麼福報？這個就是佛法講，「如人飲水，冷暖自知」，我自己感覺到幸福，你們沒體會。你說財佈施得財富，那你說你有什麼財富？我跟你講，你看我把房子捨棄了，我到哪裡都有房子住。不住自己的房子好，住自己的房子很累，住完了，不用自己收拾，這多幸福！我們一心弘法，我把汽車給捐了，我到哪都有汽車坐。坐車不用自己操心，要開自己的車也很累。把財都佈施掉了，我現在沒有銀行帳戶了，我告訴你，我用不上錢了，需要的錢有人來送，不需要的錢一分都沒有，這才好。有很多學佛的大老闆來跟我講，他覺得挺羨慕我的，你現在什麼心都不用操，真的是一天到晚笑容滿面，快快樂樂，他說我們很辛苦。為什麼辛苦？財產太多，財多也累人。

當然不是說要每個人都要學我，把財產全部佈施掉，銀行帳戶都關了，這也不現實，因為我是走出家的道路。釋迦牟尼佛當年那個僧團，所有的出家人全部財產三衣一缽，生活極其簡單，樹下一宿，日中一食。他們的身體也好，睡在大樹下過一個晚上，一點問題都沒有。與他們相比，我們的福報不夠，我們要是在樹下睡一宿，恐怕第二天就得進醫院了。所以身體也是福報，我們身體不如他們好，他們風吹雨打日頭曬沒問題，這才是真正的福報。不是說要很多人伺候你，那個不一定是福報。

學佛要放下，從放下身外物做起，你放下一分你就得一分自在，放下十分就得十分自在。放下不是說我什麼都不要，不一定，事上有沒有無所謂，心上要放下。你在事相上，你有千萬億的財富沒有問題，你可以用這個財富來幫助眾生、幫助社會、弘揚正法，好事，這是一種機會，難得！但是你對自己的財富千萬不要執著，萬一哪一天突然金融海嘯，你一下傾家蕩產了，沒關係，心還是如如不動，這叫放下，有跟沒有都一樣，這叫放下。不是說事上放下才叫放下，事上放下了，心上沒放下也不行。所以禪就是要做到一絲不掛，心一點都不牽掛。

不僅說對於身外物不再牽掛、不再執著，不放在心上，對於人與人之間，我們講的這些感情、恩怨也不能放在心上。佛法講要放下情執，放下情執比放下身外物更不容易。你看我跟父母感情就很深，放下對父母的這種感情挺不容易，這比放下身外物要難。當時我一直躊躇，不敢放下工作，其實主要不是考慮自己，考慮父母，父母要我來贍養，家裡還有爺爺奶奶，他們怎麼辦？師父講，你能夠為佛法、為眾生，家裡人有佛菩薩照顧，比你自己照顧要好十倍。我聽了之後相信，跟我母親商量，最後把工作辭掉了，走弘法的道路。

結果我自己也沒想到，父母真的有很多菩薩們照顧，現在爺爺、奶奶、父親、母親生活都非常好，真是有同修一起來照顧他們，比我照顧要好十倍都不止。

有句話講得好，我為人人，人人為我。你發自內心全心全意為眾生服務，你的福報無量，因為你的福報是眾生的福報。最怕的是你自私自利，你只為自己身家著想，那你的福報就被你的心量給限制住了。所以你的心量愈大，你的福報就愈大，心量愈小，福報就愈小，量大福大，你想要福報大，要把心量拓開。你看古人，像范仲淹講：「先天下之憂而憂，後天下之樂而樂」，這心量裝著天下人，這福報很大，你看他當時自己就是身為宰相，他的兒子都是宰相，他的子孫綿延八百年不衰，民國時代印光大師非常讚歎范家。這是福報福蔭子孫。佛法裡講這個心量比天下更要大，「心包太虛，量周沙界」，遍法界虛空界一切眾生我都要包容，我對他們都要慈悲、都要關懷、都要照顧，不為自己，自己沒有了，你這個福報就是無量無邊。

隨著你福報的增加，你的智慧也增加，福和慧是相應的，我們講「福至心靈」，你福到了，智慧也到，智慧到了，福報也到。所以去年我就下定決心走釋迦牟尼佛的道路，出家。出家，我自己目標非常明確，我不是走投無路才出家，我也不是感情失敗才出家，我沒有這些問題，我出家目的非常明確，學釋迦牟尼佛，弘揚正法。所以我的剃度恩師香港圓明寺上暢下懷老和尚，他給我起的法號叫定弘，一定要弘法。弘法，最重要的是你自己要先做到、先落實，身行言教。我們出家人，古人給我們一個尊號叫「人天師表」，不僅是人的榜樣模範，也是天人的榜樣模範，九法界眾生都尊重你。自己想想，我們憑什麼得到大家的尊重？要憑自己的德行，要憑自己的戒行，要憑自己的學問、自己的慈悲，真正要全心全意為人民服務、為眾生服務，你才能得到一切眾生的敬愛，你才能夠為佛臉上貼金，我們講光耀門楣。不僅是出家人，我們所有學佛弟子四眾同修都要有這種使命感，自己要做好榜樣，要持戒。

持戒，第一個守規矩、守國法，一切世間的法律、道德、規章制度我們都要遵守，這是持戒。不僅是佛的五戒、十戒這些戒律，更重要的，這個世間我們一定要遵守國家法律，佛法在世間，不壞世間法。《菩薩戒經》裡講到，菩薩第一不謗國主，不能毀謗國家各級領導人，要擁戴，不謗國主；不犯國制，不違犯國家的法律；不漏國稅；不做國賊，賊就是傷害國家利益的人，這是菩薩四條重戒，我們都要遵守。

我們也要認真學習儒家的倫理道德，倫理道德，《弟子規》是一個很好的、集大成的總結，把《弟子規》落實，你就是好人，是君子；道家的《太上感應篇》，這是講因果的教育，要把它落實。人懂得倫理道德，恥於作惡；人明白因果的教育，不敢作惡了，知道作惡必有惡報。我們自己力行，然後才能夠教化眾生，所以儒家孔子講：「先行其言，而後從之」，你自己把你自己所說的先做到，你才能夠讓別人跟從你學習。

我們學佛的最高目標就是成佛，就是得佛的心法，這就是最高的禪的境界，就是從放下做起。放下身外物，放下感情用事，就是情執，要用理智，不用感情，以大局為重，這是理智。最後把煩惱，見思煩惱就是執著，塵沙煩惱就是分別，無明煩惱就是起心動念，一點一點放下，你就能圓滿證得佛的境界，就圓滿得到福慧的人生。而最後要真正大圓滿，《華嚴經．普賢行願品》講的十大願王導歸極樂。普賢菩薩是等覺菩薩，他給我們示現的，他這十大願王是菩薩最高的大願，在哪裡得到圓滿？在西方極樂世界得到圓滿，也就是在極樂世界圓滿成佛。極樂世界在哪？心淨則佛土淨，我們能夠修清淨心，能用念阿彌陀佛這個方法，把我們的分別、執著、起心動念都放下，你就成佛了，眼前就是極樂世界。

今天我們講演的時間到了，就給大家彙報到這裡，講得不妥的地方，請大家多多批評指正。謝謝大家。

六、學佛是人生最高的享受座談會

（編者按：二〇一二年十一月二十三日，定弘法師和香港大學的一批青年學子在香港佛陀教育協會進行了一場「學佛是人生最高的享受座談會」，和學子們分享了學習佛法的入門要道。法師以自身經歷為例，教誨在校學子應當從孝親尊師入手，努力學習和踐行佛陀的教誨，過一個覺者的生活。）

諸位同學，諸位同修，大家好！非常歡迎從香港大學來到我們協會的各位同學，來參加我們今天特別為大家舉辦的一個座談。我跟大家有共同的經歷，也是從大學裡出來，也在大學裡教過書，可能有比較多的共同語言，所以就想和大家談談一些學佛的體會，學佛的心路歷程。我就想到一個題目，這是我的恩師上淨下空老法師常常在經教裡面講到的，「學佛是人生最高的享受」，我們今天就以這個題目跟大家來分享。

我的名字，法名叫釋定弘，俗名叫鍾茂森，二〇一一年七月十五日在香港圓明寺出家。在此之前，在美國讀的博士，在美國大學教過四年，在澳大利亞也教過四年書，在六年前辭掉教授的工作，跟我們淨老和尚來專門學法。大概是這麼一個經歷。

首先來給大家介紹一下什麼是佛教。同學們都是學佛社的成員，多多少少有接觸過佛法，但是什麼是佛教，未必學了佛的人就能夠說得出來，可能還沒有真正想過到底什麼是佛教。

佛教不是宗教，它是教育，是人生幸福美滿的教育。什麼是佛，什麼是教？簡單的來講，佛就是福德、智慧二足尊，你看我們皈依的時候，都會念「皈依佛，二足尊」。足是滿足的意思，什麼滿足？滿足就是圓滿，智慧圓滿，福德圓滿，這兩種都圓滿了，這個人叫做佛。

佛不是神，他是人，每個人都能成佛，因為福德和智慧是我們每個人本性中本來就具足的，你本來就有的，一點都不欠缺，你跟釋迦牟尼佛、阿彌陀佛沒有任何的區別。現在我們福德、智慧被煩惱習氣給障蔽住了，它顯不出來，顯不出來不代表你沒有，你還是有，學佛就是把我們本性中的福德、智慧開發出來。圓滿地開發出來了，這個人就叫佛；開發得還不圓滿，一部分，叫菩薩，叫阿羅漢；一點都沒開發出來的就叫凡夫，就這麼一個區別。

什麼是教？這個教不是宗教，宗教裡面講神、講上帝，佛教裡面它不講神、不講上帝，它不講宇宙中有個什麼樣的造物主，它沒有。這個教是什麼？就是教育，我們的本師釋迦牟尼佛對九法界眾生至善圓滿的教育，這個教育是最善的。世間的教育，像我們在大學裡接受教育，像我原來學的是Finance（金融），這個教育不是至善的教育，它教人怎麼賺錢、怎麼投資，容易增長私利，增長人的欲望，這就不叫善。

佛法裡面教我們完全認識宇宙人生的真相，從而能夠把我們的煩惱、業障都消除，所以它是至善，能夠很圓滿的開發自己自性的性德。這個對象叫九法界眾生，不僅是對人。在佛法裡講有十法界，下面凡夫是六道，上面四聖法界。六道，從底下算起，地獄道、餓鬼道、畜生道，然後是我們人道，再往上有個阿修羅道，再往上是天道，這叫六道，眾生在裡頭輪迴受苦。如果超越六道了，就進入四聖法界，就叫聖人。四聖法界包括聲聞（就是阿羅漢）、緣覺、菩薩、還有佛。佛是圓滿的，福德、智慧都圓滿，底下的九法界眾生都沒有圓滿，所以佛幫助他們圓滿。用什麼方法幫助？用教育，所以教育的目標就是覺悟，佛者覺也，覺悟的人就是佛。

覺悟的層次有三大類，第一類叫正覺，阿羅漢證得了，也就是你的知見正確，不會有錯誤的知見，不會有貪瞋癡慢這些煩惱，佛門裡面術語叫見思煩惱放下了，你就證得正覺。在佛法裡面，因為佛法是教育，就跟我們大學一樣，它也授予學位。像我們大學裡頭有學士、有碩士、有博士三種學位，最高是博士。佛法裡頭它也有三個學位，第一個學位是正覺，阿羅漢這個學位，人人都可以拿這個學位，只要你證得了正覺。怎麼證得正覺？把執著放下，你就證得正覺，拿到第一個學位；再往上提升，把分別也放下，對一切法都不分別，就證得正等正覺，在佛教裡面你就獲得第二個學位，菩薩，相當於碩士；最高的學位叫無上正等正覺，就好像大學裡面的博士，這個最高學位人人都能拿。孔子講：「有教無類」，其實佛更是有教無類，不僅人可以拿這些學位，一切眾生，乃至蚊蟲螞蟻，牠們只要能證得無上正等正覺，也能成佛。

求正覺跟世間學問不一樣。我們在大學裡面讀書，那是求知識，知識愈多愈好。但是學道就跟學知識不同，老子講「為學日益，為道日損」，益是增加，你知識學問得增加，為學得日增；為道，就是修道的人得日損，損就是減少，就是放下，一天天把煩惱習氣放下。「損之又損，以至於無為。無為而無不為」，到無不為，就是等於佛法裡講的你成佛了。放下三種煩惱，我們可以用三片玻璃片來代表，紅色的代表執著，藍色的代表分別，黃色的代表妄想。妄想、分別、執著，這是我們本性中沒有的，叫煩惱習氣，你要把這三種都放下才叫成佛，證得本性，禪宗裡講明心見性、見性成佛。那個「性」人人本有，現在被這些東西擋住，看不到你的本來面目。被擋住了，怎麼樣把你的本來面目彰顯出來？要放下，能夠把三樣東西一起放下，就證得了。像禪宗六祖惠能大師，他就是一下放下，這一放下，從凡夫一下就跳到佛位，所以五祖就把衣缽傳給他，給他印證，說他就是天人師，就是佛。

我們一般人根性沒有那麼利，不能一下三樣都放下，那我們就一樣樣放下。你先把執著放下，外面的境界就比較清楚一些，這時候你證得阿羅漢果，成正覺了，但是還沒有圓滿。怎麼辦？繼續放下，不僅對一切法都不執著，而且不分別了。執著很苦，大學裡男孩子跟女孩子談戀愛，那就是執著。今天好了，大家很高興；改天不高興，鬧矛盾了，就很煩惱；什麼時候分手了，痛不欲生，你看多苦。放下這些，七情五欲都沒有，你心地清淨，你對宇宙人生真相就認識得比較清楚。但是還不夠，還得繼續放下，第二個是放下分別，這時候你證得正等正覺，你拿到菩薩的學位，佛法稱果位，就是學位。你對宇宙人生真相看得愈來愈清楚了，但是還有點朦朧，因為什麼？還有最後一層妄想沒放下，現在要把妄想也放下，不起心不動念，那個時候你就圓滿證得自性，你就拿到佛的果位，無上正等正覺，最高了，自性圓滿現前，你跟釋迦牟尼佛、阿彌陀佛沒有兩樣。學佛是這麼個學法，跟我們學世間知識，那是完全不同的。

知識份子如果不把這些道理分清楚，學佛可能最後學得偏了，把佛法都當作世間學問知識來學，愈學，這三樣東西愈多，愈多，偏離佛道愈遠。這我們一定要認知清楚，佛教是教育，不是宗教，人人都能成佛。宗教裡不可能講人人都能成神、都能成上帝，沒有這樣說法，一般宗教裡神是獨一無二的，不可能超越的。但是佛法裡沒有這樣的說法，佛法說人人都能平等成佛，一切眾生本來是佛，所以皆當做佛，這是教育。佛絕對不會禁止你跟他一樣，反而他希望你跟他一樣，甚至希望你青出於藍而勝於藍，這是教育。老師都有這樣的心量，希望弟子、希望學生都能青出於藍。

佛教是教育，從傳統稱呼上我們都能體會到，你看我們自稱「三寶弟子」，弟子就是學生。我們稱釋迦牟尼佛叫「本師釋迦牟尼佛」，本師是什麼？根本的老師，他是老師，佛跟我們的關係是師生關係。宗教裡講神跟我們的關係叫父子關係，這是兩碼事。所以我跟一些信宗教的人都講，你們也可以來學佛。真的是這樣，佛當年在世，印度就有九十六種宗教，佛跟他們講這些宇宙真相，歡迎他們都來學，沒有宗教的界限，什麼宗教的人士都能來學，學了你有智慧，你不要改變你自己原來的宗教，你能夠更好的深入你自己的宗教。所以基督徒學了佛之後，他能成為基督教裡面的菩薩，基督教裡面的佛，佛就是覺悟，他圓滿覺悟了。那神不是更開心？不矛盾。

我們稱出家人，一般的俗話講和尚，你出家當和尚了。和尚實際上不是一般人能稱和尚的，它是一個尊稱，和尚是梵語，翻譯成中文叫「親教師」，就是你跟他學習的，他是你的導師，親自教你的親教師。一個寺院裡面只能有一個和尚，住持和尚（方丈和尚），就好像學校裡面的校長，這是和尚。其他的人只能稱法師，講法的老師就是法師，全是教育裡的稱呼。佛教傳到中國來，中國的帝王護持佛法，蓋很多寺院，古代很多寺院都是皇上下旨蓋建的。

寺院是中國佛教的特色，叢林制度，實際上寺院就是學校，就好比大學裡面有不同的科系。佛法分十大宗派，小乘兩個宗，大乘八大宗，這就是好像不同的系，不同的學院一樣。大的叢林，幾千人的都有，這不跟大學規模差不多嗎？寺院裡面有三大綱領執事，除了和尚（就是方丈）以外，方丈是校長，底下有三大綱領執事，就是管事的人，三個主要的負責人，一個叫首座，一個叫維那，一個叫監院，這也是學校裡面的一個工種。首座就是我們學校講的教務長，維那是訓導長，監院是總務長，這跟現在學校沒有任何區別。所以它是教育，我們要首先認識它，這就沒有迷信。你一開始走這條路正確了，走到底，最後你能成就；如果一開始就搞錯了，把它說成宗教，甚至變得迷信，到時候學到最後一無所成，你不僅福德、智慧不能增長，到時候你還會煩惱更深，這個我們首先要認清楚。

知道佛教是什麼，我們再來認識釋迦牟尼佛，他是我們的本師。我們現在的佛法是釋迦牟尼佛三千年前傳下來的，這個名號它翻譯成中文的意思是「能仁寂默」。佛實際上沒有名號，他的名號都是為了度眾生的，等於是他教學的宗旨。

釋迦牟尼佛十九歲時，看到生、老、病、死、苦，出家了，他是太子，將來的王位都不要了，要尋求為眾生解脫痛苦的方法。到三十歲他在菩提樹下證道，獲得了圓滿的福德智慧，也就是他證得自性，然後四十九年講經說法。他原來雖然是出身於貴族，是王太子，但是他出家後的生活非常的艱苦，我們看到很艱苦，實際上他不苦，他很快樂。他是三衣一缽，這是他全部的財產，示現苦行，日中一食，樹下一宿，一生做什麼工作？講經教學，他天天講課。他是老師，而且是個義務的老師，不收學費。孔子收學生還要束脩之禮，你得帶兩串乾肉，佛連乾肉都不需要，什麼都不用，誰來學他都教，一教就教了四十九年。他不干涉政治，他也不領兵打仗，他也不做科技、經濟，什麼都不做，就從事教育，因為只有教育才能夠真正幫助人離苦得樂。苦怎麼來的？苦都是因為迷來的，你迷惑顛倒就有苦；把迷放下，開悟了，痛苦就沒有了。他看到這一點，所以一生教學。他自己沒有道場、沒有財產，人家供養他的寺院，像祇園精舍、竹林精舍，那是什麼？那些大富長者他們提供的道場，請佛來講經說法，佛沒有接受它的所有權，只是使用，使用完了，經講完他就走了。到最後他圓寂在雙樹林間，在野外，一生都沒有自己的財產，沒有自己的道場，給我們做出最好的榜樣。所以我們大家看到他這樣的行持，相信他真的是一無所求，人到一無所求的時候，他就能講真話。為什麼一個人他不能講真話？因為他有所求。所以佛講的全是真實語。

他的教學內容可以用他的名號代表，能仁寂默就是他的教學宗旨。能仁是慈悲，寂默是心地清淨，這個教學宗旨是對治我們地球上眾生的毛病，眾生害什麼病，他下什麼藥。我們這個地球上眾生普遍的都自私自利，起心動念想自己不想別人，不仁。孔子講：「仁者愛人」，眾生不愛人，愛自己不愛人，所以釋迦牟尼佛用「能仁」這個名號，愛眾生。眾生有個毛病是心地不清淨，貪瞋癡，這種種的煩惱在心中形成了染汙，不清淨，所以釋迦牟尼佛用「寂默」做為藥對治我們不清淨。這個是概括了世尊教學的宗旨。

佛教這是一門什麼樣的教育，我想先用大科學家愛因斯坦的話來講，現在大家都崇尚科學，科學家怎麼來評論佛教的？愛因斯坦可以說是人類歷史上最偉大的科學家，他講了一段這樣的話，他說：

「The religion of the future will be a cosmic religion. It should be based on a religious sense arising from the experience of all things, natural and spiritual and a meaningful unity. Buddhism answers this description.If there is any religion that would cope with modern scientific needs, it would be Buddhism」。

中文的意思就是說，未來的宗教是宇宙的宗教，應該建立在宇宙萬物合而為一的意識上。佛教講宇宙萬物合而為一。愛因斯坦也指出這一點，他說佛教正是以上所描述的那種宗教。若問哪種宗教可以應付現代科學進展的需求？這個宗教便是佛教。

愛因斯坦他最推崇的是佛教，這是他的原話，這個人真是了不得，他知道宇宙萬物原本是一體。這就是佛法裡講的，佛法講一切法，一切宇宙的現象，「唯心所現，唯識所變」，是我們的心念變現出來的。既然是我們心念變現出來的，那就是一體，沒有出你的心。認識到這一體，你能夠瞭解通達了，你就是佛，所以你對一切眾生自然就慈悲。為什麼？一體的，佛法講「無緣大慈，同體大悲」，無緣就是沒有條件，這個慈悲是沒有條件的。為什麼沒有條件？因為是一體，好像你左手要是痛了，右手去撫摸它，還講什麼條件，難道還說你給我多少錢，我幫你按摩按摩？沒有，完全是不用起心動念、自然的反應，佛就是這樣幫助眾生。他幫助眾生，像《金剛經》上講的，度一切眾生了，沒有度，他念頭裡沒有度過一個眾生，實無有一眾生得滅度。為什麼？他沒這個念頭，右手幫助左手有念頭嗎？沒有，自然反射，這就是無緣大慈，同體大悲。你看一切眾生都像自己，你幫助他就是幫助自己，這是宇宙人生真相。

所以我們要是用一句話講，佛教的教育是教什麼？佛經裡有四個字叫「諸法實相」，諸法就是一切法，法就是一切現象，一切現象的真實相，用我們現代話來講，就是宇宙人生的真相。宇宙是我們的環境，人生是我們自己本人，也就是佛法幫助你瞭解你自己，也瞭解你自己周圍的環境，你徹底通達明瞭，你一定過自在快樂的生活，你一定能得到人生最高的享受。我們師父上人淨空老和尚他得到了，這是他的老師告訴他的，學佛是人生最高的享受，佛經哲學是人類哲學最高峰，釋迦牟尼佛是大哲學家（用愛因斯坦的話來講，他不僅是大哲學家，還是大科學家）。真正學佛你能得到人生最高享受。我也是奔著這個來學佛的。所以為什麼把世間的這些名利都能放下，就是聽師父上人講這是人生最高享受，要去體驗，現在體驗到一點點。

佛要怎麼學？首先我們要弄清楚兩個概念，一個是佛學，一個是學佛。佛學和學佛有什麼不同？佛學就是做學術，你可以把它當作世間學問一樣來學。我記得好像香港大學也有佛學的專業，還有博士學位，你能寫論文，你能出書，你能當教授，甚至你能著作等身，這是學術。做學術不一定能夠斷煩惱，不一定能夠了生死成佛道，福德智慧二足尊你未必能得到，無上正等正覺你未必能得到。學佛就能得到，學佛是什麼意思？跟佛來學，學得跟佛一樣，這是學佛。我自己本人不再想做學術，因為我做學術二十幾年，不想再做了。我要學佛，如果說我現在不教金融，我教佛學，換個專業，沒什麼意思。釋迦牟尼佛把王位都捨棄了，我們還做這些幹什麼？

《弟子規》裡面有一段話講，「不力行，但學文，長浮華，成何人？但力行，不學文，任己見，昧理真」。這教我們學貴力行，學佛就得行，你真做。佛教我們要放下三樣東西，妄想、分別、執著，你是與日俱增，還是天天減少？你的煩惱愈來愈少，還是愈來愈多？這跟你拿不拿佛學學位、發表幾篇論文沒什麼關係，要力行。否則你光學文字，光學經典，甚至你能把三藏十二部都背得爛熟，最後怎麼辦？「長浮華，成何人。」浮華是什麼？傲慢習氣增長，拿佛經，拿你學的這些佛學常識做為你傲慢的資本，真錯了。所以我們不必去羨慕什麼大佛學家，那只是一個活的佛學字典，沒什麼意思。我們要學佛，所以要力行，力行必須要按照經典來學，離不開經典。「但力行，不學文，」你不學經教，「任己見，昧理真，」你自己在那盲修瞎練，閉門造車，這也學不成。

唐朝華嚴宗的祖師清涼國師說過這麼一句話：「有解無行，增長邪見，有行無解，增長無明。」你學了能理解，但你有沒有真做，譬如說學了佛法，知道要出三界必須得斷見思煩惱，思惑裡就有貪瞋癡慢疑這些煩惱，這個貪你放下沒有？貪什麼？現代人貪財、貪色、貪名、貪吃、貪睡，財色名食睡叫地獄五條根，你對這個能不能放下？學了佛如果還貪名貪利，那沒有學。有解，你解是理解了，你沒去行，增長的是邪見，不是智慧。還有瞋，你有沒有放下瞋怒，你還會不會發脾氣，你還會不會鬧情緒，你還會不會跟人有對立、有衝突？瞋要放下，這才叫真學佛。說得千里不如行得一步，你不真正邁出這一步，去真學、真放下，那不叫學佛。有的人在佛門裡面也混了很長時間，甚至在佛門裡面是大居士、大法師，結果還是在求名聞利養，對控制、佔有這些念頭一點都沒放下，真錯了，增長的是邪見，增長的是罪業，將來要墮惡道。

「有行無解，增長無明」，這也不行，所以也要認真學習經教，學而後行。這就是孔子在《論語》第一句話講的，「學而時習之，不亦說乎？」說是喜悅，佛法稱法喜，學了之後你要去習，習就是實習、實踐，你真做、真落實了，你會有法喜，你能夠體驗到人生最高的享受。這個享受不是外面五欲六塵的享受，那個叫刺激，不是快樂，就像人吸毒一樣，毒癮來了趕快吸一下，好像覺得很過癮，完了之後更苦。學佛的享受是從內心裡面湧出來的法喜，永遠不斷，這是我們要去體驗的。體驗沒別的，就是力行，真做。

學佛從哪裡學起？在《觀無量壽佛經》裡面講到，一切諸佛要成佛必須要修「淨業三福」，沒有這個基礎不可能成佛，想往生西方極樂世界也不可能，甚至你想下輩子當個人都不可能。所以這三福是我們學佛的基礎。哪三福？第一福，「孝養父母，奉事師長，慈心不殺，修十善業」。這是人天福，你能把這四句做到，你可以做一個合格的人，就是你有做人的資格；否則連人格都沒有了，說句難聽的話叫衣冠禽獸。第二個，「受持三皈，具足眾戒，不犯威儀」。這是學佛真正開始學了，二乘福，二乘是聲聞、緣覺，三皈依，這是剛剛學佛必須要做的三皈的儀式。什麼人才能有資格三皈？前面一條做到了，你能孝養父母、奉事師長、慈心不殺、修十善業，你持戒才叫真的，否則是假的。第三福是菩薩福，「發菩提心，深信因果，讀誦大乘，勸進行者」。這是自己要發起菩提心，菩提心就是我今生要做佛的心，這是菩提心。深信因果，這個因果不是簡單的世間的因果，「善有善報，惡有惡報」，那當然要深信。其實信那種因果，人就不同了，這人就是好人，可是這裡講的是要作菩薩，比人還要高，這個是什麼因果？「念佛是因，成佛是果」，這個是大因果。讀誦大乘經典，讀誦最重要是要做，要在生活當中落實。譬如說菩薩六度要在生活中落實，不僅自己落實，還要勸進行者，勸導同修們一起來落實，自利利他，這叫三福。

我們同學們剛剛入佛門的很多，大概學佛也不久，要求什麼？首先把第一福做到，尤其是第一福的第一句，這是根本中的根本。這三福總共十一條，這每一條建立在前面一條的基礎上，所以最根本的基礎是什麼？孝養父母。你能孝養父母，才能奉事師長，佛教是師道，師道建立在孝道的基礎上，你尊敬父母，你才會尊敬老師，父母都不要的，你能聽老師的話嗎？所以孝養父母是根中之根，是學佛做人的大根大本，也是社會和諧安定、天下太平、世界大同的大根大本，乃至做佛、作菩薩，都是以此為大根大本。我重點跟大家講一講第一條，第一條能做到了，後面很容易做到。

孝養父母，這叫「君子務本，本立而道生」，這是儒家《論語》上講的。我們用在佛家講的那就更圓滿了，這個道是什麼？佛道，根本立了，佛法才叫有根基，你自己能修學成就，乃至你能夠振興佛法，所謂紹隆佛種，弘法利生，以這個為根。沒了這個根，全是假的，空中樓閣，無根之木，不可能會活得下來。現在大家都講世界要和諧，孟子曾經講過，「天下之本在國，國之本在家，家之本在身」。從修身來做起，從我做起，不能要求別人，學佛切忌要求別人，要從自己身上先力行做起。

我們有些同學剛學佛的，包括我原來也是這樣，犯一個什麼毛病？一回到家裡先拿佛經對照自己家裡人。我那時剛學佛的時候，可熱情了，我爸不學，我媽領著我學，學了之後我回來就跟我爸講，爸你不能吃肉，爸你不准抽菸，不能喝酒，酒是五戒之一，犯了戒會下地獄的，殺生將來要還債，你今天吃他半斤，明天還他八兩。我爸聽了就生氣，那時候我跟我爸的關係鬧得很僵，就是因為學佛學的。我那時學錯了，家之本在身，「自天子以至於庶人，壹是皆以修身為本」，學佛也是以修自己為本，自己沒好好學，要求別人那當然起矛盾。所以後來我改變策略，先自己改，不能要求別人，這關係就緩和了，後來我爸自然就學了，不用逼他學，他自然就學，為什麼？因為你做好樣子，你能夠感化他。我爸當時反對我皈依，二十多年前，我那時在廣州念大學，我是偷偷摸摸去皈依的，不敢告訴我爸。當時我學佛的時候，我爸還很氣，氣得撕我的經書，這麼惱怒，這都是怪我自己，沒學好。現在不同了，現在他在道場裡不回家，在道場裡念佛，求往生西方極樂世界。我有時候給他打電話，他說兒子你不用給我打電話，我忙著念佛。這就是改了。

「身之本在德」，前面三句話是孟子講的，後面是我加的，身之本在德，君子先慎乎德，沒有德就敗身。「德之本在孝」，孔老夫子《孝經》裡講：「夫孝，德之本也，教之所由生也」，孝道是道德之根本，一切的聖賢教化都從這裡開始。同學們第一次在一起學習佛法，第一堂課講孝道非常好，教之所由生也。從這裡開始，你慢慢進入，從三福這個次序一點點進入，你就會一帆風順。所以我們今天重點講這個孝，如何行孝。自己問問自己，我是不是個孝子？我是不是個孝女？你給自己打個分，看能打幾分。

首先講如何行孝。三個層次，第一個孝養父母之身，這主要是物質上的供養，衣食、錢財，讓父母能夠生活安逸，這是基本的。如果是自己有能力，連父母都不養，這叫禽獸不如。為什麼？烏鴉有反哺之義，小羊有跪乳之恩。人要是不養父母，那將來肯定是墮惡道。除了養父母之身以外，還不夠，還要養父母之心，得讓父母歡喜。你不是光給錢父母就歡喜，你態度要溫和，考慮要周到，常常想到父母，父母愛吃點啥，給買一點；喜歡從事什麼活動，幫助他；另外自己要有好的品德、好的學業，這才能讓父母開心。再提升，第三個層次，養父母之志，父母對我們的志向。古時候的父母希望自己兒女都成聖成賢，學佛的父母希望自己兒女做佛、做菩薩，能滿父母的願，這才叫養父母之志。

現在時代變了，為什麼？聖賢教育在中國衰微了兩百年。我聽說有父母跟老師講，我兒子缺德沒關係，不能缺錢。這是什麼樣的價值觀？完全是以利來衡量人的成功與否，一見利肯定會忘義，不講道德仁義，人都是禽獸了。所以我們現在學了佛，學了聖賢之道，我們要有崇高的志向，要作聖作賢，要做佛作菩薩。即使父母可能他沒學，沒有這個志向，我們也要樹立這個志向，讓父母能夠得到光榮，古人講光耀門楣，這是養父母之志。

下面我講一講自己的一點經歷，給大家做參考。我自己行孝也不怎麼好，但是有一點點心得，給大家做個分享。

我二十二歲大學畢業，是廣州的中山大學。畢業之後，我母親鼓勵我到美國留學。我是獨子，父母早年離異了，我跟母親相依為命。母親在我的心目中是很了不起的一位賢母，她能夠放下對自己兒子的情執，自己一個人生活（其實誰不想兒女在身邊），鼓勵我到美國留學。所以我當時到了美國之後，因為家庭收入並不豐厚，我到美國帶的錢很少，盡量的節省。我在路易斯安那理工大學讀碩士，然後再讀博士。在那裡我跟幾個中國留學生租最便宜的房子，冬天也不捨得開暖氣，夏天也不捨得開空調，每個禮拜我跟同學一起到超市去買菜，因為我沒有車，美國超市都很遠，必須開車，我就搭同學的車去買菜。盡量節約別人的時間，所以我挑菜都是很快速，一般都是看那個菜牌子，哪個菜最便宜我就買哪個菜。在美國最便宜的菜是胡蘿蔔、高麗菜，這一類可以一大袋一大袋買，所以天天都吃的是胡蘿蔔炒高麗菜，或者是高麗菜炒胡蘿蔔。有個學長畢業了，他找到工作了，他用舊的一個壓力鍋，上面限壓閥已經沒有了，不好用了。他要扔掉，我撿回來，就用這個不怎麼好用的壓力鍋，每天煮飯、炒菜、煮湯都用它，一用用到我博士畢業。

我每天基本上就是宿舍、學校教室、還有我的工作室，三點一線這麼樣的運動，生活非常的單調，因為就想著趕緊把我的課修完，能夠早點畢業。我當時學佛也不深，就想到我畢業之後好好的孝敬自己的父母，每個禮拜我都給父母打電話，還有寫信。所以四年的讀書生涯，跟我父母通信都是一紙箱，都疊在一起。

我想跟大家分享我信中的一段話，寫給我母親的，這是一九九六年一月七號，我在美國過第一個冬天，給我媽媽寫的信，當時我的俗名叫鍾茂森。

「冬天的路易斯安那州很冷，我們這晚上一般都在零度以下。有一天早上起床，竟發現天上飄落許多雪花。目前是最冷的時候，我可以挺過來，便可省些錢，無需買棉被了。儘管冷，我仍然保持每週一、二次的冷水浴。在冷水浴時，我可以鍛練自己捨受。我目前的學習、生活都較單調，每日穿同樣的衣服，吃同樣的菜飯，走同樣的路，讀同樣的書，我盡量讓自己在單調中求單調，使躁動的心熄滅。

我每日早晚警示自己，安於單調的生活，做至少七年的機器人，直至獲得博士學位為止。因為我深深懂得，我來美國不是享受的，而是在欠著父母的恩德，花著父母的血汗錢，若不努力讀書，天理難容！所以我突然很喜歡寒冷的冬夜，因為在冬夜裡我才能體會頭懸樑、錐刺股的精神，才能享受范仲淹斷齏畫粥的清淨。

這個星期五晚上下了一場凍雨，格外的冷，然而我的進取心卻比任何時候都強了。我要以優秀的成績供養父母。媽媽，請您放心，您的兒子向您保證，向您發誓，我一定會孝順您，把孝順放在第一位，把事業放在第二位」。

這裡講到省下錢，其實我在美國有全額獎學金，當時每個月就能拿到八百美金，生活是一點問題也沒有，而且還會有盈餘。跟我一起拿獎學金的同學，他們可能二、三年就能買一部車了，但是我就沒有車，自始至終都是踩著自行車上學。我省下的錢做什麼用？我就像范仲淹斷齏畫粥那樣。范仲淹小時候在書院裡面讀書，很清苦。冬天冷，他煮一鍋粥凍成塊，就把它切成幾塊，那個齏就是鹹菜，把它切成一段段，稀粥配鹹菜，這叫「斷齏畫粥」。吃了八年，最後考到進士，做了大官，接他母親去奉養。當時我把我這八百美金也斷齏畫粥，我每個月給我母親寄兩百美元，給我父親寄一百美元，剩下的五百美元，除了自己的生活費、學雜費以外，我還能省下來，每年省一張機票費，每年暑假回老家探親，每次探親也都買很多禮物。所以我這出國四年沒有跟家裡斷開聯繫，在外國有一句俏皮話說，「一年土，二年洋，三年忘了爹和娘」，這句話對我是不太適用。

當時，譬如說那時候冬天冷，我從大陸帶過去美國讀書的行李因為份額有限，我只帶了一張毛毯。冬天冷，我不捨得買棉被，我就把所有的衣服全部壓在身上，到最後把書本都壓在身上，這樣來過冬，就省些錢希望能夠孝敬父母。當我母親接到這樣一封來信，大家猜一猜她怎麼個感想，會不會想這兒子怎麼飯菜都吃得這麼單調，棉被也沒錢買，還用那個已經不太好用的壓力鍋？趕緊給他寄點錢。一般很多母親都會這樣想。可是我母親給我寫了這樣一封回信：

「寒冷能使人如此理智和堅強，感謝路易斯安那州的冬天，感謝清苦無欲的生活，它使人恢復性德之光。用什麼方法才能開啟人性的寶藏？用孝，這是第一把鑰匙。孝養父母，擴而大之，孝養一切眾生。茂森，你先做一個榜樣給青年們看看。」

這是母親給我的鼓勵。所以我為什麼跟大家說，在我心目中她是一位賢母？她沒有關心我的身體，而是關心我的道德，所以我才會對父母有這樣一點孝心，這也是母親非常懂得培養。我在學校讀書就非常的用功，因為母親鼓勵我要把博士學位拿下來，我當時就盡量的修學分，而且每次考試都是全班第一名，四年把我的碩士、博士都修完了。一般讀碩士在美國得要差不多三年，博士學位再加上四年，要七年的時間，所以我這四年時間，在我們那個大學裡頭還算是首例。

我在這四年的求學期間給自己規定了七條戒律，名曰「七不」，第一不看電影、電視，第二不逛商場，第三不留長頭髮（現在很短，沒有了），第四不穿奇裝異服，第五不亂花錢，第六不亂交朋友玩樂（就是不去party那種地方玩樂），第七不談戀愛。當時這一門心思就去讀書，佛法講「制心一處，無事不辦」，你要把心專注在一點上，你肯定能學得好。所以我四年畢業的時候，我二十六歲博士畢業，當時我的博士導師給我寫了一封求職推薦函，他跟我這麼講，因為我的博士導師是美國一位比較著名的經濟學家，他評論我說，茂森是我二十五年學術教學生涯裡面最優秀的學生，說我在四年當中能夠寫出八篇論文發表，這相當於一個在大學教學多年的教授的成績。他這份推薦函我拿去求職就很容易了。所以我還沒有拿到博士學位，就有兩家大學給我 offer，請我做 assistant professor，助理教授。後來我選擇在德州大學一個分校教書。

一九九九年，我博士畢業的時候，我邀請母親來美國參加我的博士畢業典禮，當時，我媽媽非常開心。之後就跟我一起在美國度過了三年多的時間，後來我們就一起移民到澳洲。後來我三十歲生日的時候，我舅父給我寫了封生日的賀信，他跟我講了句話，說茂森從小到大，我知道他沒什麼優點，唯一一個優點就是聽話。很聽我媽的話，我媽讓我出國留學就出國留學，讓我讀博士就讀博士，讓我當教授就當教授，沒有二話。

後來我在美國大學因為學術方面成績還不錯，美國政府給我特批了一個傑出教授與研究人員的綠卡。我還沒拿到綠卡，只拿到這個批准，我師父上人淨空老法師就給我打電話，說告訴你個好消息，我們澳洲淨宗學院，政府已經批准成立了，希望你從美國過來。他說澳洲昆士蘭大學給我榮譽教授，希望我能夠代表大學去參加聯合國教科文的會議，能夠把我們佛法裡頭、中國老祖宗傳統文化裡面，如何促進和諧世界這些經驗、方法、智慧跟大家講一講，讓大家瞭解。他說你來給我做英文翻譯。我當時誠惶誠恐，因為我們師父是世界高僧，萬人矚目，萬人敬仰。我自己德行、學問都很差，英文也是馬馬虎虎，上台講點金融課還能湊合，但是如果是講佛法我就不行，我當時這是退卻。師父老人家非常的慈悲，跟我講，說不要緊，你來，我們一起努力。我聽到後的第一反應是，我哪敢跟師父一起努力？我跟在後面能跟得上就不錯了，師父老人家這麼謙虛，這麼慈悲，這就義不容辭，所以我就把美國的工作捨去了，到了澳洲。我們第一次到澳洲是二〇〇二年六月，二〇〇三年一月開始在昆士蘭大學教書。

很快，我跟師父老人家常常去一些世界性的會議上去給他做翻譯，師父做主題演講，有時候甚至師父開個頭，然後就讓我就把他的論文念出來。有時候頻率很高，差不多一個月都要出門兩次，一去就是一個禮拜。當時真的是三寶加持，大學商學院院長還是很支持我。大概是我一來到學校就給我們那個學院得了幾個榮譽：第一個榮譽，拿到澳洲政府的比較難拿的科研專案；第二個，我的科研專案拿到了大學裡面評定的最佳科研專案；然後我的論文也是連續好幾年都是全學院出產率最高的。所以院長覺得還是挺滿意的，就比較支持我去給師父上人做事。後來大學給我破格晉升做副教授、博士生導師，而且給我Tenure。在中國就叫鐵飯碗，就是你只要不離開學校，學校是不能夠開除你的。

等我拿到了Tenure，我母親給我提出了一個新希望，我的生日她給我寫了個賀卡，裡面這樣寫的：

「茂森兒，做母親的，希望你更上一層樓，希望兒子做君子、做聖賢，你能滿我的願嗎？」

原來我母親希望我當教授而已，現在做教授了，媽媽讓我做聖賢。孝養父母之志，「父母呼，應勿緩，父母命，行勿懶」，結果後來她的生日，我給她寫了個賀卡回答她的問題。我說：

「親愛的媽媽，《孝經》上說：『立身行道，揚名於後世，以顯父母，孝之終也』。因此大孝者應以德濟世，為天地立心，為生民立命，為往聖繼絕學，為萬世開太平。目前世界聖教衰微，天災人禍頻繁。我們慶幸得遇正法，獲益無窮。我願為挽救世運人心，努力修學。從格物、致知、誠意、正心、修身開始，盡形壽為人演說聖賢之道，以報父母、恩師、天地、祖先、古聖先賢之德。兒茂森頂禮。」

那是二〇〇五年。答應媽媽了，得真做。當時可能也跟師父有感通，師父有一次就勸我，說年輕人要有使命感，要發願弘法利生，言下之意，他希望我能夠把這個副業調整為正業。後來我真的想通了，跟我媽商量，我就決心把我的工作辭掉。

二〇〇六年，我媽媽帶著束脩之禮，帶著我來到香港，來拜師。那是二〇〇六年九月二十七日，我媽媽寫了一篇《送子拜師文》，我想把文中的片段給大家讀一讀。先講一講背景，當時師父老人家非常高興，知道我媽媽帶著兒子來拜師，他就特意穿上新的衣服，一件韓國的海青。然後我媽媽帶著我用古禮，首先向佛菩薩三拜，然後請師父老人家上座，我媽帶著我向師父三拜。一般來講你給師父拜，師父都說不拜不拜，這時候他沒有說不拜，他認認真真的接受了我們三拜。然後我媽媽把這篇《送子拜師文》讀出來，她說：

尊敬的師父上人：

我最近到長春百國興隆寺念佛十週，其中特別是參加了止語、持午精進佛七六週，靜修之後，豁然開朗，回憶恭聽師父上人講經說法十年，今日方有心得。思考師父上人的一生，學習聖教，學儒、學佛五十五年，講經教學四十八年。面對時代的缺陷，您提倡佛教是至善圓滿的社會教育，而破除對佛教的一切迷信；您對佛教內淨土經典精闢而詳盡的講演，揭示宇宙人生的真相，為一切有情眾生指出生命解脫的最終歸趣；您推廣儒家教育，宣導恢復中華傳統道德，強調從落實《弟子規》做起；您眾善奉行，賑災濟貧，捐助辦學，設立教育獎學金，幫助老人和孤兒等等，您把仁愛的種子撒遍世界各地；您環球奔走，從事於促進宗教團結、宗教教育的世界和平活動。您的這些理念和實踐，在聯合國教科文組織召開的國際會議上，以及世界各國關於宗教、和平、教育的工作會議上，都得到熱烈的反響和贊同。我們由衷的讚歎：您是一位出色的學者和法師，您是一位偉大的教育家，您是智能、仁愛與和平的使者！

思考師父上人的行持，從二十六歲開始學習聖教，三十三歲出家，至今八十高齡，仍每天堅持講《華嚴經》，正是「度諸有情，演說正法」，「常以法音，覺諸世間」。師父上人，這條路您走成功了，我看明白了。我很樂意讓我的兒子，也是我唯一的孩子鍾茂森，走您走過的路，全身心投入學習聖教、弘揚聖教的工作。

茂森一九七三年出生於中國廣州，於一九九五年中山大學畢業後即赴美國留學。一九九九年獲得金融博士學位，畢業後即在美國德州大學和堪薩斯州立大學教書，後聽從您的建議而還至澳洲昆士蘭大學任教。因學術論文連年獲獎及教學工作獲得優秀評價，而成為學校最年輕的教授。前不久，廈門大學以八十萬（人民幣）年薪聘請茂森為該校財經研究所主席教授，最近澳洲名城黃金海岸的邦德大學兩次禮請茂森到該校任教授工作，等等。但茂森已立志走師父上人的路，所以毅然捨棄，並且最近已正式向昆士蘭大學提交了辭職書。

常聽師父上人講經，常憶釋迦牟尼佛捨棄王位去追求真理，求道證道，而後覺悟眾生，讓天下生靈離一切苦、得究竟樂，豈不感動！我支持茂森「捐志若虛空，勤行求道德」，做一個像佛陀那樣自覺覺他，覺行圓滿的教授。環視神州大地，放眼全球，我多麼希望中華傳統道德遍地開花！我覺得目前世界不是缺乏經濟金融人才，而是急缺倫理道德的教育與師資，所以我贊成茂森重新選擇人生道路。遇到您，我們很幸運，我兒子拜您為師，必能得兼收並蓄之美，懇請師父上人加意指導。平素我母子相依為命，今兒子立志作聖賢，我雖無孟母之德，卻願效法六祖惠能大師之母，送子出家。

師父上人，您曾說過一句名言，「聖賢是教出來的」，好得很！我今天就把兒子送給您調教，希望茂森在您的指導下，專心修身弘道，並效仿您當年不管人、不管事、不管財，專一潛心治學，自度度他。我希望茂森將來能承傳您的法脈，發揚光大，臨終往生極樂世界上品蓮生。至於採取什麼形式，或如師父上人行作沙門，或如李炳南先生示在家相，完全聽從您的指導安排。

今天我很高興，到大善知識這裡送子拜師，略備束脩之禮，還請笑納。今後茂森跟您學習，「離欲深正念，淨慧修梵行」，「為眾開法藏，廣施功德寶」。做母親的我，當至心念佛，常勤精進，生安樂國。衷心感謝您的教誨，我們母子都找到了自己的立足點。仰慕孔子、佛陀，從今而後，我們要過覺者的生活。至誠感恩師父上人，您的教誨，我們現在更加懂得寶貴和珍惜。願您長住弘法利生，覺者會源源不斷。祝您健康長壽、平安吉祥！

趙良玉攜子鍾茂森頂禮敬呈

二〇〇六年九月二十七日於香港

這就是我母親完成了她三十多年對我的養育、培養，把我送到了師父上人身邊。從那時候開始，一直到現在，我就是跟著師父上人學儒、學佛，而且把自己對經典的學習心得，天天跟大家來分享，儒釋道經典講了不少。

當我辭職之後跟師父上人學習，那一年的年底，我母親的生日，我給媽媽寫了一首詩，叫《感恩慈母頌》，我是這樣寫道：

春秋六秩轉瞬間，育兒辛苦三十年。
昔有孟母勤策勵，而今家慈不讓賢。
不戀高薪教授銜，唯希獨子德比天。
從來豪聖本無種，但以誠明度世間。

誠明是《中庸》裡面講的聖人之道，誠是真誠，明就是智慧。我母親對我的願望，就是希望我走像師父上人的路，能夠弘法利生。當然我知道這條路比大學教授的工作這條路要更難走，使命更重，任務更艱巨。我把工作辭掉了，房子、汽車、存款都佈施掉了，我母親回到大陸，她在大陸退休的，重新過著原來那種拿著退休金的生活。所以她擔心我有後顧之憂，她對我這樣說：

「能孝敬自己的父母，是小孝；能孝敬天下的父母，全心全意為人民服務，是大孝；能成就聖賢，普利眾生，使千秋萬代人獲益無窮，是至孝。我支持兒子走上大孝，奔向至孝。」

所以，由於我母親的支持，我才有了今天。我想在總結的時候把我從小到大的經歷梳理一遍，我媽媽給我已經做了個小小的總結，她說我從小到大做過十件令她老人家開心的事情：

一、小學四年級時能主動獨立做好一桌飯菜，讓父母下班享用。

二、能以健康的身體、品學兼優的成績，完成小學、中學、大學、碩士、博士全部學業，在二十六歲時讓母親成為博士媽媽。

三、在整個讀書過程，特別是赴美留學期間，能遵照母親的要求，不談戀愛，不結婚，專心致志求學（這一點我還做得不錯）。

四、以刻苦的求學精神和簡樸的留學生活，用四年的時間完成碩士、博士全部課程，而贏得美國著名教授的稱讚，「二十五年教學生涯中最優秀的學生」，為中國人爭光。

五、在留學期間，能以勤工儉學的收入，與節省使用獎學金的錢，每月孝敬父母。工作以後，以薪資每月供養父母及鄉下的爺爺奶奶。

六、善於讚歎和感恩母親，寫下許許多多的信件、賀卡、詩詞，讓母親開心，讓親友們感動。

七、以優秀的教學成績和多次獲獎的論文，而成為年輕的教授，兒子實現了我要當教授母親的願望。

八、為姥姥送終守夜，通宵助念。為鍾氏家族修祖墳，為爺爺奶奶在廣州買了房子，讓二老頤養天年，敬老悅老，令母親開心。

九、在大學任教的業餘時間，注意修養品德，弘揚聖賢教育，在世界各地演講《明道德，知榮辱》、《因果輪迴的科學證明》、《幸福成功的根基》、《青年人應有的美德》等專題報告，把孝心、愛心奉獻給社會。

十、立志為往聖繼絕學，為天下開太平，為和諧世界做更積極的貢獻，而辭職拜師於淨空教授，全身心投入學習和弘揚聖賢教育的工作。

大概這十條是我媽媽看兒子，總是各方面都挺好的。其實我各方面也做得很不足，只是用我母親這點心聲，可能她是對兒子有點偏愛，但是也是希望給大家做個參考。

我們學佛最重要的就是從孝道下手，努力打好這個根基，養父母之身、養父母之心、養父母之志。

去年我出家時，我媽媽特別給我寫了個《送子出家偈》，在出家儀式上讀出來，也是監督我，也讓大家來監督我，讓我不能偷懶，這是母親最後對我的志向。《送子出家偈》是這樣寫的：「吾兒出家三件事：一念彌陀登上品，二證本性明空有，三弘正法度有情。」我很感恩自己的母親，如果沒有她的培養，我不可能有今天。

最後，我想把我十五年前在美國留學期間曾經發的九條孝願再給大家分享一下，這九條孝願我常常拿來復習，這是鞭策自己。因為孝道是學佛的大根大本，你沒有成佛之前都離不開它，成佛之後你也一樣去示現做個孝子，幫助眾生也都能孝養父母。所以我每次讀出來，也是請大家給我監督，看看我有沒有認真去做。當時我向我母親跪著讀這九條孝願，我媽媽說：「好，你把這九條孝願也讀給師父老人家聽，讓老人家也來監督你。」

一九九七年四月四日晨，我恭聽淨公恩師講解《發起菩薩殊勝志樂經》，深自

悔責往昔惡業，發起九條孝養父母之願，於阿彌陀佛像前，高聲跪誦，祈請諸佛加持奉行。

一、我從今日至未來際，對於父母，傾盡所有，乃至身命，以至誠心，禮事供養，晝夜六時，心不間斷。若對父母，或因慳吝不捨，或貪利養名聞，不勤奉事，我則名為欺誑如來。

二、我從今日至未來際，對於父母種種善願，盡捨身命，悉皆實現。若生退怯，不願成就，我則名為欺誑如來。

三、我從今日至未來際，對於父母，以種種美好柔軟言辭，令其歡喜，勤事不懈。若對父母以一粗言，令其不悅，我則名為欺誑如來。

四、我從今日至未來際，日夜常思父母恩德善行，常生信敬，起教師想，於他人前，讚歎父母之德。若於父母，伺求其過，生一念輕慢之心，我則名為欺誑如來。

五、我從今日至未來際，以種種方便安慰父母，令其不生憂惱恐懼，於一切境緣皆得解脫。若吝惜身命財物，生一念逃避之心，我則名為欺誑如來。

六、我從今日至未來際，常以種種大乘佛法開解父母，令其歡喜，生起正念，明瞭宇宙人生真相。若於父母法供養時，遇有障礙，便生退屈，我則名為欺誑如來。

七、我從今日至未來際，護持父母修學佛道，護持父母往生阿彌陀佛極樂世界。

假使三千大千世界大火相炙，萬刃相加，我護持之願，無有動搖。若不爾者，我則名為欺誑如來。

八、我從今日至未來際，廣為他人演說孝道，以身作則，勸令一切眾生孝養父母，受持此願，無有疲厭。若不爾者，我則名為欺誑如來。

九、我從今日至未來際，為於父母，勤修戒定慧，熄滅貪瞋癡，求生阿彌陀佛極樂世界，速成無上正等正覺，圓滿孝道。再以神通道力，分身無量世界，於往昔世中所有一切父母，以方便智供養教化，開示正道，攝其往生極樂世界。若不爾者，我則名為欺誑如來。

這九條孝願，我這十五年間，從二十四歲開始，到今年虛歲四十了，常常用它來警策自己。實際上我自己也做得並不是很好，但是今天為什麼讀出來？就是希望大家監督我，而且如果大家覺得好，也不妨用這九條孝願來激勵自己，去力行孝道。

最後一條第九願，就是往生西方極樂世界，往生淨土才是孝道的大圓滿，往生淨土，你就一生可以做佛。你要是在這六道裡面自身都難保，你怎麼能夠孝養父母？所以學佛就是在力行孝道，而成佛也就是孝道的圓滿。連等覺菩薩還有一品生相無明習氣沒斷盡，他都還覺得自己是不孝。一定要煩惱習氣全部都斷盡了，成佛了，這才是圓滿孝道，而必須要到西方極樂世界才能圓滿。我們讀《華嚴經》，《華嚴經》稱為「經中之王」，普賢菩薩到最後十大願王導歸極樂，他講：「願我臨欲命終時，盡除一切諸障礙，面見彼佛阿彌陀，即得往生安樂剎」，就是往生西方極樂世界。「我既往生彼國已，現前成就此大願」，把十大願王圓滿，包括孝願也一樣能圓滿。「一切圓滿盡無餘，利樂一切眾生界」，對一切的眾生你都能幫助。怎麼幫助？幫助他覺悟。從哪裡教起？從教孝道教起。

極樂世界才是我們宇宙裡頭最高的享受，也是人生最圓滿的享受，你怎麼到極樂世界？《華嚴經》講一個原則，唯心所現，唯識所變。一切境界、一切宇宙萬物，全都是你的心識變現的，當你的心清淨，你的環境就清淨了，心淨則佛土淨，所以往生極樂世界，要念佛念到心清淨就能往生。往生也不是說真的到哪裡去，現前境界就換成極樂世界了。就好像我們看電視，現在我們的頻道是娑婆世界，濁惡的五濁惡世，貪瞋癡慢很多，殺盜淫妄很多，餓鬼、地獄、畜生三惡道，這是什麼？我們染汙的心變現的。現在我們念佛，把心換過來，就好像換頻道，原來是頻道一，現在是頻道二，一按那個遙控器換了，換了之後極樂世界現前了。就是這麼換的，換你的心就行了，心換了，境界就換了。

現在科學家也都證明這一點，著名的量子力學家、諾貝爾物理學獎得主、量子力學的奠基人 Max Planck（普朗克）曾經講過一段話，他說：「I can tell you as a result of my research about atoms this much. There is no matter as such. All matter originates and exists only by virtue of a force which brings the particle of an atom to vibration and holds this most minute solar system of the atom together」。意思就是說，物質是由原子構成的，原子是由這些基本粒子構成，這些粒子是由一種力量（一個 force）把它們聚合起來，讓它們產生振動，是由這種力量而產生的。這力量是哪來的？「We must assume behind this force the existence of conscious and intelligent mind」。是由一種意識心，智慧和意識心，這種力量源自於這種心識。「This mind is the matrix of all matter」，這個意識心是萬物的本體。這跟佛法講的一樣，一切法由心想生，一切法由心所現，所以你是什麼樣的心就現什麼樣的境界。你現在身體不好、家庭不和、諸事不順利，你不能怨天尤人，你心變現的，作如是因，得如是果。你想改變這個環境，改變你的境遇，換心就行了。

你看日本的江本勝博士，他能用水做出實驗，證明量子力學家的這個理論。量子力學家當初是用數學來推斷，現在卻有了證明。他發現水的結晶能夠根據人的念頭起變化，同樣的水，兩瓶試管，一瓶水你給它加不好的意念，罵它、討厭它，它的水結晶，就會非常難看；如果你換個念頭，對另外一瓶水說，我愛你，我感恩你，給予良善的意念，這個水的結晶，就會很好看。出現這樣的結果完全是意念操控物質。為什麼？正如普朗克博士講的，因為物質是由意念變現的，這也是大乘佛法講的精髓。

所以你要往生西方極樂世界，念阿彌陀佛，念佛心就清淨，這叫淨念相繼，念到最後你就看到，原來這眼前就是極樂世界。這個法門，蕅益大師稱淨土念佛法門乃「《華嚴》奧藏，《法華》秘髓，一切諸佛之心要，菩薩萬行之司南」。《華嚴經》是經中之王，最玄奧的寶藏在念佛；《法華經》是一乘佛法，深密的精髓在念佛；一切諸佛的心要，一切菩薩萬德萬行的指南，全在這句佛號。而你要把佛號的功德瞭解清楚，必須得讀《無量壽經》。這部經稱為如來正說第一經，所以我專修專弘，希望能夠這一生圓滿孝道。也希望跟所有有緣人共同落實孝道，落實淨業三福，體驗到人生最高享受，大家都同生極樂國，圓滿孝道。

最後給大家四句祝福，祝大家：諸惡莫作，歲歲平安。眾善奉行，年年如意。自淨其意，國土清寧。信願念佛，必生極樂！謝謝大家，阿彌陀佛。

七、宗教團結——共同弘演愛的教育

（編者按：二〇一二年九月，法師恩師上淨下空老法師受斯里蘭卡總統邀請前往斯里蘭卡弘法，受到了斯里蘭卡人民的熱烈歡迎，定弘法師隨恩師一起，出席了多場論壇。二〇一二年九月十九日，定弘法師在斯里蘭卡藍蓮花寺舉辦的斯里蘭卡多元宗教論壇上發表了《宗教團結——共同弘演愛的教育》的英文演講，下文為此次演講的中文譯稿。）

非常感謝大家給我這個機會，能夠跟大家談一談如何讓宗教與宗教之間團結。做這個論壇，這是我們師父上人一直以來在教導我們的。我有這個榮幸跟師父上人學習，而且能夠在師父座下跟著師父上人學習二十年，讓我現在以大概十五分鐘的時間跟大家分享一下學習的經驗，如何團結所有宗教的一些學習經驗。

大家都知道我們現在面對很多災難，世界各地都很多災難，像海嘯、地震等。現在我們也面對很多人為的災難，例如戰爭。到底這些災難的根源是什麼？從佛經上我們學習到，這些根源不是在外界，而是在我們內心，是在我們的心靈上。是因為我們的心靈危機而產生的，從我們的貪瞋癡慢疑這些邪念，導致這些災難的發生。佛陀教導我們，整個宇宙其實是我們的心現，如果要改造這個宇宙的話，需要從我們的心上下手。所以，佛陀的教誨，還有其他神聖的教誨，都是我們可以學習並且用來解決危機的，所以，我們師父上人經常提倡神聖的教育。

佛教本身是一種教育，佛陀跟我們之間的關係就是師生的關係，我們從佛陀那裡學習。我們都有佛性，如何把這個佛性顯現出來？五年前，我決定辭去工作，跟著師父上人學習，我把這個看成是自己的使命。因為我現在瞭解到這些災難的根源，我希望能夠為人類做出一點點的貢獻，我覺得這是我們學佛人的使命。師父上人教導我們，如果要救這個世間，我們應該從團結各宗教下手。因為學習宗教的宗教徒，他們都有從他們自己的宗教裡學習到道德教育。我們能夠把這些不同宗教的宗教徒團結在一起的話，我們的力量就非常的大，我們具有這個力量為世界做出貢獻。

請問宗教是否能夠團結？這是完全可以的。看一下中國一千三百年前，唐朝的皇帝唐太宗，那個時候他成功地團結了不同的宗教。在那個時候，伊斯蘭教傳來到中國，基督教也傳來到中國，那個時候皇帝心量很大，有意願把這些宗教團結起來。雖然佛教那個時候也是屬於外來的宗教，可是皇帝成功地把這些不同的宗教團結起來，而且也融入到本土的道教跟儒教，將它們融合起來。這是我們從一千三百年前可以學習到的一個例子。

今天，我們看到圖文巴的宗教領袖來到這邊，這些圖文巴的宗教領袖他們非常努力，一直在學習，互相學習，互相討論，應該如何把這些不同的宗教團結起來。我們大家都有一個共同的目標，就是把圖文巴樹成一個模範城，好讓世界各地學習，讓世界各地看到：其實，不同的宗教都能夠團結起來。首先我們得自己努力地學習自己的宗教，瞭解自己的宗教教典，這樣做下去，我們才會覺得每個宗教其實都有一股很大的力量來影響宇宙。每個宗教都用不同的名稱來稱神聖的主宰者，基督教稱為神，伊斯蘭教稱為阿拉，我們佛家稱為自性，其實都是一體的，我們能夠把這個力量用來團結不同的宗教，我們能夠幫這個世間變得更好。

從歷史上，還有現有的例子，讓我們學習到，宗教是能夠團結的，我們應該要有這個信心，宗教確實是可以團結。而且我們應該視大家為一體，不要你我有分別。就像剛才這位法師說，其實我們就是一體所展現出來的。我們身體上有很多很多的細胞。為什麼說我們能夠團結所有的宗教？因為我們身體內有那麼多的細胞，都能夠團結起來成為我們這個身體；也就是說，這些不同的宗教確實能夠把它們團結起來。我們首先建造一個模範城，然後，希望世界其他的國家也都能夠學習，在自己的本國建一個模範城。

我們從中國的歷史可以看到，周朝的時代，那個時候就有周文王跟周武王，他們能成功的把自己的國家治理得很好。那時候的一個國，大概是一個小城市那麼大，其他的國家都向周文王學習如何治理自己的國家。因為周文王把自己國家治理得很好，所以其他國家都向周文王學習。那個時候，如果國與國之間有衝突的話，他們都會向周文王請教，如何解決他們之間的衝突。這些衝突都不是透過武力來解決。從這個例子我們就可以學習到，我們不需要透過武力來團結各地，我們可以透過教育來團結大家。所以我們希望能夠透過這個例子來引領我們達到世界和平的目標。

透過教育，我們能夠達到這個目標，我們希望斯里蘭卡能夠帶領大家做這份工作，我們希望盡我們的本分來幫助斯里蘭卡來做這份工作。因為這不是一個國家的問題，而是整個世界、整個人類的問題，所以我們大家應該包容所有不同的族群、所有不同的國家。師父上人心量非常大，所以師父上人不管去到哪裡，都受到世界各地宗教領袖的尊敬，甚至我們教科文組織的大使們都非常尊重師父上人。師父本身其實沒有什麼權力，可他就是有那麼大的影響力。我們大家其實都能夠發掘我們自己這個本能。希望我們大家一起協力來為社會、為世界的未來共同努力，希望我們大家能夠攜手達到世界和平的目標。謝謝大家。

八、振興佛陀教育的方法

（二〇一二年六月二十七日，定弘法師應邀來到揚州鑒真佛教學院訪問交流。在歡迎會上，鑒真佛教學院能修常務院長讚揚定弘法師是中國當代年輕的傑出弘法人才。當日晚上，定弘法師以《振興佛陀教育的方法》為題，為鑒真佛教學院、揚州大明寺的全體法師、學僧進行講座。法師從什麼是佛教、怎樣復興佛教教育、如何才能成佛等幾方面進行了精采的演講，受到全場法師和護法居士的一致好評。演講開始前，鑒真學院還向定弘法師頒發了「名譽院長兼客座教授」的榮譽證書。）

尊敬的大和尚，尊敬的蔣院長，諸位法師，鑒真學院的各位長官、老師、諸位居士大德，大家晚上好！

定弘這次到揚州，受到大和尚這麼高的禮遇，真是始料不及，誠惶誠恐。自己反省，無論是從德行還是從學問上來說，定弘都是非常慚愧，並不是大家所想像的那麼好。愈學佛就愈感覺到自己不足，煩惱習氣還有很多都沒有斷，雖然天天都在反省、檢討，仍然覺得自己跟佛陀的教誨相差很遠。這次來，大和尚對定弘這麼樣的愛護，定弘感到很感動。大和尚中午跟我講，讓我能夠將來在這個鑒真學院擔任名譽院長，以及做教授的工作，我感覺到大和尚給我的任務非常艱巨。大和尚非常的慈悲，對於振興佛陀教育是日日掛懷，今天他帶我們走訪了大明寺和鑒真學院，給我一一介紹，讓我感覺到大和尚的這種慈悲弘願，確實感得三寶加持，不可思議。

從大和尚二十六歲擔任大明寺的方丈，到今年二十年，把大明寺擴建修復，還有建立鑒真學院，這樣雄偉的工程一般人是做不到的。如果不是發起弘揚佛法廣度眾生的大慈悲心、大菩提心，怎麼可能感得三寶加持，能夠建立這樣殊勝的道場？所以雖然是很短的時間跟大和尚在一起，已經在他身上學到了非常多的東西。

定弘這次來參學，原來沒有想到大和尚給我這樣的禮遇和任務，只是覺得來向這邊的法師們、教授們學習，如果在推動佛陀教育上能夠協助一些，這是義不容辭。但是既然大和尚這樣的愛護，委以定弘的重任，定弘也就不敢推脫，希望能夠協助大和尚把佛陀教育從我們大明寺、從我們的鑒真學院真正復興起來，從而能影響全中國的佛教。

當然這個事業不是一個人、兩個人可以辦得到，是需要我們所有佛門四眾弟子同心協力，一起來推動。像我們坐在台上的蔣院長、明空法師，還有我們台下坐的當家師、教務長，還有以後要擔任起弘法任務的諸位法師們，你們肩上的擔子都很重。蔣院長今天跟我們的分享就談到他的辦學理念，定弘也非常的佩服和讚歎。他跟我們講，鑒真學院培養人才首重道風、首重修持，要說跟其他一般世間的學校不一樣的地方，就是我們這裡重視德行教育、戒律的教育。因為沒有戒律就沒有佛法，正如儒家沒有禮也就沒有儒了，這是很重要的一個觀念。第二個，蔣院長又說，重視大家的傳統文化、國學學問這方面的教育。因為我們要擔負弘法重任，光有德行還是不夠，還要有學問，讓世間這些學者們、教授們都佩服，他才能夠甘心情願來學佛，所以我們要認真努力的去求學。第三個，蔣院長提到，外語的學習也是非常重要，我們現在全球已經變成地球村了，文化、教育是超越國界的。我們要弘揚佛法，我們的舞臺不光是揚州、不光是中國，而是全世界，當然我們還要想到有虛空法界的很多很多的眾生。要有佛那樣的心量、佛那樣的慈悲，才能夠把這個事業真正做好。所以我們要學習外語，將來希望能夠把佛法傳遍全世界，這樣佛法真正振興了，全世界很多的問題，衝突的問題，還有天災人禍，都將能夠化解了。

我們看到從古至今，自從佛法從漢朝正式傳入中國以來，歷朝歷代佛法振興的時期，都是天下大治的時期。從漢朝傳入之後，在唐朝大興，貞觀之治、開元之治，都少不了佛法對於社會人心教化的作用，一直到清朝康乾盛世，那都是佛法起了很重要的作用。我們希望能夠構建和諧社會，和諧世界，佛法的教育就一定要講求，這個重任就落在我們在座各位法師還有四眾同修的身上。所以定弘這次來，真的是感覺到因緣很殊勝。之前定弘就發願，出家就是為了弘揚佛法，沒想到中午大和尚跟我講，他給我題了一個墨寶，寫了四句話，用「定弘」這兩個字做為對聯的頭兩個字，大和尚把這字帖都帶來了。大和尚給我寫這八個字是對我的一個鼓勵，也是對我的鞭策，「定慧雙修，弘演正教」，這正是佛法教育的精髓。

佛法講求自度度他，自度就是定慧雙修，定和慧建立在戒的基礎上，如果沒有戒定慧，那就沒有真正的佛法。光是有知識，懂得很多佛學的歷史、名詞術語，那只能叫做學術，不是真正的佛法，佛法是戒定慧三學。自度以後還要度他，所以弘演正教這就是要度他。我覺得大和尚的這八個字，不能是光對我的，還要對我們每一位在座的同學們，希望我們共同來努力，來把大和尚對我們的這個希望落實。

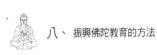

今天定弘有幸來到這裡給大家做彙報，想到既然來佛教學院，那我們就要談一談怎麼來振興佛陀的教育。很多人對於佛教有誤解，總以為佛教是宗教迷信，一談起佛法，就感覺到這是拜多神，多神教、泛神教。一般高級的宗教只拜一個神，你拜這麼多的神，這是低級宗教。這是誤解，非常嚴重。這個誤解也不能怪他，為什麼？還是我們佛門裡頭的同修沒有把佛教是什麼給大家說清楚，所以造成社會大眾的誤解和偏見。所以我們要振興佛教，首先要給佛教正名。

孔子講：「名不正則言不順，言不順則事不成」，我們要名正才言順，言順才能夠把振興佛陀教育的事業完成得圓滿。到底什麼是佛教？佛教其實不是宗教，更不是迷信。在民國時期，歐陽竟無大師就曾經說過，佛教非宗教、非哲學，而為當今之世所必需。但是他沒有把佛教到底是什麼給我們做個定義。淨空老法師給佛教下了個定義，佛教是教育，我們細細想來真的是如此。這個是什麼樣的教育？是覺悟的教育。佛是什麼？佛者覺也，佛就是覺悟的人，人人都能成佛。這個跟宗教不一樣，宗教只有一個上帝，只有一個神，不可能說人人都能成為上帝，人人都能成為神，這是不能講的，我們只能做上帝的兒女。

佛法它講平等，人人都能成佛，而且《華嚴經》告訴我們，眾生皆有如來智慧德相，但因妄想執著不能證得。眾生，這不光是人，十法界眾生，有六道，是凡夫，還有四聖法界，是聖人。這十法界都是本來具有如來的智慧、德能、相好，所以人人本來就是佛，現在發心做佛，人人都能成佛。這個只有教育才能這麼講。在佛法裡面還有教育的學位，像我們鑒真學院有學位，大家現在要畢業了，本科讀完，拿到學士學位；繼續深造就能夠拿到碩士學位；再繼續深造，拿到博士學位。世間學院、大學有三個學位，博士是最高學位，佛教也有三個學位，最高的學位是佛，佛陀；正在修行佛道，還沒圓滿的，稱為菩薩；如果能夠了脫六道輪迴，超越分段生死，放下見思煩惱，這種人證得阿羅漢，他拿到阿羅漢的學位，這也是三個學位。好像大學，阿羅漢相對於學士學位，菩薩相對於碩士學位，佛是最高的博士學位。人人都能拿到這些學位，只要你按照佛陀指示的方法來修學，修到最後你也修成功了，你也就拿到這個學位。這個是教育裡面才有，所以我們要肯定佛教是一種教育。它教什麼？就是教我們認識宇宙人生的真相。認識宇宙人生真相就叫覺悟，如果是認識一部分那叫正覺，阿羅漢是正覺；如果是認識得更多，比較圓滿了，叫正等正覺，就是菩薩；如果是完全圓滿，那就是無上正等正覺，這就是成佛了。無上正等正覺，印度梵文有一個專業術語叫阿耨多羅三藐三菩提，翻成中文就叫無上正等正覺，為什麼不翻譯它？這是因為對它尊重。這是佛教育裡面追求的最高目標。

釋迦牟尼佛三千年前在印度示現成佛，他為什麼來？《法華經》上講：「唯以一大事因緣故出現於世」，這個所謂大事因緣沒別的，就是教我們如何做佛，如何成就無上正等正覺，所以佛的教育就是覺悟的教育。那我們問，為什麼我們原來是佛，現在變成凡夫，有煩惱、有業障、有生死、有痛苦，到底為什麼會有這樣的業障？佛告訴我們，但因妄想執著不能證得。妄想、執著中間還有一個是分別，妄想、分別、執著。這三樣東西障蔽了我們的佛性，不是說沒有，只是它不起作用，你得不到佛的受用。佛告訴我們，把障礙去除，你的佛性就彰顯出來。有的人可以一下子把妄想、分別、執著統統放下，那就成佛了，叫「放下屠刀，立地成佛」，這是《涅槃經》上講的一句話。很多人誤認為是不是那個宰豬的放下屠刀就成佛了？這是誤解。它是表法、比喻，什麼是屠刀？屠殺你法身慧命的東西就是屠刀，妄想、分別、執著是屠刀，你把它放下了，你就立地成佛。

有沒有這樣的人？歷史上真有，禪宗六祖惠能大師就是這樣的人。他沒讀過書，原來是個樵夫，二十四歲，在送柴的時候，聽到有人念《金剛經》，他聽到之後就有所悟處。

然後他就問，你這《金剛經》哪來的？那個人就告訴他，《金剛經》是從五祖那邊得到的。他說我也要去求法。這個人很難得，於是跟幾位居士一起發心供養惠能大師，因為他跟他母親一起生活，給他母親生活費，讓他沒有後顧之憂，他就上黃梅去求法。他到黃梅之後見了五祖，他是南方人（我是廣東人，這是我的同鄉），五祖見惠能大師來了，問：「你從哪來的？」「我是從廣東來的。」當時廣東是南蠻之地。五祖說：「你這獦獠想要做什麼？」惠能回答說：「我想來做佛的。」你看惠能大師就知道，他就有這樣的悟性，他就來做佛。五祖就試探他：「你是嶺南人，這獦獠還想來做佛？」結果惠能大師說：「人有南北，佛性何分南北？」你看他就能明白人人都有佛性，人人平等，人人都能做佛。結果五祖一看這個人的根性大利，不行，怕人嫉妒，趕緊說：「你下去，碓房舂米去。」要磨練他的意志，也要修福，斷習氣。

舂米舂了八個月之後，五祖有一天撐著拐杖，他要傳法了，撐著拐杖去看。問：「怎麼樣，你這米熟了沒有？」惠能回答說：「已熟多時，就欠篩了。」這一語雙關，互相就心心相印，明白了。五祖忍和尚二話不說，把拐棍在碓上「咚咚咚」敲了三下就走了。當天晚上，惠能大師三更就到方丈室，五祖給他講《金剛經》，還怕人家看到了起嫉妒障礙，把門窗全部都封起來，燈光不透出去，跟他私下裡講《金剛經》。講到「應無所住而生其心」這裡，六祖惠能大師言下大徹大悟，就是妄想、分別、執著全放下，他成佛了。然後說出這五句話：「何期自性本自清淨，何期自性本不生滅，何期自性本自具足，何期自性本無動搖，何期自性能生萬法。」這五句話，整部《華嚴經》都已經含攝在裡頭，他大悟了。五祖給他印證：「你已經開悟，識得本心就是天人師、就是佛。」馬上把衣缽傳給他，讓他走。

你看惠能大師有什麼本事能成佛？沒別的，就是放下妄想、分別、執著，這種人是大利的根性，一下子三樣都放下了。一般人不可能這麼放下，那就慢慢放下，放下一樣、再放一樣、再放一樣，三樣，一步步來。我講課的時候，常常用這麼一個道具給大家來做演示，大家就能明白。我現在用三個顏色的玻璃片來代表妄想、分別、執著，黃色的一片代表妄想，藍色這片代表分別，紅色這片代表執著。我們現在凡夫三個統統具足，它就擋住了你的佛性，看不見了，你得不到佛的受用。現在佛教你放下，首先放下執著，執著也稱為見思煩惱，放下執著，把紅色這片放下，你這一看清楚很多了，這個時候你證得阿羅漢果，佛給你個學位阿羅漢；然後繼續放下，把分別也放下，分別又叫塵沙煩惱，藍色這片放下，這回又清楚很多，對宇宙人生真相又看清了一些，但是還隔那麼一點點，還有點變色，還不是本來的面目；現在讓你把最後一個妄想也放下，妄想放下之後，你就見到本來面目，你就叫成佛了。所以學佛沒別的，就是放下，把原來沒有的妄想、分別、執著放下，原有的佛性就現前了。

所以《大乘起信論》裡面馬鳴菩薩說，本覺本有，不覺本無。這給我們很大信心，本來是覺悟的，本來是佛，你本來就有，當然你可以恢復；本來沒有的這些妄想、分別、執著，當然你可以放下。所以老子說的一句話好，說：「為學日益，為道日損，損之又損，以至於無為，無為而無不為」。這學道跟世間求學不太一樣，我是在世間求學二十年，從小學到中學、到大學、到碩士、到博士二十年，學了整整二十年，世間求學；學道也學了二十年，這是兩條完全不同的路。就像老子講的，一條是往上增加的，求學是知識，當然愈多愈好，所以日益增加；為道就不一樣，你要修道得日損，損就是減少，一點點減少、一點點減少，減少到最後就沒有，全放下了，減少就是放下，放到最後就是無為，無為你就無不為，你圓滿的佛性就現前。所以佛給我們證明，他全放下了，所以他就能無所不知、無所不能。而你不用羨慕佛，因為你本來就是這樣，你也可以達到他這個境界，他能做到，你也能做到。

釋迦牟尼佛來到世間就給我們示現這麼一個樣子，他是示現普通人，所以我們講，佛不是神，他是人，他跟我們平常人一樣也有生老病死。出生在皇宮，做了太子，太子本來是要繼承王位，他很慈悲、很有愛心，他要為人民謀福祉。他為什麼不去當國王，後來要出家？因為他想到若要真正幫眾生謀福祉，首先你自己要得到解脫，最後才能幫助眾生解脫。用的方法不是靠政治，不是靠軍事武力，也不是靠經濟，這些都不能為人民帶來圓滿的幸福。真正為人民帶來圓滿幸福，是靠教育，他自己先要做到。所以他十九歲出家，三十歲成道，這十二年當中他學了很多，當時印度是九十六種外道。外道就是心外求法的叫外道，這也不是批評其他宗教，外道，其實在佛法裡頭也有修外道的，叫門內外。為什麼？他不知道，他不能瞭解整個宇宙就是你自心所變現，他心外求法，以為心外還有萬物，心外求法，那就叫外道。釋迦牟尼佛當時十二年苦學，去跟這些外道的大師學習，他能夠進入很深的禪定，能夠看到有六道輪迴，但是他還有幾個問題解決不了，他學到最後，這些當時的大師的學問全學到了，還是解決不了。

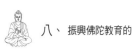

第一個問題，為什麼會有六道？第二個問題，六道怎麼來的？第三個問題，六道以外還有什麼境界？所以他就決定到恒河邊大樹下入更深的禪定，這件事情要找到答案，得靠自己找，外面的人給不了答案，得自己來解決。怎麼解決？放下，把十二年所學的一切統統放下。然後他就大徹大悟，悟道之後就知道，實際上六道輪迴都是你自己的心變現，這叫明心，明心見性就是成佛。

世尊為了幫助眾生也像他那樣明心見性，所以決定成道成佛之後講經說法。講經說法就是辦教學，他當時辦教學的方法非常的活潑，哪裡都可以做講堂，大樹下，恒河邊，或者是靈鷲山，如果有國王、大臣供養，他也不妨來祇園精舍，這是祇陀太子和給孤獨長者他們兩個人一起供養。所以他的講堂可以到處都有，常跟隨他的學生有一千二百五十五人，當然，其他隨時來聽法的也很多。

釋迦牟尼佛成道之後他做什麼工作？如果給他這個工作下個定義，那就是教育工作，講經教學。所謂的法會是什麼？就是講法的會議。就像我們今天這一堂課，這叫法會，所以剛才大和尚說我們這是法會，這是非常正確的定義，這叫法會，講法的會議。之後，阿難尊者把這個講法會議做個記錄，就是經典，是當時的會議紀要。釋迦牟尼佛四十九年的工作就是教育工作，他本人是什麼樣的身分？是當時多元文化社會的義務教育工作者，他做教育工作，是教育家，所以他不是神。

佛法不是宗教，因為他沒有講很多我們跟上帝、跟神的這些關係，是告訴我們如何來認識宇宙人生真相，如何自己得到解脫，如何自己成佛的一種教育。所以明白這一點，我們就有正確的理念，學佛方向、目標就正確了。我們為什麼要學佛？為了認識宇宙人生真相，不再迷惑顛倒。你能不迷惑顛倒就不會造業，不造業就不會輪迴受報，你就能得到究竟圓滿的解脫，現世你就能得到安樂。所以佛教，我們如果正式給它下個定義，是佛陀對一切眾生至善圓滿的教育。佛的弟子乃至歷代祖師大德，他們講經說法，其實都是在辦教育工作。當然從事這種教育跟一般世間教育不同，它非常重視自己的修證，所謂身教重於言教。如果自己沒有修證，你去講，人家不會受感動，人家不能信服。必須自己要做修證的功夫，你才能夠帶領大眾深入到這樣的教育，所以歷代祖師大德非常強調實修。

我們鑒真學院，重視修持，我覺得非常讚歎，只有自己認真修持，發真正的菩提心，放下自私自利、放下名聞利養、放下貪瞋癡慢、放下五欲六塵的享受，以戒為師，以苦為師，你才能真正統理大眾，做眾生的嚮導和明燈。

佛法傳到中國來，中國對於佛陀教育的振興真的有不可低估的貢獻，最明顯的就是在唐朝，「馬祖建叢林，百丈立清規」。自從唐朝那時候開始，佛教的教育就正規化，所謂的叢林、道場，實際上就是學校，就是學院，或者說大叢林就是大學。大的叢林有執事一百零八單，就是有不同的工作的分工，就像現在大學一樣，它有不同的分工，有教員、有職員。行政的分工，叢林有三大執事。方丈和尚就是校長，他來制定整個教學的計畫、大綱，底下三大執事：首座和尚就是教務主任，他來具體的安排教學計畫，跟學校裡的教務主任是一樣的功能；還有總務主任，就是監院，當家師就是總務主任；還有維那，維那是負責訓導的。現在我們看很多學校的分工，跟以前叢林很相似，叢林實際上就是正規的佛教學院。大的叢林往往是很多宗派同時都存在，就像我們大學裡有不同科系一樣。像在中國建立了十個宗，小乘二個宗，大乘八個宗，不同宗派就是不同的修行法門、方法，當然最後殊途同歸，目標都是一樣的，都是為了恢復自己的佛性，能夠幫助你成佛。

一個大叢林裡面，不同的科系就有不同的講堂，譬如說你專學天臺，就用《法華經》做為你的主要教材，專攻《法華》；賢首宗的，專攻《華嚴經》；學戒律的，有律宗；專學淨土的，有淨土宗。所以每一個宗實際上就是一個科系，或者是大學的一個分院，一個學院，你自己選擇，你喜歡學哪一門，你就到那個科系去讀書。我們看到古時候為什麼佛法能這麼大興，就是因為他們對佛法的認知非常正確，知道它是教育，所以培養的這些弘法人才，我們說法師，法師是什麼？講法的老師就叫法師，他們就負擔起弘化一方的責任，幫助國家、幫助社會教化百姓，所以有佛法的地方就有和諧。

自從清朝中葉以後，佛法漸漸就衰微了，到慈禧太后那個時候佛法就已經很衰落了，為什麼？慈禧太后沒有真正認識佛法，也不尊重佛法。慈禧太后她自稱為老佛爺，比佛還高。她之前的皇帝，順治皇帝出家了，康熙、雍正、乾隆，這都是虔誠的佛弟子，誰敢稱老佛爺？慈禧太后不尊重佛法，底下人也不尊重，慢慢也就不講求。本來在清朝宮廷裡面把讀經做為定課，後來也都全部廢止。慈禧以後，緊接著就是鴉片戰爭，中國之後就處於水深火熱當中，打仗一直打到一九四九年，終於結束，這期間佛法的教育就幾乎中斷了。中斷的表現就是講經人才很少，如果佛教失去講經這個環節，雖然有經典在，但是沒有人肯去學習，也就沒有人帶動了。所以要真正恢復佛陀教育，必須要恢復講經說法的風氣，把寺院恢復成講經教學正式的道場、學校，這樣的話，大家就逐漸能夠認識到真正的佛教，佛陀教育。我現在不講佛教，我講佛陀教育，就是怕別人誤認為佛教是宗教，跟別的宗教一樣。過去歷代的人對於佛教都很清楚，這是佛陀教育，所以他說成兩個字就能夠明白，現在要稍微複雜一點，講四個字，佛陀教育。

佛教傳入中國來，是東漢漢明帝永平十年，就是西元六十七年，正式傳入中國，當時兩位印度的高僧摩騰和竺法蘭，帶著佛像、帶著經書，用白馬馱著進到中國，到了洛陽，當時皇上就給他們建了一座白馬寺。本來他剛到中國的時候是住在鴻臚寺，鴻臚寺就是我們現在講外交部的接待所，那是短期的。後來皇上跟文武百官，朝野都覺得佛教教育真是太好了，要進行推廣，所以皇帝才正式多設了一個部門。古時候寺就是部門的意思，你看皇上有三公九卿，卿就是寺的負責人，它直接屬皇上來管。部，像兵部、禮部這些都屬於宰相管。皇上親自來掌管這個佛陀教育，所以就正式成立了一個部門，就叫白馬寺，專門推動佛陀教育。一直到清朝，大家都很清楚這是教育。

《無量壽經》裡有一段話說，「佛所行處，國邑丘聚，靡不蒙化。天下和順，日月清明，風雨以時，災厲不起，國豐民安，兵戈無用，崇德興仁，務修禮讓。國無盜賊，無有怨枉，強不凌弱，各得其所」。這不就是孔子當年所希求的天下大同之治嗎？真正佛法推行的地方可以實現，而且在中國歷史上我們真的也看到了。所以讓社會大眾認識真正的佛教，是我們佛弟子責無旁貸的責任。

現在我們來談談怎麼樣來真正復興佛陀的教育，最關鍵就是要重視師資人才的培養。孔子就講：「人能弘道，非道弘人」，佛陀教育是道，這個道要靠人來弘揚。趙朴初老人曾經講，佛教第一缺人才，第二缺人才，第三還是缺人才！大和尚今天也跟我講了這件事，說我們中國現在不是缺寺廟，不是缺經書、佛像，缺的就是能講經說法的人才。所以我們希望諸位法師要發大心，古德勸勉我們要「不忍聖教衰，不忍眾生苦」。如果沒有聖教，眾生就像在茫茫長夜裡面看不到方向，痛苦不堪，佛法就是一盞明燈，它能指引我們前進的方向。我自己學佛二十多年，過去也都是自私自利，都在追求名聞利養，沒有真正發起這種心。直至六年前，我把大學教授的工作放下，決心走這條路，我感覺到才真正開始報答佛恩。

我給大家也簡單彙報一下我自己學佛的歷程。我出生在廣州，在廣州中山大學念的書，因為我母親帶領我開始進入佛門。接引我們入佛門的是廣州光孝寺方丈大和尚本煥老和尚，大家肯定都熟悉。當時本老接引我們那是很善巧，見到我們就留我們吃飯，然後給我們很多經書。他見到我，就跟我講要我出家，我那時好像才十八歲，他讓我出家。我當時上大學，那時候只想著出國，沒想著出家，所以沒把老和尚的話放在心上。老和尚當時就給了我一本《無量壽經》，淨土第一經——《無量壽經》，讓我回去讀；給了我淨空老法師的講法，當時是錄音帶，讓我回去聽。我跟我母親就聽，覺得很有感觸。後來就出國留學，在美國路易斯安那州讀碩士，之後就讀博士，在讀書的過程中，我都一直在聽經教，在學習。

我跟淨空老和尚第一次見面的因緣是一九九二年，當時本煥老和尚邀請淨老到廣州來弘法，講《阿彌陀經》，我媽媽就帶著我聽法，當時我很有感觸。之後到了美國，我就去拜訪他老人家的道場，在美國達拉斯淨宗學會。我二十四歲，見到淨老，淨老就鼓勵我要好好讀書，要讀《無量壽經》。他老人家對我的影響就是帶我真正認識佛教，帶我真正修學淨土。當時我剛好碰上淨老為最後一批法師剃度，很多人就勸我：「要不要去剃度？」我就說：「我現在不敢，因為我怕墮地獄。」為什麼？古德講：「地獄門前僧道多」，這是事實，如果我沒好好修，將來道業未成，墮完地獄還得出來還債。古德講：「施主一粒米，大如須彌山，今生不了道，披毛戴角還」，我不敢。當時實際上就是沒放下，還有自己，不肯放下。所以就繼續讀書，後來博士畢業了，在美國德州大學任教，我在商學院教金融學。

後來到新加坡去親近淨老，淨老就鼓勵我，年輕人要有使命感，要真正想到如何將佛法復興。後來他就勸我到澳洲，澳大利亞。本來美國政府已經給了我優秀教授研究人才的綠卡，但是我覺得自己的世間名利並不是很重要，所以我還是聽從淨老的建議，就到澳洲去，在昆士蘭大學任教，在商學院繼續教書。昆士蘭大學是澳洲著名的八大名校之一，淨老也在這所大學任榮譽教授。我就陪同老人家，因為淨老勸我發心要兼職弘法，於是我就兼職義務的為淨老做一點弘法的工作，主要是在國際上做英文的翻譯。老人家常常出席聯

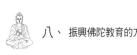

合國教科文組織的這些宗教、和平的會議，我就給他做英語的翻譯。

在美國任教四年，在澳洲也任教四年，之後老人家就勸我要發心。當時我很想回到祖國來，想著葉落歸根，雖然那時候年紀不太大，就已經覺得總有一天我要把工作放下，專門學佛。當時就想著回到國內來，廈門大學它成立了一個金融研究所，因為大學想把自己的金融研究領域打造成世界知名的品牌，所以就邀請外國、海歸派回來的有成就的教授，帶動整個金融領域的教學。當時就邀請我做金融研究所主席教授，帶領十五位助理教授來做研究，年薪是八十萬，還送一套房子，還給我五十萬的研究經費，讓我安心在那邊做。我覺得這個條件很好，我就向淨老彙報，說想回國內來。因為淨老當時決定到香港，我就想，一來能夠親近他老人家；二來回到中國，能夠為國效力，同時自己還能夠賺不少錢。因為那個工作確實很好，不用我上課，只是每年寫兩篇論文，能夠發表在世界著名的學術雜誌上，這些我之前都覺得比較輕鬆自如了，所以這個學術方面並不算能難倒我，我就很想回來。

當時我跟我母親去拜訪他老人家，我母親就代我問，說：「師父，您看茂森是在澳洲工作好，還是回到中國工作好？」結果淨老跟我母親說了一句話，說要作「聖賢」。這個回答似乎是答非所問，明明問到哪裡好，怎麼要作聖賢？好像就是當頭棒喝，讓我們回去參，回去參怎麼作聖賢。如果你還有自私自利，你能作聖賢嗎？你起心動念想著我到哪裡好，有這個我，你佛法就入不了門。佛法第一個學位是證得阿羅漢，什麼是阿羅漢？斷我執才是阿羅漢。你起心動念想的自己，我執放不下，那沒入門。佛法講聖賢，那個比世間聖賢更高，世間聖賢還未出三界。

佛法講聖是誰？登地的菩薩，十地菩薩稱為聖，十聖；賢是三賢，地前的三賢，十住、十行、十迴向這是三賢。阿羅漢相當於圓教七信位菩薩，還沒有到賢的位置。我這麼一聽，明白了，很慚愧，學佛十多年還沒有真正放下自我，這根本沒真學。想想這麼多年來飽受師恩、佛恩，當思報效。所以想來想去，人該有多少福祿他總會有，如果你現在放下了，為佛法、為眾生，你也不會餓死；真正要餓死也不用怕，我們求生西方極樂世界，念阿彌陀佛。所以想來想去，不用害怕，這個名利其實你真正放下了，你才會有智慧，你才能得自在。想通之後，就決定把昆士蘭大學教授工作辭掉，回到香港來，在香港就開始練習講經了。從二〇〇七年一月份開始到現在，前面五年，我主要的功夫還是用在傳統文化的熏習上。

傳統文化是佛法的基礎，祖師大德也給我們做這樣的示現，你看蓮池大師、蕅益大師、印光大師、憨山大師，這些人都是飽讀四書五經，通儒、通道、通佛。為什麼祖師大德都強調儒道的修學？這也是有道理的。佛法分大乘、小乘，大乘、小乘是什麼意思？小乘就是基礎，大乘是建立在小乘基礎上。佛在《佛藏經》裡講過，「不先學小乘、後學大乘者，非佛弟子」，你要不認真的把小乘經典好好修學，你不打好這個基礎，你想跳到大乘是不可能的，那叫空中樓閣。小乘重視戒律的修學，重視做人的教育，你人都沒做好怎麼能成佛？大乘是成佛的法門。可是你看，佛法傳到中國來，小乘的經典翻譯得很多，阿含部很多經，三千多部經典，當時在唐朝時期確實出現了小乘兩個宗：成實宗、俱舍宗，但是唐朝末年以後，就漸漸沒什麼人修學了，大家只學大乘。我們問，難道佛講錯了，可以不先學小乘就學大乘嗎？祖師大德不是都是這樣成就的嗎？為什麼小乘不修學，可以有大乘的成就？我們看歷史上這些祖師大德，統統都是有儒有道的根基，出家人沒有不飽讀四書五經的，都是正人君子，因此他們出家學道才成就快。在中國儒和道的修學代替了小乘的修學，你有儒道的基礎，你可以直接跳入大乘，你就有非凡的成就。其實儒道它不僅是個基礎，它其實也通大乘，特別是儒家，你看它講仁，「仁者愛人」，愛人的思想就是大乘的思想，只是它沒有那麼廣泛。孟子講：「親親而仁民，仁民而愛物」，其中的物就包括一切眾生，有情眾生、無情眾生都包括在內。

儒家是強調從最親近的人開始，親親就是孝順父母，從孝順父母到愛人敬人，到愛一切眾生。大乘思想就是告訴我們，一切眾生跟自己是一體的，所以愛別人、愛一切眾生就是愛自己，不光是愛人如己，愛人就是愛己，因為人和自己不二、一體，這是大乘思想。我們要真正修學，就要在儒和道上打基礎，儒和道的根本就是孝道，佛法的根本也是孝道，能夠在孝道上打好根基。你能夠真正愛父母、敬父母，你才有可能發起菩提心，菩提心是愛眾生。孔子在《孝經》裡講過兩句話，「不愛其親而愛他人者，謂之悖德，不敬其親而敬他人者，謂之悖禮」，你對你父母都不愛、都不尊敬，你說你愛敬別人，那叫悖德悖禮，違背道德、違背禮，不正常，也不會真誠。所以我們修學，這個根本要抓住。

講到培養人才的問題，人才的根本就是德，「君子先慎乎德」。我們學佛的弟子，特別是我們出家弟子，如果說連君子都不如，我們怎麼能成為天人師範？首先我們自己要成為君子，而且要超過君子，這才能夠為人天師表。君子先慎乎德，這個道德它的根本又是什麼？《孝經》上講：「夫孝，德之本也，教之所由生也」，道德的根本是孝道，一切聖賢教育都是從這出生、從這開始的，教之所由生。佛法也不例外，也是從孝道出生，所以佛法很多同修入門都從《地藏經》開始。

我本人也是這樣，剛剛修學佛法的時候，先是讀《地藏經》，《地藏經》稱為「佛門孝經」，先讓你在孝道上能夠打好基礎，你對父母有那種真誠的愛心，你才肯去愛眾生，你發的菩提心是真的，要不然是假的。你發心是假，「因地不真，果招迂曲」，你因不真果就不真，因真果才真，你想成就佛道，你想了生脫死，那你必須要修真的因。度眾生也是，先從度父母開始。

我剛學佛的時候，我父親反對得很厲害，不讓我皈依。我那時上大學一年級，是偷偷摸摸去皈依的，怕父親責罵。因為我是獨子，父親怕我學佛，怕我出家，罵我：「你學佛，以後是不是出家做和尚？要讓我們鍾家斷子絕孫嗎？」根本都不敢去正面跟他講，就是這麼樣的反對。學了佛之後，當然就很想度父母，先要讓父母學。一開始採取的策略不對，回家跟父親總是講佛法，要吃素，不要殺生，不要發脾氣，要斷煩惱，要是不斷煩惱，心中充滿貪瞋癡，將來是會墮地獄的，說這些話。我父親聽了就覺得很刺耳，關係弄得很緊張。而且我當時學佛，一開始就勇猛精進，回到家裡沒有第二個話題，就是講佛法，所以當時整個家庭關係也不好，跟我父親之間充滿矛盾，關係很緊張。後來想想不對，菩薩所在之處能令一切眾生生歡喜心，連父親都不能生歡喜，我學佛肯定學出毛病了，如此一來怎麼能作菩薩？所以得改變策略。

後來聽經教也慢慢明白了，度眾生先要度自己，自己都這麼多煩惱習氣，你自己不能發起真誠愛心對父母，你怎麼可能去度他？什麼叫度？度就是感化他。所以我就改變了，自己也懺悔，於是開始學著真正對他孝順。我出國他也很高興，因為什麼？當時出國留學不太容易，特別是我家裡也並不富有，父母都是公務員，薪資有限。我到美國有全額獎學金，經濟方面不用我父母負擔，而且學習成績很好，每次考試我都是班上第一名，父母都覺得很高興，父親當時逢人就誇自己的兒子。而且我去美國留學的時候，全額獎學金每個月八百美金，我就省吃儉用。每個禮拜跟同學去超市去買菜，因為沒有車，就搭他的順風車，美國上市場都得要開車去。去市場買菜都是買最便宜的，我買菜不是看菜的好壞，就看菜價，哪個菜牌子上寫著最低的價格，我就買那個，所以餐餐就是吃高麗菜加胡蘿蔔，或者胡蘿蔔炒高麗菜。一位學長用的一個壓力鍋很舊了，限壓閥已經不見了，他就要扔掉，我就把它撿回來，就用這個不太好用的壓力鍋來炒菜、煮飯、煮湯，用了四年，直至我博士畢業。我住最便宜的房子，夏天不肯開空調，冬天不肯開暖氣。美國冬天也很冷，我相信比揚州會冷，冬天沒有暖氣也挺難過。我當時從大陸帶到美國的只有一床毛毯，又不捨得買棉被，冬天冷的時候，這毯子蓋著不夠，所有衣服都壓上，最後把書本都壓上來。就是這樣省吃儉用，每個月我能省出錢供養我父母三百美金。當時一百美金相當於八百人民幣，那是十七、八年前的事情。而且每年還能省下一張機票費回來探親。

回來探親的時候，我一定是帶我的父親、爺爺奶奶他們去旅遊，上哪旅遊？上佛教名山。他們很高興，人家那孩子好幾年都不回家，他年年都回家，真懂父母心，很孝順，回家就帶他們去玩。到了寺院那就要拜，他也不好意思不拜，我就在他面前往功德箱裡放錢，放錢好，多佈施，將來就有福報，他聽了他也放錢。慢慢引導，他慢慢就認識到佛法其實不是迷信，你看我兒子這麼好都學，這裡頭肯定是好東西。他就開始學，慢慢認識了佛法，他就不排斥了。凡是排斥佛法、反對佛法的，都是因為不認識佛法，認識了，這是好東西，怎麼可能會排斥？

所以我父親現在每天念阿彌陀佛，在道場裡面修，一天到晚就求阿彌陀佛趕快接引他往生西方極樂世界，很真誠，真是完全換了一個人，直到去年支持我出家了。因為我父親原來很反對我學佛，就怕我出家，為什麼我能出家？也是三寶加持。我這個念頭一直存在心裡，又不敢跟我父親講，只得求三寶加持。結果去年年初，他突然就給我打電話，我那時在香港，他在道場裡念佛，那時候他跟我講，說：「兒子，我終於想通了，我想你能夠弘法利生，可以為佛法做貢獻，我不能擋著你，你要出家，我同意。」我想他竟突然主動打來電話，真是神奇，這些話以前我都不敢跟他說，大概他也都知道，存了好多年，他終於想通了。他通了，我母親絕對沒問題。去年才出家，在香港圓明寺上暢下懷長老座下剃度，我的剃度恩師給我起的法號就叫定弘，他說你一定得弘法。

這裡就是跟大家報告，你要弘法，真正要度眾生，先得度父母，這是佛門講究孝道。地藏菩薩他怎麼發心？為了他自己母親發心，這個菩提心是孝道，孝心裡生出來的，真正對父母有這種真誠的愛心，你對眾生才是真的愛，你能放下自我。你看我們中國四大佛教名山，九華山地藏菩薩道場，他所代表的就是孝親尊師，你有這個孝心了，你要把它發揚光大，不僅對父母，要對一切眾生都像對自己父母一樣，這就是地藏菩薩，他是這樣發心；能夠對一切眾生都有這樣的孝心，就叫大慈大悲，大慈大悲是由普陀山觀世音菩薩代表，這是孝心的擴大；還有五臺山文殊菩薩代表智慧；峨嵋山普賢菩薩代表力行，大行普賢菩薩他是代表行門。智慧指導你的修行，修行又能提升你的智慧，把你所學的佛陀的教誨用在你的日常生活當中、你的待人處事接物當中，你這是修普賢行。中國四大名山四大菩薩，可以說把整個大乘佛法概括在內，就是從孝道開始，這是德行。

有孝道才有師道，佛教教育是師道，師道講究尊師重道。尊師重道是建立在孝道的基礎上，你對父母有恭敬心、有孝心，你才可能對老師有恭敬心；你對老師有恭敬心，你才能成就你的道業。印光大師，這是我們晚近佛門大家最佩服的高僧大德，相傳他是大勢至菩薩再來，他跟我們講：「一分誠敬得一分利益，十分誠敬得十分利益」。我自己能跟老師修學，對佛法有今天這麼一點點認知，其實真的就是從誠敬心得到。我學佛不是說裝點自己，我沒有必要用佛法裝點自己，更不會說用佛法來想著怎麼樣獲取名利，真正想學佛就是從這裡頭尋求解脫之道，所以我們講學佛動機要純。我們今天學佛，如果動機不純的話，愈學就會愈歪愈邪，到最後是沒有辦法回頭。所以首先要確定自己目標方向正確，要真正求解脫，而且要幫助眾生解脫，有這種誠意來修學。對老師要恭敬，古人，你看儒家講究的恭敬心，「一日為師，終身為父」，有「程門立雪」的佳話，這都是說明求學必須要有恭敬。沒有恭敬什麼都學不到，你只能學皮毛，只能學一點常識，精髓學不到。所以誠敬心是學佛成就的關鍵，古來的祖師大德他們之所以能夠成就，之所以能開悟，都是從誠敬心得到。

現在我們舉世缺乏的就是誠敬心。所以學佛為什麼那麼難，有人學了幾十年，道的門都摸不到，了生脫死是一點把握都沒有，更談不上說什麼度眾生，原因何在？就是沒有誠敬心。誠敬心就是菩提心，我們說發菩提心，真誠是菩提心的體。你看《觀無量壽佛經》講發菩提心講了三種，第一至誠心，第二是深心，第三是迴向發願心。第一個至誠心是自受用，這是體，真誠到極處才叫至誠，容不得半點虛假、半點夾雜。我們很多學佛同修，可能一開始都很真誠，學著學著到最後，遇到了有名聞利養，就起心動念，慢慢逐漸增長，到最後他就不能回頭。佛門裡面，名聞利養不比世間名聞利養少。我雖然在世間過去也有名聞利養，多年來都獲得世界學術會議最佳論文獎，三十二歲就被學校評為永久教授，這些都是名聞利養。我感覺到這些名聞利養還不是那麼大，都是有限的。

在佛門裡面的名聞利養那是不得了，特別你以後發心要講經弘法，我現在就特別感覺到，你講經如果講得不好，還比較安全，人家笑話笑話你，這就無所謂了，你沒有什麼誘惑；你要是講經講得好，人家對你的恭敬，那種讚歎、頂禮膜拜，把你當做佛菩薩一樣，那種供養，那種掌聲，你在這裡頭如果起心動念，你要貪，貪圖，那就是墮落。所以這個德行就是很重要的一點，放下名利心。我們看歷代祖師大德成就，無不是在這方面嚴持戒律，名利心一定放下。這個放下是心上放下，不是說事上真的放下，如果事上全放下，那你躲在深山老林裡肯定不會有名利，但是你也很難度眾生。是要你在名利當中放下名利，禪宗裡講：「百花叢中過，片葉不沾身」，你不能被它沾染。

我出家以後，淨老有次跟我散步時談話，我問淨老說：「師父，您看我現在修學要注意什麼問題，需要怎麼改進？」淨老跟我講：「要放下名利。」我一聽放下名利，我回去尋思，我還有什麼名利沒放下？我出家了，銀行存款帳戶關掉了，而且我是絕不收人供養，誰送我的供養，我在哪講經，供養就歸當地道場，我絕對不帶走一分錢，也絕對不會化緣。我名下也沒有財產，我以前在世間工作的那些什麼房產、汽車，我都該捐的捐、該佈施的都佈施掉了，沒有財產、沒有錢財。以前世間還有教授的頭銜，我也都沒有了。想想大概還有淨宗學院副院長、香港佛陀教育協會理事，大概是還有這兩個頭銜，我就決心把這兩個辭掉，辭掉就全沒有了。我就跟師父老人家說：「我準備把這兩個辭掉，辭掉我就真正放下所有名利了。」師父講：「你放下了嗎？還有。」我說：「我真的沒有了。」師父說：「因為你有無這個念頭還在，你就還有。」我頓時明白了，這個有無的念頭是什麼？你心裡真的還掛著這個事。

禪宗不是有個公案嗎？一個大和尚跟一個小和尚過河的時候，有個女孩子要過河過不去，大和尚就把女孩子抱過去了。小和尚看了就心裡犯嘀咕，出家人怎麼能抱女孩子？跟著大和尚走了很久，終於忍不住，就說：「師父，你怎麼能抱著女孩子過河？」這大和尚回頭說：「你說剛才那女孩子嗎？我早就放下了，你怎麼還抱著？」你看，這小和尚沒抱女孩子，心裡有；大和尚抱著，心裡沒有，人家把有無的念頭放下了。我這個沒放下，所以被師父的慧眼看出來了。淨老一生名利這麼高，真是「百花叢中過，片葉不沾身」，不沾名利。所以叮囑我們弘法的人，如果你名利放得不清淨，你心裡還有這些掛礙，那你就過不了關，這是要求我們德行。

諸位法師都是將來要擔負起弘法重任的人，現在我們這基礎打好，將來你修持、你弘法肯定是一帆風順。德行，除了剛才講孝道、尊師重道、誠敬心、放下名利心，還有就是持戒。持戒，戒律是佛法的根本，佛法的壽命有多長，就是看還有沒有持戒的人，如果這個世間沒人持戒了，佛法也就滅了，有經典在，形同虛設。我們出家做法師，這個德行堪稱人天師表。憑什麼稱為人天師表？憑什麼能夠成為社會大眾的榜樣？就是你的戒律。我們出家，大概大家都受過三壇大戒，我也去受了，受了是不是真得戒？佛法重實質，且不說菩薩戒和比丘戒，就是沙彌十戒、二十四門威儀，沙彌律儀我們又能做到多少條？我們在這裡鑒真學院，鑒真大和尚就是弘揚戒律的大師，他之所以能夠把佛法振興起來，能夠帶動日本振興起來，那真的是靠他的戒行。

民國時代的弘一大師，這是我們都非常仰慕、尊重的律師，持戒精嚴，他老人家對戒律非常深入，他跟我們講到，在中國南宋以後就沒有真正比丘。為什麼？因為比丘要傳戒，必須有至少五個清淨的比丘組成羯磨，你才能夠真正傳。在中國是十師，三師七證，十師來傳授。假如南宗以後就沒有真正做到比丘戒的人，就沒有比丘了，那當然就沒有可能真正得到比丘戒。所以弘一大師自己，他受了戒，他不敢稱自己是比丘，甚至他自己檢討，自己沙彌戒也沒做好，他稱自己叫出家優婆塞。優婆塞，我們知道是在家的男居士，持五戒，把五戒能夠持好，在末法時期你就是真正的佛弟子，不殺生、不偷盜，出家人不淫欲，不妄語、不飲酒。沙彌十戒，就是在這五條基礎上再加五條，那是屬於加行。這個五，以苦為師的戒：不著香花鬘，不香油塗身；不歌舞倡妓，不往觀聽；不坐高廣大床；不非時食，過午不食；還有不捉持金銀。後面五條在現代社會確實不容易做，我們的重點放在前面五條，就是五戒，把這五戒真正做到清淨，你就堪稱世間福田僧，你能做世間福田，人家供養你就真正修福，你能夠堪受供養。你持五戒，再加上念阿彌陀佛求生西方極樂世界，你這一生就決定成就。

如果修學其他法門那就不一定行，你光持五戒不夠，因為你要出六道輪迴都必須斷見思煩惱。斷見思煩惱，持戒要多麼精嚴，不僅斷現行煩惱，連那個習氣、那個根都要斷掉，確實不容易。末法時期，佛跟我們講，要靠念佛求生淨土成就，所以各宗各派的祖師最後都導歸淨土。你看禪宗徹悟禪師，這都是大徹大悟之後，念阿彌陀佛求生淨土，成為淨土宗十二祖。天臺宗更不用說了，那是學《法華經》，到最後都是念阿彌陀佛求生淨土，從智者大師他本身就開始，一直到最後歷代祖師。我的剃度恩師暢懷老法師的師父是倓虛老和尚，天臺宗第四十四代傳人，過去東北佛教是靠他老人家復興起來的，後來到了香港，在香港往生的，坐著走的。我們這一生想要成就，一個是持戒做好，第二個就是求生淨土。

我們在佛法上修學，能夠把唯識學好，這是佛教的理論，你弘法就能夠基本不會有太大的障礙。在修學當中，你這個根栔好了，有德行、有戒律，真正想求開悟、想求成就，方法是「一門深入，長時熏修」，這個是歷代祖師祖祖相傳的方法。

在《楞嚴經》上講：「十方如來一門超出妙莊嚴路」，十方如來怎麼成就的？靠一門成就。你得修一部經，一個法門到底，一經通則一切經通，一門通就門門都通。為什麼？通到自性，明心見性，見性成佛，統統都了達。所以佛說：「故我宣揚，令汝但於一門深入」，教我們一門深入。你看《楞嚴經》給我們做表法，二十五位菩薩每個人就修他一個法門，都是第一法門，門門都是第一，沒有第二。觀世音菩薩耳根圓通，「斯為第一」；大勢至菩薩念佛圓通，「斯為第一」，門門都是第一，為什麼？因為這個門能夠幫助你成佛，所以它是第一法門。但是你想兩個門進就很難，就像這個教室有兩個門，你只能從一個門進來，進來了就一樣。如果很多個門，你說我同時從很多門進，那不可能。你就從一個門進，進來都是一樣。

我們修學，我剛才也提了一下，如果我們學院能夠分科分系，在你的共同科目基礎上，你選一門。共同科目是哪些？第一是戒律；第二是傳統文化、國學，尤其是文言文，這個工具你得掌握，你讀佛經、你讀祖師大德的批註，你不懂文言文你就讀不懂。你有國學的基礎，雖然不用很精深，至少你能夠入門就行，文言文你能夠通讀，《大藏經》不成問題。怎麼修學文言文？背書就行，你能背一百篇古文，《古文觀止》選一百篇，你背一百篇古文，那你文言文不僅能讀，還能寫，這是你國學的基礎，不難。一個禮拜就算你背一篇古文，兩年，一百個禮拜就能夠完成。你學英文也是這樣，靠背書、靠記憶，學文字就得靠背。然後傳統文化注重基本德行的培養，我自己的修學我是透過講，像《論語》、《孝經》、《大學》，我這些都講過，再基本一點的《弟子規》、《朱子治家格言》、《了凡四訓》；道家的《太上感應篇》、《文昌帝君陰騭文》、《文昌帝君勸孝文》；佛家也是有基本的科目，《十善業道經》、《地藏經》，這些都是基本修學的科目，講因果、講戒律、講德行，這些共同科目要學。還有一個就是佛法的學問，唯識要學，這個唯識是通各派，所以每一宗都要學。再加上淨土，淨土保證你這一生能了脫生死，念阿彌陀佛往生西方，這是最方便的法門。

在這個共同科目基礎上你再選一門，譬如說你想學天臺學《法華經》，你想學《華嚴經》，專攻一部，各宗你自己報，你自己喜歡哪個就選哪個，一門深入，學個幾年你就得定，得定就能開智慧。智慧怎麼開的？不是說你學得很多、記得很多，那個叫「記問之學」，孔子講：「不足以為人師」。誰能為人師？你有戒定慧就能為人師，那個定很重要，定就是一門深入。菩薩六度講精進，精是專精，進是進步，你能專精就有進步。如果你做很多很多的科目，很複雜，廣學多聞，到最後雜進不能成就。這是求學，剛才講的，第一首重德行，第二要一門深入、長時熏修。

今天我跟大和尚也彙報，如果我們鑒真學院有十年培養人才，這十年能夠用兩年的時間，戒學、德行打好基礎，把文言、國學打好基礎，然後剩下的我們專修佛法，一門深入，十年下來真的能開悟。你能開悟，你就能夠成為天人師，什麼人問你問題，你不用思考，稱性而答，這是自性本有的德能和智慧，你就能解決一切問題。乃至是國家遇到非常棘手的問題，有人來請教你，你都能解答。

古時候你看皇帝都請國師，國師是什麼？都是明心見性的大師，心地清淨有智慧，他就能解決你的問題。我們要弘法必須講經，講經用什麼方法？歷代祖師培養人才都是用復講，就是老師怎麼講，我們就怎麼講，我就是這樣培養起來的。這個方法誰發明的？阿難尊者。你看釋迦牟尼佛他講經四十九年，阿難尊者就在旁邊聽，他很厲害，他的記憶力很強，多聞第一，像電腦一樣，你只要給他聽一遍，他全記住。然後佛滅度之後，他就開始復講，他上台講經，就把他以前聽到記下來的重新講一遍。底下五百阿羅漢共同來聽、來記錄，只要有一個阿羅漢說，這一句你講的不對，我好像沒聽佛這麼講，有一個人反對，這句就刪除，不能載入佛經。所以必須是五百阿羅漢同時認證，這才載入佛經，這是取信於後代。阿難尊者是復講成就，阿難尊者以後，歷代祖師大德都是用復講。我們講經很簡單，用復講方法。假如說現在我們沒有老師可以復講，怎麼辦？你用祖師大德，或者是比較近代的大德，用他們的肯定沒有錯，他們都是成就的人，我們用他們的這個講法來講，這叫得到師承，這是很重要的。這是講培養人才。

最後，真正要推廣佛陀的教育，橫切面上的推廣，要善用遠端教學的工具，就是網路、電視、媒體。我這幾年之所以法緣還是比較殊勝，也是得力於護法居士們，他們幫助我用遠端教學的工具來推廣教學。我講課是在攝影棚裡講，對著攝影機就播出去了，聽的人很多，還有光碟流通，影響力很大。在場可能聽的人很少，可是在電腦終端聽的人很多很多。

如果鑒真學院，我們不僅是採用這個現場課堂裡的教學，還能夠用電腦化、網路化的教學方式，進行遠端教學，它的影響力我想不光是中國，能夠覆蓋全球。真正用剛才所說的方法，重視德行和戒律，再加上一門深入、長時熏修的方法，培養弘法的精英人才，十年下來，我想真正能夠振興佛陀教育，我們就可以看到效果。這十個老師，再用同樣的方法來培養下一代的弘法人才，每個人再培養十個，就有一百個弘法人才出現，這一百個都是精英，他們就是佛教大學的師資力量。所以二十年，前十年培養十個人，再十年每個培養十個，一百個出來，世界最頂尖的佛教大學就出現了。

這是定弘跟我的師父學習二十年非常粗淺的一點點心得體會，承蒙大和尚關愛，讓定弘能夠在今天晚上跟大家做個彙報，就把這樣一點點粗淺體會向大家奉獻。因為所學甚淺，肯定有很多不足之處，請各位法師、大德、同修們多多批評指正。希望我們共同來努力，以弘法為己任，真正為振興佛陀教育做出畢生的努力。謝謝大家，阿彌陀佛！

九、如何降伏淫欲

（二〇一二年四月七日，香港舉辦護世息災覺醒超度法會，在這次法會上，定弘法師和大眾分享了淨宗九祖蕅益大師的《戒淫文》。蕅祖的這篇文章對於幫助我們戒除邪淫，保持正念非常有益。法師的講解深入淺出，令人警醒，反覆研讀，實是斷除邪淫之心的一劑良方。）

尊敬的諸位大德、諸位嘉賓、同修，大家早上好！

今天我們共聚一堂，探討「戒邪淫反墮胎」這個主題，可以說是非常迫切。古人講得好，孝為百善之先，淫為萬惡之首。社會如果在不孝、邪淫這方面出了問題的話，就一定會有天災人禍。

現在社會污染很嚴重，我們在這當中如何來把持住自己能夠不犯邪淫，這確確實實需要用方法。今天我跟大家一起分享學習淨土宗第九祖蕅益大師的一篇《戒淫文》。他老人家一生專攻戒律，持戒精嚴，對淫戒也是非常的重視和提倡。因為時間關係我們不能夠細說，只能夠重點式的來分享。

我們來看正文，第一段是總說：

【人知殺生之業最慘。不知邪淫業尤慘也。人知殺生之報最酷。不知邪淫報尤酷也。】

殺盜淫妄，這四大根本重戒。很多人都知道殺生這個業是很重，殺人就得償命，殺生也要償命，甚至這一生吃它半斤，來生還得還它八兩，這是沒辦法逃的。不知道邪淫的業尤其慘烈。為什麼這麼說？因為淫是直接傷害我們的慧命而加重輪迴的根本的煩惱，讓我們永遠離不開六道，也就永遠離不開地獄。更何況淫業之後多半都有殺業，像墮胎就是殺業，而且殺的是人。現在所有的宗教以及社會上有良知的人士都已經非常瞭解，胎兒也是生命，他也是一個有血有肉、有靈魂、有知覺的生命，只是他太弱小了，沒有辦法來提出求生的呼籲。而我們人類糊塗不知道，或者是明知還故犯，為了自己的私欲、私利，殘忍的把自己的親生骨肉殺死在子宮裡，甚至是凌遲處死，墮胎是一段一段把他撕裂了拿出來。人類歷史上最殘酷的戰爭第二次世界大戰，四年死亡的人數有五千萬。而世界衛生組織統計的，現在每年墮胎的人數就有五千萬，把自己的親身骨肉這樣的來殘害，這種罪業真是太重太慘了！所以這裡講「殺生之報最酷，不知邪淫之報尤酷」，比那個殺人還要殘酷。為什麼？他殺的是親生兒女，二戰殺人是殺敵人，是敵對雙方互殺，現在我們是殘害自己親生的骨肉。所以我們應該尊重胎兒的求生權利，他們不能夠被剝奪生命。當然要反墮胎，最有效的方法還是從根本上去斷除，為什麼會有墮胎的問題？因為有淫欲，這個根不斷，那後頭殺業是沒辦法根除的。所以蕅益大師一開頭總說四句話，一針見血告訴我們，淫業比殺業尤重、尤酷。底下給我們講為什麼如此：

【蓋種種受生。肇端淫欲。種種造罪。托因有生。淫為生本。生為罪本。】

「蓋」，就是提起一個語氣詞，下面有重要開示。「種種受生」，這是講人為什麼會在六道裡面受生，得到這個身體，它的根本就是因為有淫欲。「肇端」就是開端於「淫欲」，肇是初始的意思。為什麼會有在六道受生？因為有淫欲，而在六道裡面一定會造作罪業，「種種造罪，托因有生」，在六道裡受生、造罪業，什麼原因？有生。這是講到十二因緣，所謂「無明緣行，行緣識，識緣名色，名色緣六入，六入緣觸，觸緣受，受緣愛，愛緣取，取緣有，有緣生，生緣老死」，這些是佛法的名相。大概是什麼意思？就是講人是怎麼來輪迴的。最初是因為無明，無明就是顛倒不覺悟，就會有行，行就是造業，造善惡這種業，就在六道裡面得到善惡的這個身體，善道是人天，惡道是地獄、餓鬼、畜生。有了行，就有了識，識就是什麼？它一有造作就會產生受胎的念頭，就要入六道裡的胎。

所以人是怎麼投胎？顛倒、糊塗，它就隨著業力感召自己的父母，當看到父母交會的時候，起了一念的淫心，就入胎了。入胎之後就有名色，這個名就是心，色是身，身心就有了。換句話說，胎兒是一個具足精神和物質肉體的生命，是完整的生命，雖然他很小，但不能去殺害他。然後就有六入，胎兒在子宮裡慢慢長大，開始有了手足身體，六根漸漸形成，眼耳鼻舌身意，完了就能夠接觸外面的六塵境界，色聲香味觸法。這個六根開始接觸六塵境界，就會產生作用，這叫入，六入，就有知覺了。再慚慚長成，就有觸，這個觸是什麼？出生了，胎兒長到十月懷胎一朝分娩，出生之後就會有觸感，冷暖、疼痛，他有知覺。到三、四歲之前，他主要是觸受，他雖然不能夠很清楚分別善惡，但是他觸受具足。然後受，受是再長大，五、六歲到十二歲，這個時候六根對六塵，眼耳鼻舌身意接觸外面的境界就產生了好惡，產生了分別。再長大到十五歲以上，就是我們講的青春期發育年齡，這就會產生淫貪的念頭，愛欲心是生死根本，這時候開始發現了。然後就會有取，有愛了，愛了就會取，取就是去馳求外面的境界，貪慕欲望的滿足。取之後就有有，有就是因為貪而造成的善惡業，主要是惡業，這個惡業招感的就是在六道三途裡面受生，有緣生。

有生就有老病死，這個生緣老死、憂悲苦惱無有窮盡，生生世世就是這樣的輪迴。所以蕅益大師這裡直截了當的指出，我們為什麼會在六道裡輪轉？根本還是在淫貪之心，有淫貪就有受生，有受生就有老病死、憂悲苦惱。所以這裡講淫為生之本，生又是罪之本，生出來就會犯罪。基督教也講，為什麼人會犯罪？自從上帝造了人之後，受了蛇的誘惑吃了那個果，產生了分別善惡之心，然後就開始造業了。這跟十二因緣講的非常相似，只是他講的是事，我們這佛法講的是理，理和事沒有矛盾。

【是故三途劇苦。人世餘殃。淫意才萌。一切俱起。】

三途是地獄、餓鬼、畜生三惡道，那是劇苦，非常劇烈的苦痛。地獄，咱們還沒去看過，那可不得了。曾經有一個故事，有一個阿羅漢比丘，他告誡弟子，你們要是不好好修行，將來到地獄那可是不得了。剛好那天就像我們清明時節下大雨，下了雨之後那樹林都濕透了，阿羅漢就叫他的弟子把那些倒著的樹都收集在一起，一大堆木柴堆在那，被雨淋得濕透了，然後叫弟子來點火。弟子說：「怎麼可能點著濕透了的木柴？」結果阿羅漢就用他的神通從地獄裡面取了一顆火種，把這火種放到那些木柴裡，一放，立刻就化為灰燼，那些濕透的木柴瞬息之間化成灰燼。弟子們一看，傻了眼，地獄的火可不是人間的火，太可怕了，劇苦！其實我們人人都到過地獄，而且待在地獄的時間是最長的，為什麼這麼說？因為煩惱重，所以不出六道，地獄免不了。所以佛、世尊勸我們，苦口婆心的勸，一定要脫離六道，一定要求生淨土，否則將來輪迴苦痛是慘不忍聞。

我們這一生很幸運遇到淨土法門，感恩我們淨老和尚五十多年的諄諄教導。蕅益大師在《彌陀要解》裡講：「緣之所在，恩德弘深」，這個恩德太大了，所以老人家給我們做最好的增上緣，這一生我們一定把握機緣求生淨土。求生淨土，蒙阿彌陀佛加持，淫欲的這種煩惱就比較容易斷除了。但是我們要小心留意，謹慎防範，因為如果對於人世間男女之欲還貪著，就很難處理，這愛欲是生死根。所以蕅益大師提醒我們：「三途劇苦，人世餘殃」，所謂「積不善之家，必有餘殃」，殃是災殃。災殃也是多半跟這個淫有關，淫為萬惡之首。這個淫意，就是念頭，剛剛萌發，你要想到要警覺，一切的這些罪惡、業力就會起來了，我們就一直往三途裡鑽，所以警覺心很重要。古德勸我們生死心要切，這才能夠把無始劫來最深重的煩惱習氣中斷，要相信自己，要發大菩提願，難行能行，難忍能忍。

下面講：

【淫習難斷。如火燎原。於極臭處。謬為香美。於極穢處。謬為潔淨。隨處苟合。何異畜生。非道染觸。過於雞犬。】

淫習，這個習氣是無量劫來養成，確實非常難斷，最難斷的就是這條，但是我們要不認真斷除，這生死輪迴就難以出離。即使是要求生淨土，不要求你根斷，但是也必須得要伏斷，就是降伏住，把淫欲心降伏住，石頭壓草，你把它壓住，它不起來、不現行、不起作用，你念阿彌陀佛就決定往生。所以「淫習難斷，如火燎原」，像火星似的，有一點它就可能把整個草原都給燒掉。這是大師勸我們要非常謹慎的去防範，連一個火星都不可以姑息縱容，都要把它掐滅。

底下提出一個不淨觀。古德教誨我們戒淫的方法裡面，儒家提倡倫理道德教育，特別是禮教，禮就是不能淫，不能過度。這個淫，不僅是男女欲事，任何的欲望過度了，都不符合禮，所以講「欲不可縱」。但是它不讓你根斷，讓你節制，人人能節制欲望，這社會也就祥和了。特別現在這個社會，我們看到很多人有很多身心的疾病，多半跟淫有關。

有位三十二歲的企業家，正當他事業有成時得了中風，結果只能坐著輪椅來度過他的餘生。為什麼會這樣？其實他在中風之前一年，他去看一位中醫大夫的時候，大夫就告訴他，你一定要禁欲，男女欲事太過了。原來他自己包養好幾個情婦，一天到晚過著縱欲的生活，連那天去看大夫，還帶著他的一個情婦。大夫一看那個女子，馬上想到四個字——「紅顏禍水」。結果這個企業家不肯回頭，不聽大夫的勸告，還是依然故我的縱欲。大夫就告訴他，你現在是嚴重的肝腎不足，腎為先天之本，縱欲傷了腎精。肝腎同源，腎屬水，肝屬木，水生木，水不行了，那木也不行，所以說你將來要小心中風，因為中醫診斷中風三大原因之一就是肝腎不足。他不聽，一年之後果然就得了中風，中風之後眼角、嘴角都歪斜了，說話都不能成串，在醫院裡坐著輪椅，保姆天天推著他出來曬曬太陽，很可憐。他的那些情婦一個都不理他，都走光了，他的事業也就一落千丈。所以就是講餘殃，真的不用看子孫後代，也不用看他來世，就看他現世淫業的果報就非常的慘烈，也非常的快速。

我聽一位同修講，有一個十幾歲的少年，天天在家裡上網，看色情網站，一看就沒辦法停下來，真的就被淫魔所控制。結果到最後，聽說都站不起來走路。為什麼？因為他手淫，天天都在折磨自己的身體，他沒辦法自己控制，十幾歲的少年就這樣把以後的人生給廢掉，太可憐，太慘痛！所以非常希望我們有識之士，有社會良知的人一起來行動，從自我做起，呼籲全社會一起力戒淫欲。

儒家講倫理道德教育，現在要急切的復興。《安士全書》裡面有一部《欲海回狂》，專門講戒淫的。這部書，印光大師把它稱為「善世第一奇書」，說安士先生是菩薩再來，所以像這種書我們要提倡。因果教育比倫理道德教育還要有效果。為什麼？人能夠懂倫理道德，他有恥心，認為造惡業是羞恥的事情，可是有時候善根不夠的話，在境界面前就還是會把持不住，古人有所謂英雄難過美人關，倫理道德可能都防不住了。第二道防線因果教育，人懂得因果就有畏心，畏懼，不敢造惡，知道有天地鬼神，後頭有果報，有三途六道等著我們。千萬不能夠因貪一時刀尖之蜜，而將身後無量劫前程斷送，將子孫的福報葬送，讓祖宗、讓父母蒙羞。所以人懂得因果，他就有敬畏之心，他能夠慎獨，「君子慎其獨也」，慎獨，一個人在的時候都不能亂來。這個因果教育如果還不夠怎麼辦？周安士先生他提出一個不淨觀，這是最後的防線，這個也很有效，我自己也常常修這個。特別是年輕人面對現代社會誘惑，如果沒有定力，沒有慧力、智慧，在境界面前看不破、放不下，很容易就會犯罪業。

不淨觀，這裡講的觀身不淨，這是佛法提的「四念處」第一個。身體臭穢，再美的妙齡少女，其實裡頭包的都是骯髒東西，它裡頭是什麼？皮底下就是血肉，那血肉，你看拿出來放兩天都臭了。血肉裡頭是五臟六腑。五臟六腑包的是屎尿那些臭穢的東西，吃進去，排出來的都是臭的。所以我們講人身是個什麼東西？生產大便的一個機器，專門就生產這個，再美妙、美味的食品吃進去，排出來都是臭。無論你多美貌都是假的，你要去看看人體解剖室，有一些美貌少女殉情自殺，被法醫解剖屍體，你就想想，昔日的美貌何在，有什麼值得留戀？再何況人生青春不能永駐，必有老病死。病的時候，全身都是皮包骨，頭髮蓬鬆、眼睛深凹、臉色蒼白，一看就噁心，連靠近都不敢。死的時候那更可怕，死之後三天，屍體就臭得不能聞了，蒼蠅都來了，蛆蟲慢慢就滋長出來；再過些日子，咬得一個洞一個洞的，野狗都不想去吃它的肉，你說這副屍體哪有可愛之處？

常常起這種觀有什麼好處？把我們的欲心就降下來了，就不會在臭穢之處以為是香美、以為是潔淨，它完全是不淨之物，要捨離。所以這是起觀照，用智慧觀察。大家不要害怕，觀了這個是不是整天發惡夢？保證不會，這有加持力，佛教我們這麼做肯定有佛菩薩加持。經上講常做不淨觀的修行人，身上有優缽羅花香，就是青蓮花香。這是什麼香？我們這前面寫的戒定真香，那才是真的香，天人都恭敬，所以要持戒。連儒家都講，守禮之人，天神都擁護。

底下講：「隨處苟合，何異畜生？」如果是胡亂來的邪淫，甚至是現在所謂什麼一夜情，何異於畜生？畜生，那豬不就是這樣嗎！人跟畜生有什麼區別？就是人有禮教，有倫理道德觀念，他潔身自愛。做這種無恥的事情那就是畜生，所謂是衣冠禽獸。連飛禽裡頭都有好的，你看《詩經》裡講的：「關關雎鳩，在河之洲，窈窕淑女，君子好逑」，它用這個關雎做為義鳥來做比喻，這種鳥一夫一妻制的，一方走了，另外一方會守節，牠不會再改嫁，這樣的專一。所以人能不如鳥乎？「非道染觸」，這也是邪淫，不光是夫妻以外，即使夫妻之內，這正淫的，五戒裡雖只戒邪淫，正淫它可以允許，就是夫妻之間，但是非道，是講口道、大便道、小便道，不可以，這就「過於雞犬」。

【此在稍有良心者。便應痛絕。奈何聰明學識之士。甘此喪心無恥耶。】

所以我們應該發痛切的心，已犯者後不再犯，懺悔業障，永不再造；未犯者要謹慎自己的心行。特別是有學識之人，學過聖賢教育、學過佛法的人，怎麼能「甘此喪心無恥」，做這種禽獸之行？所以這是勸我們改過，先要發恥心，人有恥，知恥近乎勇，他就能改過。

下面教我們發畏心，畏懼果報：

【一念欲心。是鐵床銅柱因。一念愛心。是積寒堅冰因。】

這是講八熱地獄、八寒地獄。這「一念」邪淫的念頭，已經在地獄裡種下一顆種子，這種子累積起來，地獄的果報就會現前。「鐵床銅柱」，男抱銅柱，女臥鐵床，那鐵床都是燒得紅紅的。男子看到那根燒紅的銅柱，就以為是美女，就上來抱。為什麼?業力使然，看到那個，淫心就起作用，就把它當作美女，一抱，全身焦爛。陰風一吹又醒，再去抱，因為他還是忘，淫習太重，再抱、再燒、再死，一日一夜，萬死萬生。那鐵床，女的也是這樣。所以我們要防範，不能再造地獄業因。那個愛心是八寒地獄、堅冰地獄的業因。

【況具行非法。滅理亂常。塵沙劫數。不足盡其辜。千萬億言。不足數其惡。】

何況還要具足非法之行，就是窮兇極惡的造邪淫的罪過，甚至天理良心都泯滅了，連倫常都亂了，親人之間都不避忌，這個罪過那真是這裡講的「塵沙劫數」都不能「盡其辜」，辜就是罪過。在地獄裡面像塵沙這麼多劫，一劫等於十二點七億年，這麼長的時間在地獄裡都不能夠消他的罪，「千萬億言」都數不清他的惡。所以大師提醒我們：

【鬚髮大慚懼。】

慚愧，畏懼果報，不敢造惡。

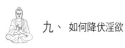

要發：

【大誓願。】

這是發大勇猛心。《了凡四訓》裡告訴我們，改過之法先發三心，第一恥心，第二畏心，第三勇心，這裡講到勇心就是發「大誓願」。

底下講：

【寧火炙刀剜。終不與一切男女欲心相觸。寧碎身粉骨。終不與一切男女污穢交遘。】

就是寧願被推上刀山、推下火海，我也不能犯這個戒，跟男女沒有欲心相接觸，用清淨的心交往。一切男女，不僅是人，一切眾生、動物。有的人簡直就是顛倒了，跟動物都會起欲念；還有的是同性之間，男的跟男的、女的跟女的都會起欲念，所謂同性戀，這些都是邪淫。就是把污穢的念頭要放下，怎麼放下最好？最好是念佛，一有這個念頭，立刻阿彌陀佛、阿彌陀佛、阿彌陀佛、阿彌陀佛，佛號提起，念個十句壓住。壓不住，再念十句、再念十句，念個十分鐘、半個小時。《三時繫念》裡講的：「念佛投於亂心，亂心不得不佛」，把你的心改成阿彌陀佛了，那些罪惡的念頭自然就煙消雲散，這是最好的方法。「寧碎身粉骨，終不與一切男女污穢交遘」，終不犯戒，為什麼？知道淫罪、墮胎罪、殺罪之大，知道來生地獄之苦，豈能去造作？

下面教給我們戒淫之法：

【設忘正念。更犯前非。必遭毒害橫災。生身陷入地獄。以茲猛決。善自要心。時時懺除往業。切切悔過自新。庶白法可修。】

假設忘了正念，陷入魔境界，在境界裡動心了，甚至犯了淫罪，那將來還是有惡毒的果報，現世有災殃，來世墮三途。「生身」，這一生完了，就「陷入地獄」，太苦了，所以一定要忍得一時，才能夠保住永恆的安樂。所以要猛決，「以茲猛決」，茲就是現在猛然下定決心。「善自要心」，我們把這個心要收得住、拿得穩，佛號壓伏惡念。妄念起來了，「懺除往業」，就是把這些惡念都懺除乾淨，過去曾經犯的，以後再不做了，這是真懺悔。懺悔不是我老想著以前做過什麼、做過什麼，還重複的在佛菩薩面前叨咕叨咕。那就是懺悔了嗎？不是，你叨咕一遍，等於嘴裡做，又犯一遍，心裡又想一遍，過去身在造，現在口還造、意還造，身口意都在造，你這罪業豈能夠消除？所以懺悔，最重要的是後不再造。不造是包括身不造、口不造、意都不去造，不想了，就想阿彌陀佛，就想著遵守倫常道德，深信因果，正念分明，這叫善自要心。「切切」，痛切的「悔過自新」，曾經犯過的一定要改悔，改過自新。「庶白法可修」，白法是善法，印度人講黑白，中國人講善惡，就善法可以修行，往生西方是上善之法，往生西方的人是上善之人，你想求生西方，一定要力戒淫心。

【而又勤觀經論格言。以策廢忘。精修對治觀行。以除毒本。】

這是第二個方法，修對治。怎麼對治？最好的就是接受聖賢的教育，倫理、道德、因果的教育，女子最好也要學習女德的教育。女德，自古以來非常重視貞操的這個觀念，這是女性幸福的一個根本。「經論格言」都是用來警策自己，不能廢忘，這個正念一忘失，魔來擾亂的時候，自己就會不知不覺就被他拉走了。要「精修對治觀行」，精進的來修行，對治自己的最重的煩惱習氣，根除「毒本」，毒本就是貪淫之心。

【不然縱有多智禪定現前。必落魔道。永無出期。】

這是教我們常常想到果報。如果我們（這是講學佛的人）不斷淫心，《楞嚴經》上講「淫心不除，塵不可出」，縱然是「禪定現前，必落魔道」，你禪定是你有福報，將來你成魔王。波旬是六欲天主，他就淫心沒斷，將來這麼大的福報他成魔王，魔王那就造很多惡業，障礙佛法，這個嫉妒心、傲慢心強，控制欲強，最後果報都是在地獄，「永無出期」，太可怕了。

【矧世智辯聰。曾非大器。隨業直墜。百劫千生。受諸燒煮。尚不成魔。安能成佛。尚失人身。安能往生。】

更何況我們這些做世智辯聰的人，這不是講別人，講學佛的人，做佛學、做研究，能把佛法佛經寫論文、出著作，能拿博士、拿教授，但是煩惱一品不斷，生死不了，這個淫心又不能力除，這不是大器，他不是法器。「隨業直墜」三途，「百劫千生」受燒煮之苦，魔都成不了，魔是在天道，那怎麼可能成佛？失了人身，就在三途，豈能夠往生西方？

最後大師勸勉我們：

【請於靜時。仔細思之。於對境努力防之。不然。諸佛無下手處。善友其奈爾何哉。】

我們每天都要有靜觀的時候，這個靜，動中也要靜，我們的心要穩，觀心為要。觀自己的心有沒有把佛號給忘了，佛號忘了很危險，魔就會來擾了。「對境」是對著境界，現在的媒體、網路色情內容很多，我們自己要防範。走在路上看到美色自己要收斂，收自己的心，不然的話念念下去造業，諸佛都救不了你，那善友、老師豈能奈你何？幫不了。

所以蕅益大師在這篇《戒淫文》裡面是苦心勸導我們，一定要戒除邪淫，邪淫斷了，淫欲心斷了，墮胎，自然就沒這個問題了，所以這是從根本上去解決。包括現在我們國家提倡計劃生育、優生優育，其實從源頭做起，就是大力的提倡戒邪淫。大家都沒有這麼大的這些欲望了，那自然不會有墮胎問題，自然就叫計劃生育了，而且是優生優育。為什麼？夫妻欲事少，生的孩子他智慧高、素質高。現在科學家、醫學家都已經有這個共識，一個民族注重禮教，這個民族的素質就高。像猶太人，他們從小禮教就很重視，所以他們的智慧就很高，智商高。他們又觀察非洲的一些黑人的居民，他們在男女關係上就比較鬆、比較亂，智商都很低。

不僅人如此，你看那些獵犬、警犬，專門可以嗅那個毒品的，它只要有一次交配，它的嗅覺能力就喪失一半以上。可見，縱欲確確實實障礙我們心性的能力，所以優生優育還要大力提倡戒邪淫。

今天時間到了，定弘就給大家彙報到這裡。講得不妥之處，請大家多多批評指正。謝謝大家。

十、蓮池大師《西方發願文》簡講

（二〇一三年六月九日，定弘法師在安樂居分享了淨宗八祖蓮池大師的《西方發願文》。法師依省庵大師的注解，對這篇文章進行了詳細的講解。學習這篇文章，可以很好地幫助我們生起往生淨土的願心和信心。我們若能夠效法蓮池大師，和大師一樣地發願迴向，努力精進地持戒念佛，一定可以上品往生淨土。）

尊敬的各位同修，大家好，阿彌陀佛！

今天我們在此地跟大家一起學習淨土宗第八祖明朝蓮池大師所作的《西方發願文》。古來的祖師大德所著的發願文不少，但是這麼多發願文當中，可以說最殊勝的就是這篇《西方發願文》，印光祖師贊是「古今願文之冠」。蓮池大師著了這篇文之後，他有一個略解。略解因為太簡單了，初學的人未必能夠完全領會它的義理，所以到了清朝雍正年間，淨土宗第十一祖省庵大師，又對這篇《西方發願文》做了一個比較詳細的批註。省庵大師還有一篇偉大的著作叫《勸發菩提心文》，加上這個《西方發願文》，這兩篇著作堪稱他老人家的傑作。

省庵大師住世時間只有四十九年，很早就離開了，留下的著作不多，由他來解釋蓮池大師的這篇《西方發願文》，十一祖解釋八祖的文，非常的精彩。

我們今天學習《西方發願文》，也依省庵大師的批註來進行講解。這篇文屬於行門，當然裡頭也有解門。真正瞭解了西方極樂世界，知道了阿彌陀佛四十八大願廣度眾生，那要去發願、念佛，要真正懺悔、修持，這篇文就是修行的開始，非常的重要。自古以來，真正用誠心佛前讀誦這篇文，都有不可思議的感應，譬如說見到光，甚至佛現前，這些瑞相自古以來就有不少。雖然那些相我們不求，但是我們知道這都是自己至誠心所感通的。

我們直接來看這篇文章。首先做一個總說，省庵大師對這篇文的批註有一個序文，我們也不能夠按照原文來念，就把它這個義理用白話給大家講解，以後有時間，我們再按省庵大師的批註一句一句的解釋。這篇文章，省庵大師是極口的讚歎，至為推崇。為什麼？尤其是已有蓮池大師自己本人的批註，為什麼省庵大師還要再批註一次？因為這個願文，用省庵大師的話講，是「文辭周詳，義理完備」，是所有淨土文裡頭最值得推崇的。

這篇文分為六章，文字不長，分為六大段。第一是發菩提心；第二是懺悔三障（煩惱障、業障、報障）；第三是立四弘誓，發四弘誓願；第四是求生淨土；第五是回入娑婆；第六是總申迴向，將功德迴向法界、迴向眾生、迴向實際。可以說是淨土法門從剛開始發心一直到成佛普度眾生，修持的次第全都包括無遺了，所以真的是義理完備。

修持淨土法門，最重要的就是發起自利利他的菩提心，這是往生的關鍵。《無量壽經》

三輩往生都要「發菩提心，一向專念」，如果不發菩提心，就不能往生淨土。所以這篇願文是從發菩提心開始的，這是一切大乘修學的起點。然後要懺悔三障，就是我們自己的罪業，無始劫來，我們身口意造作了無數的惡業，被業障所纏縛，如果不懺除，我們遇到緣，果報現前，這怎麼能脫免？所以要懺除煩惱障、業障，還有報障，報就是我們的報身，這本身就是個大障礙。當我們懺除業障了，還要再加上有弘誓，要有堅定的誓願，如果誓願不堅定，修行就往往會退墮。有同修說，聽到善知識講法之後，那幾天就很清淨，慢慢以後就退下來，這就是弘誓不堅。就要發起堅固不移的弘誓，作為我們修行的動力，使我們不退轉。當我們菩提心和四弘誓願都確立了，也懺除業障了，就能夠證念佛三昧，往生淨土你就有把握了。往生淨土是為了什麼？不是為了自利而已，真正是發大乘心，為了成佛普度眾生。如果只為了自利，做個自了漢，那是小乘，小乘是往生不了的。

《往生論》裡面講「二乘種不生」，你是二乘的種性，就是你只求自利，不求利他，你沒有菩薩種性，你不肯去度眾生的，你跟淨土不相應，你跟阿彌陀佛的願力也不相應。所以我們要發大乘心，去了淨土之後，要回入娑婆廣度眾生。現在雖然想度眾生，沒能力、沒智慧，但是不要緊，心要發出來，我們就先求生淨土，再回娑婆，那個時候就有能力了。有阿彌陀佛加持你，你三身四智、五眼六通統統具足了，你就能夠很自在的度眾生。所以現在我們就要發將來往生淨土、乘願再來、回入娑婆度眾生這樣的心。最後第六段就是講迴向，這些種種的功德，全部都是迴向一切眾生同成佛道，迴向無上菩提，迴向實際理體，迴向自性。這是基本介紹一個大綱。

下面就要給大家做一個簡單的講解，首先我們來講解題目：《西方發願文》

省庵大師批註這篇文，完全是像批註佛經一樣。這篇文可以說等同佛經。蓮池大師必定是法身大士再來的，不是普通人，所以他是見與佛齊，見地跟佛是一樣的。他所寫的這些文字，就可以等同佛經看待。省庵大師他也給這篇文做了一個科判，就像佛經一樣，批註名題也是像佛經所解題的那個方式，分成「通題」和「別題」。通就是通於一切經典，這個叫通題，「文」就是通題。別題就是這篇文特別有的，別題就是「西方發願」這四個字。別題的「西方發願」四個字裡，又有「西方」二字是所發，「願」是能發，發願有能發、有所發，能發的是我們這個心，這就是願，西方是我們願所集之處，我們要求生西方。西方裡面包括正報和依報，佛菩薩，阿彌陀佛、觀音勢至、清淨海眾，這是正報；依報就是極樂世界的環境，七寶行樹、七寶羅網、泉池、宮殿等等。發願有自利、有利他。

有人問，西方依報裡頭分成四土：常寂光土、實報莊嚴土、方便有餘土、凡聖同居土，這是怎麼一回事？佛有三身，正報裡頭又有三身：法身、報身、應化身。為什麼就一尊佛，還割裂成三身？西方極樂世界就一個世界，還分成四土？這裡頭都是方便接引不同根性的眾生。就像月亮，月亮它有月亮的體、有月光、還有月影，它不等於三身一樣嗎？同一個月亮，月亮的體那就是在天上掛著的那個月亮，它放出來的光就是月光，在地上如果有一盆水，你就看到裡頭也有月亮，那叫月影。月的體就好比是法身，月的光好比是報身，月的影那就是化身，千江有水千江月，這是佛的三身，這樣一解釋大家也就明瞭了。因為有三身，這是正報，那依報當然也有四土，它也不是割裂的。在佛那裡看來，只有法性身，只有寂光土。常寂光土是法性土，可是因為眾生他有煩惱、有惑業，所以他看佛的同一個身，就看成有不同的身、不同的土了。

一般來講，菩薩，法身菩薩，初住位以上的，他們往生西方是入實報莊嚴土，見佛的報身，圓滿報身。他們如果是煩惱（業、惑、習）全部斷盡了，他就證得佛的法身，圓滿證得法身，現在他是分證，沒有圓證，沒有圓滿。聲聞，還有就是十法界裡頭的菩薩，他們所見的是佛的應化身，他們往生的是方便有餘土。凡夫，剛初發心菩薩，就是我們這一類的人，往生西方所見到的也是佛的應化身。應化身有兩種，一種是勝應化身，一種是劣應身。凡夫所見的是劣應身，像我們現在見到釋迦牟尼佛，就是跟我們身高差不多，比我們高一點，那個是劣應身。勝應身就比這個殊勝很多。

凡夫往生是同居土。實際上土和身只有一，就像月亮只有一個，可是我們凡夫或者是菩薩，不同根性的眾生見到的不同，那是在我們自己有障礙，是這個原因。就好像水，佛經裡面告訴我們，天人看水和我們人道的人看水，還有魚看水，他們的感受是不一樣的。

天人看那個水是琉璃，我們人看的水就是水，魚看的水就好像宮殿，他的感受是不一樣。同樣是一樁事，不同的眾生他感受不同，那是因為他自己根性、煩惱、障礙不同，等這些障礙全部都破除掉了，完全相同，跟佛看的一模一樣。所以我們要發願求生西方，發願求生西方就能夠把我們自己的煩惱、我們的業障全部都除淨，除乾淨了，我們所看到的境界就跟佛一模一樣，就能圓滿的證得自性。所以要發願，發有激動的意思，就是要真正發起一種精進勇猛力，就好像箭已經離開弦了，非得要中目標。願，有好樂、希求的意思，好像商人看到重利他就很想去得到。我們現在不求世間的利養，我們現在求西方極樂世界，但是那種心情是一樣的，而且有過之無不及，比商人去求利那個心還要懇切。

　　真正發了願的人，往生是肯定得到了，因為有阿彌陀佛的願力加持，最怕是我們不肯真正的發願。如果發了願你也不會退轉，《阿彌陀經》上講：「若有善男子、善女人，聞是經受持者，及聞諸佛名者，是諸人等皆得諸佛護念，不退轉於阿耨多羅三藐三菩提。」「已發願、今發願、當發願」，只要你發願你肯定生淨土。如果你還會退墮，那你就還是沒有真正發願，所謂「口談淨土，心戀娑婆」，口裡說往生，心裡老想著娑婆世界的事情，今天還要去爭名逐利，還要去很多的謀求、很多的計畫打算，要報恩、報怨等等，娑婆的事情老辦不完，這種就不是真正的願了。所以我們要發起真實的願來，這樣我們的行（就是持名念佛）才是專的，不雜不散。

為什麼我們念佛老是有夾雜？不要說念佛三昧，就是念十分鐘可能都有妄想，那就是因為自己願不夠懇切。所以信願行三資糧，信是最基礎的，你不信你肯定往生不了，信了之後你還得發願，發了願你才有行。有願就不可能沒有行的，所以願和行是相應的。譬如說你現在要考清華、北大，有這個願，你肯定就會很努力用功的學習，你的行就自然跟上了。你說我願意考清華、北大，但是每天根本沒有去用功，那這個願也是假的，空願而已。所以學人要從這個地方去檢點自己，我到底是不是真發願求往生？就從你的行就可以看到。如果你對這個世界的人事物還很在乎、還很計較，很多分別、很多執著，不肯放下，這個願就不真。所以真願意去，肯定是這句佛號不肯間斷，而且會愈來愈精進，不會退轉，這叫做好樂，這叫希求。

又有人問，有人對西方極樂世界也很好樂，也念佛，但是心裡還有放不下的，還有所貪戀，能不能往生？你心裡還有貪戀，這說明你還有業障，而且業障不輕，它障礙你往生西方，這個是大障礙。所謂「愛不重不生娑婆，念不一不生淨土」，真正求往生，就要像一員猛將突圍，千軍萬馬都無所畏懼，因為什麼？自己出離心切，所以你念佛的時候那個心是很專的。雖然我們也有障礙，也有煩惱習氣，貪瞋癡誰沒有？個個都有。雖然有，自己知道，更生慚愧心，但是這句佛號就會更拚命的去念，用這句佛號誓要壓住自己的煩惱習氣，這樣自自然然你的習氣就會慢慢減少了，逐漸退掉了，所以你就能往生。為什麼？

你知道往生是最好的，其他什麼都不要了。你給我一億財富我也不要，相比之下我還是要往生，那一億財富帶不走。就好像現在給你選擇，這邊是黃金，那邊是廢銅爛鐵，讓你選，你選廢銅爛鐵也能賣錢，那值不了多少錢，你要黃金還是要廢銅爛鐵？當然你會要黃金。為什麼？你知道黃金價值高。同樣地，和現在世間的名聞利養、五欲六塵比起來，你要是真的知道往生更可貴，那你就肯定要往生，把那個放下。所以你用念佛來把那個壓下去，自己的愛欲心就漸漸淡了，愛欲心淡了，業障就消了，佛號的力量就愈來愈強。假如這裡頭不能夠真正看透，不能夠下定決心做一個取捨，自己悠悠忽忽，念佛也念，那個佛號的力量勝不過你欲愛的念頭，這樣你是往生不了的。所以我們念佛一定要念，發了願就要念佛，不念佛，你怎麼能往生？不念佛的人，說明他願都沒有，甚至可能信都不信。真的相信佛號功德不可思議，他就會死死的抓住這句佛號，一句佛號能消八十億劫生死重罪。

省庵大師在解這個題的時候，又問了好幾個問題，自問自答，都是我們修學當中可能遇見的問題，前面已經講了幾個。這裡又提到一個，說十方佛國都有很多淨土，為什麼偏偏要往生西方到阿彌陀佛的極樂世界，為什麼不到東方藥師佛的那個淨土？甚至佛經裡又講，很多世界比阿彌陀佛的淨土更殊勝、更美好，為什麼你不去那個地方，偏偏去極樂世界？大師的回答說，因為我們這個國土的眾生跟阿彌陀佛的緣最殊勝、最深。眾生得度與否真的是靠緣，「緣之所在，恩德弘深」。你看我們遇到阿彌陀佛、遇到淨土法門，遇到善知識給我們介紹，這就是很大的恩德，我們跟阿彌陀佛有宿世的緣分。《無量壽經》裡也講，我們皆是阿彌陀佛宿願因緣，所以即得往生西方極樂世界。你跟其他的佛沒有那麼深的緣，你也就往生不了，雖然他那個國土比阿彌陀佛的國土可能更殊勝，但是你沒那個緣分，這就不行。為什麼釋迦牟尼佛在這麼多國土裡，特別讚歎阿彌陀佛極樂國土？他老人家看得清楚，極樂世界跟我們眾生緣分最深，阿彌陀佛跟我們的緣最深。更何況那個世界，尤其是凡聖同居土，就是我們這些凡夫往生之處裡，在十方世界裡最殊勝的。為什麼？你一生極樂世界凡聖同居土，就等於生了四土，這等於跟觀世音菩薩、大勢至菩薩、文殊、普賢這些等覺菩薩差不多，這對我們凡夫來講是最殊勝的。所以不僅釋迦牟尼佛特別讚嘆彌陀淨土，十方諸佛也特別讚嘆彌陀淨土，不僅我們凡夫要求往生，連菩薩都要求往生，甚至你看華嚴會上文殊、普賢，等覺菩薩尚且要求生淨土。《阿彌陀經》上釋迦牟尼佛三次苦口叮嚀，汝等眾生，「應當發願，願生彼國」，就是這個原因。

有時，有可能修禪的就說，智者（智者，有智慧的人）知道心就是佛；而愚人，愚癡的人，糊塗人，他才去往生西方。祖師曾經又講過這個話，這樣的話是不是參禪比念佛更殊勝，往生西方也可以不必了？大師的回答說，如果說往生西方是愚癡的人，好像是那些老太太、老阿公才會去做的，沒讀過書的人才念佛。你看看，我們歷代的祖師裡頭，西土有馬鳴、龍樹、文殊、普賢菩薩，他們都是愚癡的人嗎？我們這個國土上，有智者大師、永明大師、善導大師，包括蓮池大師，歷代祖師，他們都是愚癡人嗎？祖師也有說過這種話，說知心就是佛，不必往生西方，那是破人執有，那是一個很特殊的因緣，不能夠拿這個話來到處說，這樣就變成執空，執空比執有更可怕。所以還不如那些沒有學歷、沒讀過書的老太太、老阿公，他們一心念佛就往生西方了。

又有的人會問，古來大德有發願生生都要生到「中國」？這個「中國」，是印度所講的「中國」，就是佛法興旺的地區，不是指我們現在得這個「中國」，它是指佛法最興旺的地方。「生逢中國，長遇明師，正信出家，童真入道」，希望這樣。這樣的話，他是要來這個人間常行菩薩道的，他比往生西方是不是更好？大師又給我們破這個疑惑。古時候的人利根，智慧明瞭，再加上聖教很興隆，所以明師易得，而且入道不難。可是到現在是末法了，我們眾生的根機愈來愈鈍，從哪裡看？煩惱愈來愈重，妄想愈來愈多，這就是我們的根很鈍。而且明師難得，佛法很衰，甚至邪師多，真正善知識少；再加上外有魔障，魔來擾亂，內有煩惱，每個人都會有，這樣的話即使是出家，也未必得道。所以不可以用古時候的那個願套到現在來。

《大集經》上講，末法修行，「後五百歲中」，就是末法時代，「億億人修行，無有一人得道，唯依念佛法門得度生死」，這是佛親口說的。我們在末法時期，可說除了念佛法門求生淨土外，你想要得度生死都不可能了，你還想再重回人間，要行菩薩道，恐怕不是你度眾生，是眾生度你了，自己就墮入三途去了。更何況古時候講的願生中國，是佛法最興隆的地方，極樂世界是佛法最興隆的地方，彌陀日日說法。想遇明師，生生得遇明師，到西方天天見明師，阿彌陀佛、觀世音菩薩、大勢至菩薩全是明師，你不去西方你去哪裡？

又有人問，這都是我們凡夫常常有的問題。求生西方是我的願望，我想去，可是我又是下劣的凡夫，罪業深重，真的，《阿彌陀經》上講的善根、福德、因緣我都很少，我往生還有指望嗎？有的人就有這個懷疑。大師又給我們破疑，說其他的法門要成就很難，這是靠自力的，可是淨土法門全靠阿彌陀佛的願力。靠自力，可能無量劫你都修不成，因為你的業障確實重；但是靠佛力，這一生就能辦妥，就有把握了。乃至《阿彌陀經》上講的，若一日至若七日，便得往生；乃至《無量壽經》上講的，若一念乃至十念就能往生。縱然是十惡不赦的罪人，佛都不會捨棄他。阿彌陀佛是平等的，因為他看到人人皆有佛性，他從佛性上看人人平等，不看你現在造什麼，他看你本來是什麼。本來是佛，你就得去往生佛國，憑這個阿彌陀佛就來接你，只要你肯去就行。所以一稱阿彌陀佛洪名，得滅八十億劫生死重罪，你業重又怎麼樣？念佛就不怕業重。只要能夠持一聲佛名，勝過佈施百年的功德，你佈施一百年，一輩子都在佈施，那個福報都超過不了你好好的念一句阿彌陀佛的福報，這都是有明文可證的。所以你能念佛就是沒有少善根福德因緣，怕就是你不肯念、你不信，那就沒辦法了，那就真的是少善根福德因緣。

又有人問，娑婆世界下一尊佛是彌勒佛，他現在在兜率內院，將來龍華三會，將釋迦牟尼佛未度的這些眾生全都會度盡。那我們豈不如先去彌勒兜率內院，這個又很近，都在我們娑婆世界以內，為什麼要偏偏去往生十萬億佛國土之外的那個極樂世界？

這些問題以前我們都遇到過。大師給我們解答說，西方極樂世界雖然是很遙遠，十萬億佛國土之外，但是他往生是仗彌陀願力往生，容易去。你現在想要往生彌勒菩薩的兜率內院，要靠自己修定力，定力夠了你才能入內院，靠自力就很難，雖然它很近，難！古時候，《西域記》裡就記載有三兄弟，無著、世親、師子覺三兄弟，當時他們也發願到兜率內院見彌勒佛，而且三個人約定，誰先去要回來報信。結果師子覺先往生了，往生之後杳無音信，石沉大海。後來世親菩薩往生，隔了一年才回來報信，無著就問他，你生到兜率內院沒有？世親回答說，已生了，而且見到彌勒菩薩了。又問他，師子覺在哪？世親回答，他生到了外院，兜率天的外院有很多天女，把他迷上了，已經耽染欲樂去了，所以就還沒見到彌勒菩薩，也忘了回來報信。你看看連定力高深的菩薩（三兄弟都是菩薩），尚且都遇到了這些誘惑，都會墮落；我們凡夫要想入兜率內院，那可真是千難萬難！可不能夠去冒冒然自以為是，不如老實念佛，憑彌陀願力接引我們求生西方，這個有保證。

省庵大師批註裡頭還講了一些問題，因為時間關係，我們就不去花太多時間講述。這個願文題目就把整個願文的內涵給涵蓋總述，就是要求生西方。題目就講到這裡。

下面我們進入真正的本文，本文分成兩部分，第一部分是前面的四句話，叫「歸命請加」，先歸命佛，請求加護、加持。我們來看文：

【稽首西方安樂國。接引眾生大導師。我今發願願往生。唯願慈悲哀攝受。】

這是講先歸命於佛，是發願的開始。「稽首」就是頂禮，以頭著地，然後少頃，就是頂在地上一小段時間再起來，這叫稽首，是最恭敬的禮節，表我們的至誠心。「西方安樂國」，這是依報，就是極樂世界。什麼叫安？沒有八苦就是安。我們欲界的眾生有生老病死，有愛別離、怨憎會、求不得、五陰熾盛，這叫八苦，每天都是八苦交煎，叫不安；極樂世界沒有這些苦，叫安。什麼叫樂？沒有三毒，沒有貪瞋癡這些煩惱，叫樂。所以極樂世界叫「安樂國」，真是「無有眾苦，但受諸樂」。我們現在在此地學習，學習「西方發願文」，也要發願求生安樂國，現前我們也很安樂，我們此地可以稱為安樂居，將來生安樂國，這就很殊勝了。「接引眾生大導師」，這是講阿彌陀佛，他接引眾生出離苦海。眾生在五欲當中，貪戀不能離開，佛創造了極樂世界，做為一種方便引誘，你不要迷在娑婆世界的五欲當中，極樂世界的樂比娑婆世界的樂要好一萬倍都不止，這是方便接引；也是事實，確實是這樣。這樣殊勝的安樂，所以引導眾生就有願心求生西方，這是接引。「大導師」就是指佛，菩薩叫導師，佛是大導師，為什麼？導人以正道，導人入佛道。佛告訴我們娑婆是苦，西方是樂，讓我們厭離娑婆，欣求極樂，發願往生，這就是導引我們出苦。

我們稽首頂禮阿彌陀佛，底下是講發願，「我今發願願往生」，把自己的心願和盤托出，希望「唯願慈悲哀攝受」，請求阿彌陀佛加持我、護念我。阿彌陀佛大慈大悲，慈能與樂，悲能拔苦，就好像慈母念子，知道兒子在那裡受苦，慈心念念不捨，而且是念念希望幫兒子出離苦海，佛就是這樣的一個心，念念不捨棄我們，這叫攝受。苦就苦在我們眾生總不肯念佛，縱然佛念著我們，我們不念佛，不起感應道交，沒有用。《大勢至菩薩念佛圓通章》講，必須是如母念子，子亦念母，兩個念合在一起，二憶念深，不相違遠，這兩個念才能慢慢融為一體。所以我們念佛要怎麼念？要自己知道，我心在念佛時，佛也在念我，我就是在佛的心中念佛，佛也是在我心中念我，我和佛是水乳相融，合為一體，沒有跟佛分開，這樣的念就殊勝。

這四句話，也可以說是整篇願文提綱挈領。下面就是正式的發願，它有發願、有迴向。首先講發願，前面一大部分是發願，後幾句話是迴向，發願裡有自利的願、有利他的願，還有個總結。我們先講自利的願，自利願分三小節，第一是「發心持名」，我們來看經文：

【弟子某甲。】

就是報自己的名字，譬如說我就叫「弟子定弘」，跟大眾在一起就念「弟子眾等」。

【普為四恩三有。法界眾生。求於諸佛一乘無上菩提道故。專心持念阿彌陀佛萬德洪名。期生淨土。】

這一小節是講發心持名，要發心念佛。「普為四恩三有、法界眾生」，這是發心所緣的境界。發心對誰？四恩，上報四重恩，三有就是三界。在家的人所謂的四恩，就是天地君親師，對我們有恩德；出家的四種恩人，是父母、師僧、國王、檀越，檀越是指護法居士，報這四重恩。三有，就是欲界、色界、無色界，這都是我們所緣的境界。你要往生，首先要發菩提心，菩提心必須要先緣境發心，沒有一個境給你，沒有一個境界，你這個心是無所依，就是你要有個對象。發心我是為誰發心？要有一個對象，現在告訴你，你要為四恩三有、法界眾生，你的心就廣大，你所緣的境界是盡虛空遍法界。不是說我只為我的那個家裡人，我就為我那個兒孫，那你所緣的境界太小了。心量小，你得的果就很小，就不是廣大菩提心。我們的菩提心所緣的是法界一切眾生。四恩，當然這是我們最近的包括在內了，從這裡開始，對我們最有恩德的四種恩人，我們要是都不報，你說我要報娑婆世界以外的某一個眾生的恩，那就是假的。肯定是從最近的開始，慢慢由近及遠、由小及大，最後是法界眾生。三有就是三界，就比四恩要大，法界眾生又比這個三有要大。

底下講，「求於諸佛一乘無上菩提道故」，這裡講一乘，就是講佛道。《法華經》上講，沒有二乘、沒有三乘，只有一乘，古音這個是念乘（音剩）。乘就是運載的工具，就是車，有大車、有小車，有鹿車、有羊車、有馬車，鹿車、羊車是小的，馬車是大的，可以承載很多人。佛告訴我們實際上只有一乘，就是一佛乘，這是真理。前面講的是方便，就為權巧接引心量不大的眾生，慢慢讓他廣大，最後他認識了只有一佛乘，他就直取佛道。淨土法門就是一乘的法門，往生淨土就是去做佛的法，所以這是很殊勝。我們要去極樂世界成就無上菩提，就是佛果，所謂自覺、覺他、覺行圓滿，發起這樣成佛的心我們來念佛，這就跟佛相應。所謂「一念相應一念佛，念念相應念念佛」，你沒有這個心，光是口念不相應，不行，古人講是口念彌陀心散亂，不相應，那喊破喉嚨也枉然。所以心相應了，還要「專心持念」，不能散亂，專心就不雜，什麼都不想只想佛，這就專。我們持念「阿彌陀佛萬德洪名」，這是專門講持名念佛，十六觀裡講了最後一觀，持名，口念出來，耳聽進去，口念得清清楚楚，耳也聽得清清楚楚，心裡計數，十句為一個單位也計得清清楚楚，這就是專心念。這句佛號叫萬德洪名，這個萬德不是個數字，它是形容功德不可思議之大，大到我們不要說凡夫不思議，連菩薩都不能思議。

《往生論》裡給我們稍稍透了點消息，說極樂世界佛菩薩還有依報環境二十九種莊嚴，這是二十九大類的莊嚴。入一法句，一法句就是一清淨句，一清淨句，即是真實智慧無為法身。整個極樂世界，正報有佛、有菩薩，無量無邊，依報也是無量的莊嚴，都入這一句阿彌陀佛當中；換句話說，你能持這句阿彌陀佛，就能出生極樂世界二十九種莊嚴。「一即一切，一切即一」，極樂世界阿彌陀佛也好，觀音勢至、清淨海眾也好，七寶行樹、泉池宮殿也好，全都含在這一句佛號當中，一切即一。一切入一，你持這一句佛號就能夠得一切，就能夠入淨土，就能成佛，你說這個功德大不大？所以這叫萬德洪名，不可思議。往生，怎麼往生的？就是這一句佛號，在這佛號之中現出極樂世界，你就入淨土了。所以我們「期生淨土」，期是期望、願望，要往生西方極樂世界。所以這裡提到要發大菩提心，要專念阿彌陀佛名號，這是跟《無量壽經》整部經的宗完全相同，「發菩提心，一向專念」。光發菩提心，不能專念佛號，也不能往生；光念阿彌陀佛，不發菩提心，你跟彌陀本願不相應，也不能往生。所以省庵大師《勸發菩提心文》裡講，要以發菩提心為正因，念佛為助緣；以發菩提心為種，耕以念佛之犁。像耕田一樣，你拿犁去耕，種子是發菩提心，兩個都必不可少，這才能往生。發了願，以下是懺悔業障，我們來看經文：

【又以業重福輕。障深慧淺。染心易熾。淨德難成。今於佛前。翹勤五體。披瀝一心。投誠懺悔。我及眾生。曠劫至今。迷本淨心。縱貪瞋癡。染穢三業。無量無邊。所作罪垢。無量無邊。所結冤業。願悉消滅。】

這些文，我們都要用很真誠的心，隨文入觀，不只是口這樣滑過，一定要很認真的入這個境界、入這個觀想。這裡講，「又以業重福輕、障深慧淺，染心易熾、淨德難成」，自己真的要承認，確實如此，這是為什麼我們要懺悔的原因，我們真的是罪業深重。業很重，什麼叫業？十惡業：殺生、偷盜、邪淫是身的業；妄語、綺語、兩舌、惡口是口的業；貪、瞋、癡是意的業。無量劫到今天不知造了多少，真的是業重。這個業它就會障著我們的修行，障著我們得道，甚至不能往生。你看有的人他想修行，想聽佛法，他就給障住了，來不了；有人業障輕了，本來他不能來的，突然他也就能來了，真的是各人業障不同，福報也就不同。我們生在末法的五濁惡世當中，基本上就是「業重福輕」這類人。業重福輕，是我們自己沒有真正發起利他的心，去行善法。觀察自己的心行，噁心惡念比善心善念還要多，證明就是業重福輕。真正要修行的時候，障礙都來了，譬如說真正要念阿彌陀佛了，一天要念三萬，口酸，舌頭都硬了，念不下去；要拜佛的時候，發願一天拜一千拜，拜不到兩百拜腰酸腿痛。這都是業重福輕的表現，它都阻礙你的修行。

還有「障深慧淺」，障是障礙，有外障、有內障。外面的障礙是些塵緣的逼迫，還有魔外的牽纏。你想要去修行，不行，剛坐下來沒兩分鐘電話響了，有事找你，你就不能定得下來，塵緣逼迫；還有魔外，魔王波旬很厲害，他真的會干擾行人，你不發心則已，一發心他就來擾亂，還有外道給你誘惑，就是外緣的障礙。內緣就更主要了，包括兩種，一個是自己的疾病，甚至死亡，這都是障。你想修道，體力不夠，沒有氣力、沒有精神，甚至病倒了。有的人就是這樣，平常不精進，一到精進就病倒，一到打佛七就來不了，重感冒，往往有之，這就是障。還有的人要出家，那障就很明顯，種種的障，就是不能讓他出家。愚癡顛倒，這是第二個，就更難了，自己就是整個落入無明、顛倒、愚癡當中，不能覺悟。還有慧淺，慧是智慧，修道沒有智慧，就很難。甚至連邪正都未必能辨得清楚，雖有好心學道，遇上了邪師，就跟邪師學道去了，你看這真的是業障。還有一種就是什麼？增上慢的人，還是凡夫，他自己稍微學了有點悟處了，就覺得自己已經好像見與佛齊，開悟了，大言不慚，這都是屬於慧淺的表現，輕薄。

底下講「染心易熾」，染心就是貪瞋癡的心，貪瞋癡是三毒煩惱，來污染我們的心性，很容易熾盛，就像那個火焰一樣，乾柴烈火愈燒愈盛，外面的緣全是助長我們貪瞋癡。所以現在世間就是這樣的貪瞋癡熾盛，我們在這裡頭修確實難，找個清淨處是很不容易。「淨德難成」，這個淨德就是戒定慧，想持戒、想修定、想開智慧，在現在來講是難，難於登天。我們很多都是有善根，發心，甚至出家、學道，結果剛受了戒又破了戒，這就是什麼？難成，淨德難成。要修定，好了，入禪堂裡面打坐，坐沒幾分鐘開始打瞌睡，定不住，不是昏沉就是掉舉，沒有這個德，智慧就更難了。這些總歸就是業障，怎麼辦？要懺悔。

「今於佛前，翹勤五體，披瀝一心」，懺悔最重要是恭敬，用至誠的心、恭敬的心，你懺悔才有實際的效果，不是搞個形式而已。現在很多拜懺的，這大家一起搞個大法會，敲鑼打鼓，搞得很莊嚴、很盛大，未必有效果。真正懺悔是什麼？最好你自己一個人，在靜室當中全身心的投入，很至誠的在佛前痛哭流涕，求哀懺悔，這個效果就最好。翹勤五體，五體就是兩個肘、兩個膝，還有額頭，全都要沾到地上，這是五體投地，最恭敬的一個儀式。披瀝一心，披瀝是開發洗蕩，把我們的那個真心開發出來，把我們的妄心洗除乾淨，以這樣一種至誠的心求懺悔。「投誠懺悔」，歸投於佛的足下來求懺悔。什麼叫懺悔？省庵大師的定義特別的精彩，他講了四個字「斷相續心」，這叫懺悔，講得太好了！我們造惡業是相續不斷，念念都在增長，自私自利都在增長，貪瞋癡慢都在增長，現在我就真正把這個相續的心給斷了，這就是懺悔，後不再造。這裡五體投地，這是身業求懺悔；披瀝一心，這是我們意業求懺悔；口業，自己承認自己的惡，身口意都急切的來求懺悔。

下面是正說懺悔文。說「我及眾生」，這裡不光是講「我」，它還有「眾生」在裡頭，所以懺悔都要連帶著眾生。為什麼？因為我們過去造惡的時候都連帶著眾生，都對不起別人，或者跟著把人家給拖下水，一起造惡，你現在懺悔，你怎麼能忘了別人？所以我們不能光自己懺悔，要普同法界一切眾生共同來求懺悔，眾生都有業，沒成佛都有業。所以我們要求懺悔，這是你的心量之廣大，從空間上講包含整個法界；「曠劫至今」，曠劫是無量劫，說不出多少劫了，到今天。你看時間、空間都是無量。我跟眾生迷本淨心，從無始劫來，我們因為迷失了自己本來具有的清淨心，本具的自性性德，所以放縱貪瞋癡種種的煩惱，染穢我們的三業。三業，是身口意三業的造作，全部是染業，身造殺盜淫，口造妄語、兩舌、惡口、綺語，意起貪瞋癡。無量無邊，細細觀察，不要說前生，就這一生就無量無邊，數不清。所作罪垢也是無量無邊，所結冤業也是無量無邊，都願悉消滅。「迷本淨心，縱貪瞋癡」，這兩句是懺自己的煩惱障；「染穢三業，無量無邊，所作罪垢，無量無邊」，這是懺我們自己的業障；「所結冤業，願悉消滅」，是懺我們的報障，這是懺悔三障。罪垢，罪是講五逆十惡罪、破戒罪等等；冤業就是我們過去生中、這一生對不起的人；冤必有報，所以就會有報障。這個三種障都是無量無邊，我們都要求懺悔。

講到冤業，我們跟眾生所結的冤債，殺生、偷盜、邪淫，這都是跟眾生結的冤。論殺業，《楞嚴經》上講，「汝負我命，我還汝債，以是因緣，經百千劫，常在生死」，你今天欠我的命，我將來要討債，百千劫裡頭在生死輪迴當中，這就是殺的冤業。盜業也是這樣，你欠我我欠你，就得互相還。淫呢？「汝愛我心，我憐汝色，以是因緣，經百千劫，常在纏縛」，這叫淫冤。前面講殺冤、盜冤，這是淫冤，你愛我，我愛你，最後常在輪迴，出不來了。有的人就說，殺人家、盜人家的，這是結了冤，這是明白的，那淫互相都是你情我願的，這個怎麼能叫冤？大師講，殺、盜叫怒冤，瞋恚心的冤；淫叫喜冤，以貪愛結的冤。這兩種冤都是重業，都是障礙你出離的。所以眾生顛倒，以冤為親。我們現在覺悟了，願悉消滅，希望把三障都除滅。

下面是發願，分成總願跟別願，先是總發。看經文：

【從於今日。立深誓願。遠離惡法。誓不更造。勤修聖道。誓不退墮。誓成正覺。誓度眾生。】

這是總發，就是四弘誓願，「眾生無邊誓願度，煩惱無盡誓願斷，法門無量誓願學，佛道無上誓願成」。而且這裡講，從今天開始「立深誓願」，這深字，是講依圓教無作四諦而發的，這個誓願就是深誓願。諦就是真實，你要依真實發的願才行，不依真實發願叫狂願，不可以的。什麼叫無作四諦？四諦就是苦、集、滅、道。依苦發願是什麼？看到眾生苦你發願，眾生無邊誓願度，這是第一條願，依苦諦發願；眾生跟我都有煩惱，我們要發煩惱無盡誓願斷，這是依集諦發願，苦是因為集而來的，因為有煩惱，所以才會有苦的報；然後法門無量誓願學，這是依道諦發願，法門是道，可以幫我們出離生死、成佛道；最後依滅諦發願的，滅是涅槃，無上的涅槃就是佛果，所以佛道無上誓願成。四弘誓願就是依苦集滅道四諦所發的願。

四諦裡頭，天臺有講四教，藏通別圓，我現在在正覺精舍跟果清律師學戒，才知道，原來他老人家也是天臺宗的祖師，他是承天臺宗的衣缽的，所以他對於這個天臺教觀、教理是非常的深入，也給我們講天臺四教儀。天臺就講四教，藏通別圓，這個四諦有藏、通、別、圓。藏教的四諦叫生滅四諦，有生死、有涅槃，離開生死我們去求證涅槃，像聲聞、像羅漢，這都是屬於藏教，有生有滅的四諦。通教的四諦叫無生四諦，這是發起大乘的心，菩薩觀一切法知道本自無生，本沒有眾生、本沒有煩惱、本沒有涅槃，本自無生，所以你不必要去用這樣有為的心去修四諦，這是無生四諦。別教四諦是無量四諦，這是眾生也好、煩惱也好、法門也好，都是無量的，雖然無量，我們也要發這個心，願度眾生、願斷煩惱、願學法門、願成佛道，這是無量四諦，別教菩薩。

圓教的四諦是無作四諦，無作四諦講到什麼？生死就是涅槃，煩惱就是菩提，本無所修所證，本來具足，沒有絲毫的造作在裡頭，這叫無作四諦。一切本性自然具足，無所造作，這是圓教的人。圓人的修行是很殊勝的，要很深的智慧。我們學教希望得到什麼？得圓解，所以起的行才圓修，圓人修一天等於一般普通人修一劫，那個功德是不同的。所以天臺大師（就是智者大師）講，其實就是個迷悟不同。迷了，涅槃就是生死，這是苦諦，菩提就成了煩惱，這是集諦，凡夫就是苦和集；等你悟了理之後，開悟了，生死就是涅槃，這是滅諦，煩惱就是菩提了，這是道諦。所以無作四諦是這麼講法，講到極處就是一心，就是迷和悟而已。

我們凡夫無始劫來就是迷本淨心，迷了，所以把涅槃變成生死，把菩提變成煩惱。但是你要知道，這兩者雖然有兩個名，可是體是一個，名雖有二，體則無二。就好像水跟冰，零度以下水就結成冰，零度以上冰就化成水，雖然有水有冰這兩個名，體卻是一樣的，體就是 H_2O，學化學知道這就是 H_2O，兩個氫一個氧合在一起它就是水，冰和水都是同樣，本來不二，這叫無作四諦。我們現在就是迷，沒辦法，求生淨土，求生淨土見了阿彌陀佛你就悟了，「但得見彌陀，何愁不開悟？」一開悟，苦也沒有了，集也沒有了，滅也就現前了，道也圓滿了。這裡講到我們要發心，所以說，從於今日，立深誓願，「遠離惡法，誓不更造」，這就是煩惱無盡誓願斷；「勤修聖道，誓不退墮」，這就是依道諦發心，法門無量誓願學；「誓成正覺」，這就是佛道無上誓願成，依滅諦發心；「誓度眾生」，這就是眾生無邊誓願度，依苦諦發心。雖然它不是按照苦、集、滅、道的順序，但是義理具足。

發了這四弘誓願以後，這是總願，底下有個別願。一切菩薩都得發這四弘誓願，你不發這個願你成不了佛。願發了之後，這裡還有發別願，就是淨土法門才有的願。別願分成兩小節，第一節是「求佛護念」，然後第二是「正發願」。第一小節是求佛來護念：

【阿彌陀佛以慈悲願力。當證知我。當哀愍我。當加被我。願禪觀之中。夢寐之際。得見阿彌陀佛金色之身。得歷阿彌陀佛寶嚴之土。得蒙阿彌陀佛甘露灌頂。光明照身。手摩我頭。衣覆我體。】

這裡是求佛護念。前面五句，「阿彌陀佛以慈悲願力，當證知我、當哀愍我、當加被我」，這是護念之心。底下是講護念之事。護念之心是講阿彌陀佛的心大慈大悲，因為有慈悲，就會有誓願，阿彌陀佛發了四十八大願，願願都是度眾生。有誓願就有這個力，誓願的力量就能夠證知一切眾生的心想，我們心裡頭想的什麼樣的念頭，苦的、樂的，什麼樣的希求，阿彌陀佛都能證知，就好像自己心裡頭念頭一樣，很清楚。就會哀憫我們，因為我們苦，所以你真正求懺悔，求阿彌陀佛攝受，阿彌陀佛都能證知。只要你心真誠，佛一定能夠哀憫加被你，來攝受接引你。這是講彌陀護念之心。

底下就有護念的事。「願禪觀之中」，禪觀，省庵大師解釋是十六觀，完全依淨土《觀無量壽佛經》裡面的行門十六觀講的，這個就非常的殊勝。為什麼？它不是一般的禪，它就是指念佛，大勢至菩薩修的「憶佛念佛，現前當來必定見佛」，這就是指真正的禪觀，是十六觀。十六觀裡面，我們專依持名觀，念阿彌陀佛名號，這是最簡單的、最保險的、最容易修的。當然如果你要加上自己觀想，觀自己身坐蓮花中，或者觀蓮花開了，阿彌陀佛聖眾光明都照在自己身上，看到極樂世界的水鳥樹林都在演唱妙法，這都可以，隨自己的這種意念；不行，就是一句佛號，這就很好。

這裡特別提一下，就是在修觀想的時候，如果光持名不加觀想，沒問題，不會有魔事。如果有觀想會不會出魔障？像參禪的很多有這個問題，他本來沒有念佛，忽然佛現了，在《圓覺經》上講，如果心與境相違，這就是魔境，見到佛也是魔。為什麼？你本來沒有去念佛，你在修空觀，或者修什麼觀，你就見到佛來，這是你不能隨他去，你隨他去就著魔。因為你心沒有在念佛，怎麼佛會現出來？或者你是在念地藏王菩薩，怎麼月光菩薩出現了？你的心所向的跟那個境界相違反的，這都是魔事，不可以跟他走。但是我們念佛的人，自己就是在觀佛、在念阿彌陀佛，這時阿彌陀佛現了，這就不是魔事，心與境相應，這就是非魔事，這是感應道交，這是真的。你就放心，見到佛來，你就跟他走，就沒錯了。

當我們在禪觀之中、在念佛之中，見到佛來了，也不必欣喜若狂，見到很正常。為什麼？你的心清淨了自然現，就好像水清則月現，它自然。月本來就是在天空掛著，它就映在水裡頭，你現在看不到是因為水不平靜，水平靜了月亮就映出來了，你的心淨了佛就現出來了，自自然然，所以你也不用去執著那個相。不著相就不會受魔擾，如果有著相，見到阿彌陀佛了，就到處跟人講，往往就出現魔障，因為你著相了。

我們希望在念佛、禪觀之中，或「夢寐之際」，晚上睡覺時，夢中，「得見阿彌陀佛金色之身」，這是正報，得以遊歷「阿彌陀佛寶嚴之土」，就是極樂世界七寶莊嚴的國土，這是依報。能「得蒙阿彌陀佛甘露灌頂」，光明照在身上，手來摩我的頭，他的衣覆在我身上，這都是很殊勝的滅罪的相，如果遇到這種相，知道自己的罪滅了，很快你這三昧就能現前。但是你不必心裡頭太浮動，要有定力，見如未見。像過去慧遠大師一生三次見到阿彌陀佛、見到極樂世界，都沒有跟人說，最後臨終第四次見的時候，才跟別人講，說我又見到了極樂國土的莊嚴，見到蓮池海會，我要走了，我是第四次見到了。說完沒多久就往生了，你看這就是真正有定力，這種現象就是因為自己認真念佛、修持，它自然感召的。

底下是正發願，正發願分三小節，第一是現生願，第二臨終願，第三往生願。我們來看經文：

【使我宿障自除。善根增長。疾空煩惱。頓破無明。圓覺妙心。廓然開悟。寂光真境。常得現前。】

這一小節是現生得到的，我就希望我沒走之前就能得到，我宿世的業障自然消除，真的見到佛，你的業障就消了。所以很多拜懺的人，叫取相懺，就是什麼？希望得見好相。見了好相，這個好相就是像佛來灌頂、摸頂，見光了、見花了，這都是表你真正滅罪了，這個相，或者夢中，或者是定中，都可以。像《梵網菩薩戒經》裡講，曾經犯過重罪，譬如說得五戒、八戒、十戒，或者沙彌戒、比丘戒，曾經犯過殺盜淫妄四重戒的要求懺悔，取相懺，虔誠禮佛拜佛，你就能夠見到佛菩薩、見到光，這就代表你的罪滅了。換句話說，你可以用《西方發願文》來求，專念彌陀，真正見到彌陀，你的罪就滅了。

自己罪業滅了，善根就得以增長，善根是戒定慧。「疾空煩惱」，疾是很快速，快速的把煩惱給空掉。煩惱包括見思煩惱，這是我們最基本要斷的，斷了見思煩惱，還有塵沙煩惱、還有無明煩惱，這些都斷了，更殊勝了，就成法身大士了。「頓破無明」，這就破了無明煩惱。「圓覺妙心」，證得了佛的智慧，圓覺，圓滿覺悟，妙心是我們自己本妙覺心，就是我們的自性。「廓然開悟」，廓然是代表自己豁然開朗，開悟的人那個心境我們是難以想像的，真的是開朗，沒有絲毫的愚暗。「寂光真境」，寂光就是寂光土，就是開悟之後你就入常寂光了，真境這是沒有妄心、沒有妄境，全是一真，這種境界「常得現前」，意思就是你很明白、很清楚，你不會失去。所以念佛最後念到理一心不亂，就是這種境界。再看下面文，這是臨終願：

【至於臨欲命終。預知時至。身無一切病苦厄難。心無一切貪戀迷惑。諸根悅豫。正念分明。舍報安詳。如入禪定。阿彌陀佛與觀音勢至。諸聖賢眾。放光接引。垂手提攜。樓閣幢幡。異香天樂。西方聖境。昭示目前。令諸眾生。見者聞者。歡喜感歎。發菩提心。】

你看我們在讀這篇文的時候，好像真的就入了這個境界。直到臨命終時，每個人都有這個時候，念佛的人「預知時至」，提早就知道了。愈早愈好，有的人三天前知道，有的人七天前知道，有的人半年前知道，有的人兩年前就知道了，像李炳南老居士兩年前就知道了，這麼久的時間做準備，那多瀟灑。像劉素雲老師的姐姐往生時，年、月、日、時都給你說出來，這個就很自在。真正度眾生這最後一招，拿出這個好樣子來，自在往生。自在往生包括底下講的，身沒有「一切病苦厄難」，就是沒有災難，水災、火災這些人為的冤業，這些都沒有。心沒有一切的「貪戀」、沒有一切「迷惑」。

貪這是大障礙，有的人一輩子持齋念佛，最後要走之前突然說要想吃肉，這是業障現前；有的人一生都是我要求生淨土，最後就貪生怕死不肯走，不讓人念佛；或者見到冤親債主來了，心裡就動了，見到愛的人來，割捨不斷了；或者是求神、求藥，希望能夠再苟延殘喘多幾天。這些都是業障，貪戀，貪生怕死。迷惑是什麼？就是疑，疑是往生的最大障礙。疑什麼？三種疑，一種疑自己罪業深重往生不了，往往有這樣的人，一生可能造的罪不少，覺得我造的業太重，阿彌陀佛不要我了，是疑這個；第二個疑自己功德不夠往生不了，他以為往生是靠自力往生，自己沒有那個資格，他沒有想到這是阿彌陀佛他力接引，不是光看你自力的，他疑這個，道理不清楚；第三個疑佛不來迎，他怕佛把我忘了，怎麼念那麼久他都不來，是不是都把我忘了，把我除名了？這些疑都是大障礙。所以現在我們把這個疑都要去掉，不要等到臨終的時候這個疑現前，那就麻煩了。

所以臨終沒有貪戀、沒有迷惑，「諸根悅豫」，眼耳鼻舌身，五根非常悅豫，很歡喜、很舒服、很自在，你看要這麼個死法多好。一般人死那都是手忙腳亂，像落湯的螃蟹一樣，痛苦不堪，所以能得這樣的善終這是大福報。「正念分明」是我們的意根，六根都是那麼自在，沒有病、沒有難這是悅豫，沒有貪、沒有迷惑這是分明。「舍報安詳」，這個身是報身，我們就捨棄了，安詳是不忙不亂，或者坐著走，或者站著走，「如入禪定」，我們真是希求就是希求這個。阿彌陀佛跟觀音菩薩、大勢至菩薩，「諸聖賢眾」是清淨大海眾菩薩，來「放光接引」我們，阿彌陀佛「垂手提攜」，大勢至菩薩把蓮花安到我們腳下。這時候極樂世界的景象現前了，「樓閣幢幡，異香天樂」，西方的聖境「昭示目前」，昭是很清楚示現在眼前，不僅我自己看到，我希望臨終送往生的人，旁邊人都看到。「令諸眾生，見者聞者，歡喜感歎」。像《無量壽經》第三十八品「禮佛現光」，當時法會上兩萬人全看到。你要真想為大家做證明，你好好的修，到臨終的時候，你開一個兩萬人的往生大會，令兩萬人也能都看到極樂世界，跟當年世尊那時候一樣，令見者聞者歡喜感歎。「發菩提心」，這個菩提心就是都念佛求生淨土這樣的心發起來，這就是度眾生。

下面一段是往生願：

【我於爾時。乘金剛台。隨從佛後。如彈指頃。生極樂國。七寶池內。勝蓮華中。華開見佛。見諸菩薩。聞妙法音。獲無生忍。於須臾間。承事諸佛。親蒙授記。得授記已。三身四智。五眼六通。無量百千陀羅尼門。一切功德。皆悉成就。】

這是我自己希望往生的時候，乘著「金剛台」，上品上生才有金剛蓮花台。「隨從佛後」，跟著佛，一彈指間，很快，一秒鐘，就往生到阿彌陀佛極樂國土中了。在「七寶池」

殊勝的蓮花臺上，金剛台做的蓮花台，往生了，蓮花化生。然後花立即開了，見佛了，而且見到諸大菩薩，聽到妙法音，佛給我們說法，當下就獲得無生法忍。什麼是無生法忍？你證得一切法本自不生不滅，這叫無生法忍。你就明白了，你不再打妄想，不再起顛倒妄想，這是初住位以上的菩薩。然後，「於須臾間，承事諸佛」，你就可以遍至十方諸佛國土，去供養諸佛、去教化眾生，在諸佛那裡「親蒙授記」，諸佛告訴你將來要成佛，你是什麼樣的名號，你是什麼樣的國土，度多少眾生，給你授記了。「得授記已」，你的「三身」，法身、報身、化身，「四智」，大圓鏡智、平等性智、妙觀察智、成所作智，四種佛的智慧都現前了。「五眼」是肉眼、天眼、慧眼、法眼、佛眼，「六通」是天眼、天耳、他心、宿命、神足、漏盡，全都現前了。還有「無量百千陀羅尼門」，陀羅尼比三昧更殊勝，叫總一切法、持無量義，總持的意思，一切的功德你都能成就，這是講往生之後的情況。前面這一段是講自利，底下是利他：

【然後不違贍養。回入娑婆。分身無數。遍十方剎。以不可思議自在神力。種種方便。度脫眾生。咸令離染。還得淨心。同生西方。入不退地。】

往生之後，你還要「不違贍養」。這意思是什麼？你的法身不動，你在極樂世界你沒有離開，極樂世界是法性土，你法身在那裡不動。又能「回入娑婆」，那是化身應現回來，可以化無量百千億身度脫眾生，遍十方國土，不僅是回娑婆世界，到十方剎。「以不可思議自在神力、種種方便」來教化眾生，用菩薩的四攝法，佈施、愛語、同事、力行，種種方便。令眾生「離染」，都能夠離煩惱。「還得淨心」，淨心是恢復自性三德，法身德、般若德、解脫德，斷盡見思、塵沙、無明三種煩惱。「同生西方，入不退地」，跟我們以前一樣，都一樣往生西方，都能夠成為不退轉的菩薩，往生西方就是圓證三不退。

下面一小節，是總結上面自利利他的兩個願：

【如是大願。世界無盡。眾生無盡。業及煩惱。一切無盡。我願無盡。】

為什麼世界、眾生、業和煩惱四種都無盡？因為這四種都是心性變現，我們的心是無盡的，所以心所現的境界也是無盡。我們現在發的願，也是從這個心發的，這願也是無盡的，而且即使是成了佛也是無盡，如是盡無量劫的未來，廣度眾生。有的人問，既然願無盡，什麼時候成佛這願圓滿？我們要知道所謂成佛是什麼？你真正覺悟了，自性本自具足，不生不滅。不是說你只成了三十二相八十種好那個佛身，那只是度眾生一個方便，而你為了度眾生這種方便，可以盡未來際，無盡的未來，示現這些三十二相八十種好。像釋迦牟尼佛他告訴我們，他成釋迦牟尼佛，同名的釋迦牟尼佛都已經是如恒河沙那麼多，更何況不同名？所以這是無盡，所以所謂成佛都是為了度眾生的方便爾。最後是迴向：

【願今禮佛發願。修持功德。回施有情。四恩總報。三有齊資。法界眾生。同圓種智。】

這裡包括迴向三種。菩薩修行要迴向，如果不迴向，你只是得人天果報，迴向什麼？第一個迴向眾生，第二個迴向菩提，第三迴向實際。我們現在「禮佛發願」、念佛「修持功德」，我們首先「回施有情，四恩總報」，這是迴向眾生，回此心向於眾生，把自己所修的功德迴向給眾生，不是求自利，而是求利他。第二是回因向果，我們向什麼果？向無上菩提的果，莊嚴佛果這是迴向菩提，這就是講「同圓種智」。前面「四恩總報，三有齊資。法界眾生，同圓種智」，這裡有迴向眾生，有迴向菩提，還有迴向實際，是什麼？我們禮佛修持，能禮所禮，能修所修，能念所念，兩者能所本身就是寂滅不生，這是理體、這是實際，我們就是回此心向於這個實際，這是迴向實際，也就是迴向自性的意思。

《西方發願文》基本講完。這是篇非常殊勝的願文，涵蓋了淨土從初發心到圓成佛道所有的內涵。如是真誠的每日做為功課，早課或者是晚課去讀誦，去觀想、發願，然後依教奉行，去念佛、迴向，得的功德是不可思議，臨終必定能夠如願文所說，自在往生。

今天我們就講到此地，謝謝大家。阿彌陀佛。

十一、永明延壽大師《四料簡》淺釋

（二〇一三年八月二十八日，定弘法師受剃度恩師暢公上人的慈命，在香港圓明寺和大眾分享了永明延壽大師的《四料簡》。《四料簡》非常簡短，但是把佛法的精髓說了出來，法師的講解精妙絕倫，讓我們對淨土法門有了更加深刻的認識。）

尊敬的諸位法師、諸位同修大德，大家午安。阿彌陀佛！

今天定弘很榮幸，受剃度恩師暢公上人的慈命，來跟大家研討一下佛法。今年看到有這麼多的戒子來受八關齋戒，甚至還有短期出家受沙彌十戒，這是定弘感覺到很欣慰的。能夠抽空七天來受戒學佛，深入修行，這是個很殊勝的事情。戒律是佛法基礎，沒有戒律就沒有佛法。所以佛當年在涅槃之前跟比丘們說，佛不住世的時候要以戒為師，所以戒律就是等於佛。佛在世我們以佛為師，佛不在世，誰是我們的導師？那就是戒律。我們要把戒律看成是跟佛一樣的那麼敬重，這樣才是真正敬佛。所以大家能夠發心在這裡受戒，這就是很難得，真正的敬佛。

定弘出家只有兩年，現在也在臺灣學戒。本來自己出家也是希望能夠弘法利生，出家之後淨空老和尚就鼓勵定弘，安排讓我去臺灣跟果清律師學戒。當時定弘也不是那麼情願去，感覺到我學經教就很好了，學戒律當然也是重要，但是我念佛念到一心不亂，戒律就都圓滿了，當時是這樣想。實際上這個觀點是有些偏頗。

現在學戒有半年了，住在臺灣南投埔裡的正覺精舍，那裡是純男眾的比丘戒律道場，大概住了有五十來個比丘，僧團。在那裡學戒，完全是接受正統的叢林的熏習，才知道，原來出家之後如果不先學戒律，而去學經教，這是佛不允許的。所以佛講，比丘五夏以內要專精戒律，就不能夾雜，不能做別的，要專精在戒律上至少五年。他是用「五夏」，就是結夏安居三個月，這叫一夏；他不用「五年」，如果你這一年都沒有結夏安居，就是從農曆四月十五到七月十五，這個三個月當中你沒有結夏安居，就不能算一夏。所以他說五夏以內都要專精戒律。也有比丘出家之後，不先學戒律，就學經教，佛就會喝斥你，這都是不對的。所以自己才感覺到原來學戒是那麼的重要，雖然只是去學了半年，只是一點皮毛，但是已經感覺到以戒為師是那麼的重要。因為「戒是無上菩提本」，這是《華嚴經》上講的。無上菩提就是成佛，根本在哪裡？就是戒律。戒律的基礎打好了，才能因戒得定，因定開慧。戒定慧，這叫三無漏學，這是每一個修學的人必須要經歷的修學道路，你不能夠超越、不能夠躐等。我不學戒，我就直接去修定，直接想開智慧，這是不可能的。所以戒就是很重要的基礎，它是地基。

戒律的基礎又是什麼？就是五戒十善，在家居士都要守的。如果五戒十善都沒有守好，那就不能叫做佛弟子。八關齋戒就等於在家裡面修加行，再進一步，在五戒的基礎上，我以出家人的標準來要求自己，我一天一夜持八關齋戒，就等於是做一天一夜的出家人一樣。因為八關齋戒實際上跟沙彌十戒當中的九戒是完全一樣，前面不殺盜淫妄酒，「淫」，八關齋戒裡是不淫欲，那是對出家人要求，八關齋戒也是這樣。後面不著香花鬘，不莊嚴其身，就是不能打扮，不能塗香抹粉；還有不能坐臥高廣大床；不能夠故意去聽那些音樂，那些讓我們喪失正念的音聲；還有過午不食。這個實際上跟沙彌十戒的前九條是一樣的。今天還看到有人在這邊已經剃了頭，短期出家受沙彌十戒，也是很殊勝的，一天一夜能受沙彌十戒，那個功德就不可限量。沙彌十戒，就再多加一條，不捉持金銀，不能碰錢。

現在定弘也是以這十戒來要求自己。剛開始不碰金錢，好像還是比較難突破心理障礙，我出門怎麼辦？現在回來香港路費誰解決，身無分文，怎麼辦？當時就請教一位法師，問他，他也是持不捉持金銀戒。我就問他，你怎麼做的，才能夠真正持這條戒律？他跟我講得很簡單，說你不怕死就可以，說大不了不就是一死嗎？我們以身護戒，寧願犧牲身命，都不能夠損壞戒條，不能夠破戒一點點。就好像有人要渡海，他有個浮囊，就像我們的救生圈一樣，救生圈是有充氣的。假如這個時候有一個羅剎跟你來乞討，要你的救生圈，你會不會給？你不肯給，因為你沒有救生圈，你就沉到大海裡頭了。他說，你不給我整個救生圈，你給我半個好不好？半個也不可以給，哪怕給一點點，像微塵大小的一塊，也不可以給他，因為你給他，氣都漏掉了。就是持戒要用這種精神，連少許都不可以違犯，這樣就非常的莊嚴。你莊嚴什麼？莊嚴自己的無上菩提，莊嚴自己的佛國、佛淨土。我們迴向都念「願以此功德，莊嚴佛淨土」，不是別人的佛淨土，是自己的佛淨土。用什麼莊嚴？用戒定慧來莊嚴，戒定慧就是功德。不是你在功德箱裡投幾塊錢那叫功德，那不叫功德，只是種一點福田，當然也是好事。但是如果你著相，你認為我修了功德，那個就沒功德了。功德是戒定慧，是你的清淨心。所以定弘也很隨喜大家能夠來這裡受戒，八關齋戒的夏令營，我們也在此地辦過兩屆，今年暢公很慈悲，發心又辦，這是很難得的，隨喜讚歎。

定弘剛剛結夏安居完了，今天是七月二十二（農曆），七月十六日我們八關齋戒完了，之後就有一點假期，就回來看望一下剃度恩師，看望一下淨空老和尚。正好這裡辦八關齋戒，所以暢公就馬上讓我來這裡跟大家講。實際上定弘是很慚愧，也沒有學好，本來是不想再講的，五年學戒我不想再講話了。但是恩師這樣的要求，再加上此地又是我出家的地方，所以有這樣的需要，那是沒有辦法推辭的。講什麼？只有一個半小時的時間，想把最精粹的佛法都奉獻給大家，講什麼好？我也在想，想了老半天，忽然就想到永明延壽大師的《四料簡》。近代淨土宗十三祖印光大師稱「四料簡」，就是這四首偈，是整個佛法的綱要。全部佛法，釋迦牟尼佛四十九年講的三藏十二部經，全都在這四首偈子裡面，所以說這就是佛法的精粹。那用最短最短的時間就能夠讓大家瞭解最精粹的佛法，莫過於用這

「四料簡」。所以跟大家分享和學習永明延壽大師的《四料簡》。

首先給大家簡單的介紹一下永明延壽大師。永明延壽大師出生於唐朝末年，經過五代，到宋朝初年往生。他是淨土宗的第六祖。禪宗六祖我們很瞭解，是惠能大師，延壽大師是淨宗的第六祖，他同時也是禪宗法眼宗裡頭的第三祖。所以他又是禪宗的祖師，又是淨土宗的祖師，禪淨兩方面都是很有成就的一位稀有的大德。

他在幼年的時候，他就很孝順。我們仔細看看那些祖師大德的傳記，就瞭解，每一位祖師大德都是孝子。為什麼？因為佛法的根本在孝道，如果我們不孝順父母，那就根本不可能成佛的。成佛就是做什麼？做一個真正的大孝子。大家如果有受過《梵網經》菩薩戒，裡面講得很清楚，佛制定菩薩戒的根本意義是什麼？就是「孝順父母，師僧三寶，孝順至道之法，孝名為戒」。佛法菩薩戒，乃至成佛，它的根本就是孝，從孝順父母開始，到孝順師（老師），師僧。師僧的「僧」是專指給你授戒的那位和尚，「師」是給你講經教的和尚。學教的有我們的依止師，受戒有得戒的和尚，當然還有剃度的也是師僧。三寶是佛法僧。所以這個孝心，由父母那裡延伸出去，到自己的老師、自己的得戒和尚、自己的依止老師，最後是本師佛陀，乃至一切眾生。因為「一切男子是我父，一切女人是我母」，這也是菩薩戒講的。我們生生都是從父母那裡得到的身命，一切眾生實際上都是我們的父母，所以我們對一切眾生都要盡孝、都要禮敬，要這樣的心才跟菩提心相應。你有菩提心了，你才會成佛，才能夠往生西方。西方極樂世界那個標準在《無量壽經》講得很清楚，叫「發菩提心，一向專念阿彌陀佛」，你光念阿彌陀佛，不發菩提心，那不能往生。所以發菩提心很重要，菩提心都是孝心裡長養出來的。

永明延壽大師在年輕的時候，有一次他的父母吵架，他為了勸雙親和合，就從很高的地方縱身跳下來，跪在地上，一邊哭泣，一邊勸自己的父母要和諧。結果父母就很感動，他是奮不顧身這樣來勸諫，從此父母就不再爭執了。大師天資過人，他小的時候在儒學上面基礎就很扎實，曾經獻過一篇文章給當時的吳越王，叫《齊天賦》，大家都把他推為才子，當時他只有十六歲。後來他就學佛了，這也是宿世善根深厚，學佛之後馬上就吃素，而且是日中一食。這是很不簡單的事情，過午不食還是一天兩餐，他是一天只吃中午那餐。剛開始大家不要硬學，硬學的話你身體受不了，就會弄壞身體。

定弘也是，到正覺精舍那邊，大概三分之二的法師都是日中一食，我去了之後，感覺到吃早餐有點不好意思，所以後來就發心要吃日中一食。當時正好是二月十五，是淨空老和尚的生日，又是佛陀涅槃日，我就看到《佛遺教三經》裡講，佛在臨入滅時，苦口婆心勸導比丘們，一定要尊重波羅提木叉，波羅提木叉就是戒律，要把戒律當作世尊一樣看待。而且他特別讚歎苦行，苦行在佛門裡叫頭陀行，頭陀行有十二條，其中一條就是日中一食。

當年迦葉尊者就是修頭陀行，到很老的時候，他依然保持不變，日中一食，過了午都不飲漿水。你們八關齋戒有時候還可以喝一點蜜糖、果汁，迦葉尊者這些一點都不沾，叫過午不飲漿。佛陀就特別的跟他講，說你年紀大了，就可以放棄頭陀行了。結果迦葉尊者說，我不能夠遵命。為什麼？這個一定要堅持。然後佛陀就很讚歎，說有迦葉這樣的頭陀行，我的佛法能夠多延長五百年。所以欲令正法久住，佛弟子就要以戒為師、以苦為師，這是佛在入涅槃之前這樣諄諄的囑咐。

我看了很感動，所以在二月十五那天就發心一天只吃一餐了。然後就感覺到實際上戒律的精神是什麼？就是少欲知足。人能夠行少欲，其實他就會解脫。戒律不是說讓你束縛起來，好像綁著動也動不了，怎麼佛給我們這麼多規矩？不是這樣的，戒律是幫助我們解脫的。我們剛剛開始學戒律，就感覺身心都被束縛，為什麼？因為我們自己原來的習氣太重，原來放逸的習氣、縱欲的習氣，我行我素，想吃的時候就吃，想玩的時候就玩，這個就是放逸的習氣，這個跟菩提是不相應的。菩提是什麼？心要寂靜，寂靜才能得解脫，一念不生，你才能夠大徹大悟。我們欲望這麼多，妄念就多，那就不可能得到菩提。所以用戒律來規範我們的身心，讓我們身心回歸到寂靜，回歸到清淨。所以少欲知足就非常重要，這個就能夠令正法久住。我們持戒，不是為自己解脫而已，不是做自了漢，那是小乘。持戒要用大乘菩薩的精神，對小乘的聲聞戒都要一絲不苟的來持，那不是只為自己自利，是為利他。你把戒法做出來了，就有莊嚴，不論是出家人也好，在家人也好，你有莊嚴的相，就能攝受眾生，就是弘護正法。

永明延壽大師對於戒律也是非常的精嚴，而且學佛很精進。讀書也是特別的聰明，一目七行。你想想，一眼看出去，七行的字同時都看完了，多厲害！他讀書就讀得很快。我們是一個字一個字摳著看，若是讀經典、文言文，那就更慢了。人家是一目七行，所以他學得就很快。而且他讀經的時候很恭敬，感動得羊群都跪下來聽法，聽他讀經。到二十八歲那年，他受到國家的重用，任他做華亭鎮將，做一個將領，鎮守一方。他是專門管軍需的，結果他幹了件什麼事情？把這些軍需的錢全部拿去買魚放生了。結果後來被檢舉揭發，判處死刑，這是偷盜國家的財產。判決的官員問他，你拿這個錢做什麼了？他說都放生了，一分錢都沒有自己用，全拿去放生。結果這個判決的官員就很為難，因為這個事情從來沒有見過，他拿這個錢又不是自己來享受，是拿去放生，那怎麼去判？按照國法，凡是偷盜國家財產就要斬首，可是他又不是為自己，怎麼辦？就向吳越王報告。吳越王也是信佛的，他說，看看他是真的還是假的，你就把他拖到刑場，看看他有沒有害怕，如果害怕，說明他是假的，就把他砍了算了；如果他沒有害怕，你就讓他回來。結果永明延壽大師被押到刑場，面無懼色，很從容的把脖子伸得長長的，說來吧！這個主刑的人就問，你為什麼不害怕？他說，我用我一個人的生命換取了千千萬萬的生命，太值得了！你趕快來吧。後來當然就不斬他了，就把他請回來。吳越王對他也很敬重，就問他：你想做什麼？因為像你這個樣子已經犯了國法，再給你當官，搞不好又要把那些錢拿去放生，這個不允許的。那你現在想做什麼？永明延壽大師就說，我想出家。結果就特批，給他安排在四明山，就是現在浙江鄞縣這個地方，在龍冊寺跟令參禪師出家，法名延壽，字智覺，當年大師三十歲。

大師出家以後，生活都很淡泊，真的是以戒為師、以苦為師，白天工作供養僧團，晚上修習禪定，很精進。因為剛出家都要作務，像現在定弘就到叢林裡面體驗叢林生活，一去，每天作務五個小時。早上起來，我們是三點鐘起來，四點鐘上早殿。要作務，就上到一半就要下來，進大寮（就是廚房，他們叫大寮）工作，洗菜，就是廚房典座的助手，典座就是大寮的負責人；做完之後，他們過早齋，之後要洗碗；洗完碗，要清潔打掃衛生；然後馬上要到中午了，又要準備中午的飯菜；吃完飯之後，又要洗中午的鍋碗瓢盆。從早上四點多鐘，一直到中午一點鐘，才可以休息。這是每個出家人在叢林生活都必須要的，這是鍛鍊自己，一個是把你那世間人的習氣給抹殺掉。

在世間的時候，好像也會有放逸、有享受，特別是有點福報的，都是人家侍候你，你從來沒有侍候過別人。現在好了，你來侍候別人，你是剛來出家的、剛受戒的，下座對上座都得要侍候，上座都不用工作，下座工作。這都是叢林裡面的規矩，現在定弘都在學習。除了這樣的作務以外，自己下午之後都有時間了，不用吃晚餐，道場都沒有晚餐吃的，所以都很清淨，就可以自己用功。永明延壽當時晚上都不睡覺的，白天做一百零八樁佛事，晚上到山峰那裡去繞佛，念十萬句佛號。你知道十萬句要念多久？就算你以最快的速度，一小時念一萬，你也要十個小時，所以他是晚上不睡覺的，這麼樣的精進。他曾經到天臺山修禪定，在那個天柱峰，一入定就九十天，這個禪定很深，等他出定的時候，發現那個鳥都在他身上做窩了，你看多久！

因為他這樣的用功，有一次在寺院裡，他在山坡工作，過去是燒柴，他聽到柴掉到地上的聲音，他就豁然大悟，就觸動了他的玄機。大悟之後就說了一首偈子，說「撲落非他物，縱橫不是塵，山河並大地，全露法王身」。他見到法身了，這是大徹大悟，那個境界我們是沒辦法體會的，這是「如人飲水，冷暖自知」，你沒有開悟，人家說，你都是一頭霧水，聽不懂的。人家看到那個掉到地上的不是他物，不是別的東西，掉到地上之後就會有塵土飛揚起來，縱橫飛濺的也不是塵，是什麼？連山河大地都是法王身。你看，人家大徹大悟了，看一切法皆是法王身，見性了。於是就得了法眼宗的法嗣，成為第三祖，法眼宗第三祖。禪宗五派，一花開五葉，他是法眼宗的第三祖。

開悟不是就沒事了，悟後起修，他就更加的用功。有一次他讀到《大智度論》，這是佛家一部很著名的論著，是解釋《摩訶般若波羅蜜經》的。他看到裡面講到佛在世時，有位老人家要出家，結果舍利弗尊者不允許他出家。為什麼？因為尊者入定觀察他宿世的善根，發現他沒有善根，出家也不能成就。結果沒想到，佛用他的佛眼觀這個人，卻准許他出家，他出家後不久，就真的證得阿羅漢果。舍利弗這些阿羅漢弟子很不解，問佛：「這人沒有善根，怎麼還能證得阿羅漢？」佛說：「你們只有看到五百世（阿羅漢的天眼只看五百世），五百世之前你們沒看到。這個人在無量劫之前就種了個善根，有一次上山砍柴，他是個樵夫，被老虎追，他急得爬上樹，老虎就走了。他鬆了一口氣，叫了一聲「南無佛」，稱了一句佛號。就這麼一次善根，無量劫當中就沒再種過善根了，而無量劫前種的這個善根，到今天成就、成熟，所以他能出家，能證得阿羅漢果，甚至將來他會成佛。」

所以《法華經》上講：「一稱南無佛，皆共成佛道。」永明延壽大師看了這一段，就特別的有感悟，他覺得世間輪迴六道的這些眾生很苦，只有靠念佛法門，才能幫夠助這些眾生得到解脫。你看念一句南無佛，這一生就解脫了。那你這一輩子恐怕不止念一句，對不對？就這幾天就不止念一句，念了好多句，那你的善根就比他還深厚，你說不定這一生就能得解脫，你往生西方就永脫輪迴了。所以念佛法門是救度眾生最殊勝的法門，永明禪師就悟到這點，雖然他自己是修禪開悟，但是他就特別的提倡念佛，所以他當時就印了「彌陀塔」。我也不知道他怎麼做的彌陀塔，大概跟現在流行的九品蓮圖可能差不多。結果他印了四十八萬本。古時候印這麼多本很不簡單，沒有什麼先進的印刷術，他竟然能夠印四十八萬本，教人禮佛念佛，你看度多少人！而且他有一次在繞佛的時候，就見到了普賢菩薩現身，結果讓永明延壽大師馬上就通了宿願。

他想要弘揚佛法，在兩個法門當中猶豫不決，是弘揚禪宗，還是弘揚淨土？自己是禪宗開悟的，理應弘揚禪宗，但是淨土又這麼重要。乾脆抓鬮來問佛菩薩，就很虔誠的在佛前拈鬮，連拈了七次。這個不是偶然的，不是隨機的，連拈了七次都是同一個鬮，叫「萬善生淨土」，於是大師就決心一心一意的弘揚淨土法門。他自己就是念佛，以十萬佛號為日課，每天十萬佛號。這很了不起，所以當時的人都很讚歎，說自古以來求生西方的，沒有人像他這麼樣專精用功的。他七十二歲就自坐而化，坐著往生。

他往生之後，有一次，有個出家人得了重病，到了閻王殿那裡，閻王爺就把他的魂給招來。他看到閻王大殿的左側掛著永明延壽大師的畫像，閻王老爺正在很虔誠的向永明延壽大師頂禮。於是就問，你為什麼要向這位永明延壽禪師頂禮？閻王就告訴他，這一位禪師不是普通人，他是上品上生，西方極樂世界上品上生，所以我們地府裡面都尊敬他。這麼一位非常難得稀有的大德，他一生著作也很多，最簡單的，又是最精華的，莫過於《四料簡》，所以今天給大家分享這一段。

我們先一起把這篇《四料簡》讀一讀：

【禪淨四料簡。（宋．永明禪師）有禪有淨土。猶如戴角虎。現世為人師。當來做佛祖。無禪有淨土。萬修萬人去。但得見彌陀。何愁不開悟。有禪無淨土。十人九蹉路。陰境若現前。瞥爾隨他去。無禪無淨土。鐵床

並銅柱。萬劫與千生。沒個人依怙。」

我們來解釋一下。佛教大綱不外乎是五個宗，所謂是律、教、禪、密、淨這五宗。律宗它是佛法的根本，實際上律不能只是一個宗，是所有宗派都要學習律，這是根本。律宗它主張嚴持禁戒，希望達到身口意三業清淨，清淨了又怎麼樣？清淨之後，我們的真性才能夠顯發出來。因為我們的如來本性，六祖惠能大師講「本自清淨」，本來就清淨，它不會有任何染汙。你現在正在貪瞋癡，你正在殺盜淫妄，它也沒有絲毫的染汙。而且每個人都本來具足，個個都有。但是我們現在因為有罪業，有那些不善的造作，所以我們的真性就被這些惡業給障蓋、覆蓋住了。透過持戒，讓身口意回歸到清淨，就能夠讓自己的真如本性顯發出來，而你當下能夠見到五蘊皆空，於是就脫離苦海，證得彼岸。就是《心經》上講的「波羅僧揭諦」，到彼岸了。這就是律宗修行的宗旨，都是為了成佛，不是說持戒就是持戒而已，持戒是為了成佛的，讓你的真如本性顯發出來。

教，像天臺、賢首，這是教理。透過讀經，讀經要修觀，不能夠我光讀，我不去依教修行，那是沒有用的。經典就好像指月亮的手指，禪宗講「指月之指」。哪裡有月亮？人家指給你看：那裡是月亮。你不能說這手指就是月亮，那就錯了；你應該依著手指指的方向去看月亮，這才對。教、經典，就像手指一樣，它是指向月亮的。你要是執著經典的文字，就像你把手指當成月亮，那你就見不到月亮。見月了，就叫明心見性。我們修行的目標就是明心見性成佛，離不開經典，但又不能執著於經典。你離開了經典，是盲修瞎練；你執著經典的語言文字，執文字相，那你就永遠見不到性。

馬鳴菩薩《大乘起信論》裡面教我們，讀經要有三原則，離名字相，離言說相，離心緣相。離開語言文字、名詞術語這些相，離開言說的相。你聽我講課，你就不能執著我的言說，你專心的聽，但是你不要去執著文字，不要執著名詞術語，聽懂了就好。聽不懂怎麼辦？聽不懂反覆聽，反覆聽就是熏習，一遍一遍的熏，熏到最後就會大徹大悟，這就不著文字相。如果著文字相，你學到的只叫做佛教知識，它不是智慧。你學了很多很多經，做了很多知識，你可以在大學裡做教授。但是你沒有開悟，你沒有斷煩惱，你沒有出輪迴，你離成佛更遙遠。這不是佛希望你做的，佛希望你要成佛斷煩惱，不只是做個佛學教授而已。所以要離開這些相，這我們讀經的時候要特別注意到。

當我們能夠見性，這就等於回歸了，這就是成佛。但是教下講的見性實際上叫大開圓解，對經典一下就通了，大開圓解，但是還不是真正成圓滿的佛，只是你的知見跟佛是完全相同，但是你在斷煩惱的功夫上跟佛還是很遙遠的。天臺宗講「六即佛」，這個叫「名字即佛」，那是在經教裡面開圓解了；然後你才有觀行，你才依教起修；修到最後，你斷煩惱，斷見思煩惱，就是相似位中的佛，還在十法界裡面；到你塵沙、無明煩惱都斷了，你才能成分證佛，你才出十法界；最後圓滿的證得你的法身。所以教下講他大開圓解，那還不是真的圓滿佛，但是你的方向已經清楚，只要一直往那個方向前進，你就可以成佛，就不會退轉。

密宗，這個大家可能比較少接觸，他們的修行原則講求三密相應，是我們修學的人身口意跟三密（如來的三密，如來的身口意，我們要跟他相應）相應了，就得佛的加持，得到三密的加持，能夠轉識成智。把你的阿賴耶識轉成大圓鏡智；把你的前五根，眼耳鼻舌身的五識，轉成成所作智；把你的第六識，分別的意識轉成妙觀察智；把你的第七識末那識，就是執著的識也轉成平等性智。轉八識成四智了，你才叫成佛。這個成佛，密宗講即身成佛，他實際上也不是圓滿佛，不是釋迦牟尼佛、阿彌陀佛那樣圓滿的佛，他只是講即生了生死，真正出三界了，是這樣。甚至有的更高的，可能是入一真法界，那是天臺講的分證即佛，那就很高了。

律、教、密，這三宗都可以歸入禪宗來講，所以這個禪包含很廣泛，不只是一花開五葉那個禪宗，律也是禪，教也是禪，密也是禪。什麼是禪？禪就是佛心，就是如來的本性，你能證得本性了就是禪。所以佛講的修持的方法，不外乎就是禪淨兩種，一個是禪，一個是淨土。禪專靠自力，自己修習，明心見性，三昧相應，三業清淨能證得法身，這是靠自己。淨土靠佛力，它是二力法門。自己有修持，自己的修持是什麼？信願持名，我真相信有極樂世界、有阿彌陀佛。《阿彌陀經》上講，「從是西方過十萬億佛土，有世界名曰極樂，其土有佛，號阿彌陀」，兩個「有」字，有極樂世界、有阿彌陀佛，你要相信這是真的，不是天方夜譚。也不是說，「唯心淨土，自性彌陀」，好像你的心想出來的，不是，真的有。這個唯心淨土，大家不要誤會，它這個心是真心本性那個心，不是你一直打妄想的那個心，一切法當然都是心變現的，這個是真心變現的，淨土也不例外。所以「唯心淨土，自性彌陀」是這樣講的。但是是真有，因為是自性變現的，有自性就有彌陀，就有淨土。你相信，然後你發願求生西方，然後你就得到阿彌陀佛四十八願的加持，你就能夠帶業往生。我們都有業，無量劫來造了無量無邊的業。普賢菩薩自己都講，假如自己的業有形相、有體積、有體相的話，盡虛空都裝不下這麼多的業。但是憑阿彌陀佛本願力，你能夠帶業往生，他來接引你，再多的業都能帶得去，這是靠他力。靠佛力，跟自己信願持名的這種修持，二力相感應，你就能臨命終時即得往生西方極樂世界，在極樂世界親蒙阿彌陀佛的教誨。你親近阿彌陀佛，很快就開悟，禪也圓滿了，律也圓滿了，教也圓滿了，密也圓滿了，全在極樂世界完成，而且都能夠成圓滿的佛，這是極樂世界很殊勝莊嚴的地方。

在理上講，禪跟淨是一樣的，不二，都是為了明心見性，為了成佛的。但是在修持的難易程度上來講，這是天淵之別，禪太難了，太不容易了，你靠自己的力量。像永明延壽大師這樣修行，你看你行不行？從白天一百零八樁佛事，晚上十萬句佛號，你不睡覺，你看你能不能做得到？可能做一天還行，做一個禮拜就倒下去了，難！不是普通人能做得到的，那是上上根機。淨土就很容易，我真相信，我真發願求生西方，我念阿彌陀佛，《無量壽經》裡面講「乃至十念」，就往生了，十句佛號必生。這十句佛號誰不能念？誰都能念，太容易了，行門上講，沒有像淨土這麼簡單的，所以這叫易行道。

禪宗叫難行道，律宗、密宗、教下都屬於禪，難行道。當然我們也不是說不鼓勵人家學，你要難行能行，我們是很讚歎。我們行不了，我們行個易的，反正最後結果一樣都能成佛，那我為什麼偏偏要避易求難，對吧？

所以永明延壽大師以古佛再來之身（傳記上透出消息，講他是阿彌陀佛再來），給我們做表演的，他在禪宗開悟了，還要修淨土，用他的身教來勸我們要好好修淨土。他這《四料簡》講得就很清楚。

第一首偈：

有禪有淨土，猶如戴角虎，現世為人師，當來做佛祖。

首先我們要清楚什麼叫禪、什麼叫淨土。禪和淨土，從理上講，從教上講，它們是一樣的，淨土就是禪，《大集經》上講淨土念佛法門就是「無上深妙禪」。為什麼這麼說？禪就是為了明心見性，淨土就是自性，淨土就是心性所現的淨土。你要是說我這個心性之外還要找個淨土，你找不到，心性外無法。法外無心，心外無法，淨土就是心、就是自性，所以你入淨土就是見性。而且你念這句佛號的本身，這個佛號它就是自性的德號，它裡面就圓圓滿滿的含攝了自性功德，全在裡面。

當然如果從理上講，不光是一句佛號，其實一切的境界，一花一草，一個木頭椿子，都是圓滿的自性功德。你要是讀《華嚴經》，你對這個就瞭解了，這一切法全是自性，所謂「一即一切，一切即一」。哪怕是一個微塵裡面都具足了自性圓滿的功德，都具足了所有法界的一切的相。所以它是法法圓通的，更何況這一句阿彌陀佛，是圓滿的具足自性功德。為什麼佛不讓我們念那個木頭、念那個花草，要念阿彌陀佛？就是因為眾生執相，他執相就忘了見性，見不到性，要離相才能見性。我們眾生的煩惱習氣天天就執這個相上，就見不到性。所以釋迦牟尼佛、阿彌陀佛、十方諸佛大慈大悲勸我們，既然你執相，我就給你一個佛來執，你就執持名號，你就執這個佛號的相，你最後能往生。因為阿彌陀佛願力加持你，你就能入淨土，等到入了淨土，你把佛號的相也放下，你就成佛。現在叫你馬上成佛你辦不到，等於是兩級跳，第一級跳到極樂世界，第二級成佛，淨土法門殊勝在這裡，叫易行道。所以淨土也是禪。

在理上講、在教上講，禪和淨土是無二無別的，可是在修持上講，淨土就容易太多太多，原因就是有阿彌陀佛本願威力的加持。這是阿彌陀佛無量劫修持的佛果，你念阿彌陀佛這四個字，就跟佛的本願力相應，一相應，你就會入淨土，所以佛教我們念佛。

什麼叫「有禪」，什麼叫「有淨土」，這個也要講講。有禪，不是說我現在去參禪叫有禪，這個標準不是那麼低的，有禪是指你在禪宗裡頭大徹大悟、明心見性，見性成佛，這叫有禪。你要是參禪沒開悟、沒見性，那不叫有禪。所以你就明白，像永明延壽大師那叫有禪，真的是開大悟了。什麼叫有淨土？有淨土就是我能夠信願持名，真相信極樂世界，真相信阿彌陀佛，真發願去，我執持名號，對這個世界我能放得下，我求生西方。這就是有淨土，這個我們每個人都能辦得到。

有禪有淨土的人，這種人就不得了，「猶如戴角虎」。戴角的老虎大家有沒看過？老虎是獸中之王，一吼，小動物腿都軟了，再戴兩個角在頭上，那可不得了，所向無敵。這是比喻有禪有淨土的人那種威猛之相，真的是人天導師，作獅子吼來啟發眾生，來度眾生於彼岸，做佛陀的事業，這叫「戴角虎」。所以，他「現世為人師，當來做佛祖」。現世，因為他有禪，通宗通教，佛法全部圓融貫通，你來問他什麼問題，他都可以給你答復，讓你能夠開悟，辯才無礙，所有的邪魔外道聞名喪膽，所以叫戴角的老虎。你是應以禪接引你的，就跟你講禪；應以教接引你的，就跟你講教；應讓你專念彌陀求生淨土的，就專講淨土。隨機教化，真的是人天導師。臨終往生，就像永明禪師，坐著走、站著走，然後一往生西方，上上品，一到西方極樂世界花開見佛，圓滿證得法身。證得法身的人，至少圓教初住位以上，那個就是成佛了，分證即佛。圓教初住位就能在一百個法界裡面成佛，他可以示現成佛，二住位就兩百個法界，倍倍往上增，所以十住、十行、十迴向、十地，到等覺，四十一個位次，倍倍增勝，最後你成圓滿佛了，可以在十方無量法界示現成佛。所以來生做佛祖，這叫有禪有淨土。

第二首偈：

無禪有淨土，萬修萬人去，但得見彌陀，何愁不開悟？

這種人沒有明心見性，沒有禪，但是他能夠一心一意求生西方極樂世界，對西方深信不疑，對彌陀本願深信不疑，對自己本有的佛性深信不疑，相信自己一定能成佛，這個信心也一點不動搖。怎麼去成佛？我到西方極樂世界去。所以他一心一意念佛，就像大勢至菩薩「都攝六根，淨念相繼」，六根全部都收攝起來，專注在佛號上面。我們平常念佛，哪怕你念十句佛號都要專注，這叫都攝六根。淨念能夠相繼，就好像「如子憶母」，孝順的孩子在外面流浪，想念故鄉的母親；母親就像佛，佛念我們「如母憶子」，像母親念著孩子，時刻都不忘。母親念我們只念一生而已，佛念我們是生生世世無量劫，沒有絲毫放過。只是我們眾生不肯念佛，所以在外面流浪，孤苦伶仃，冤枉受苦。現在能夠回頭，我想回老家，回西方，我就一心念阿彌陀佛，就能跟阿彌陀佛感應道交，蒙佛攝受。

你如果平常就有修持，就有戒定慧的功夫，雖然沒開悟，不要緊，到臨終的時候，你肯定正念分明，因為有彌陀本願加持你。《阿彌陀經》上講得很清楚，「心不顛倒」，心不顛倒不是靠你自己的本事，是彌陀本願加持你，是人臨命終時心不顛倒，即得往生西方極樂世界。經上講得特別的清楚，我們要堅信不疑。

假如我們平常沒有修持，甚至造了五逆十惡的重罪。可能也有些同修曾經造過一些罪業，很懊悔。我勸你，你也不用懊悔。有居士跑來跟我講，法師，我墮過胎怎麼辦？法師，我飲酒吃肉很多，殺生很多，怎麼辦？當然這是造惡業，將來是要還債的。但是你現在一心求生西方，你這一生可以不用還，阿彌陀佛把你接到西方去，你將來乘願再來，你示現無量身，到每個世界去還債也不遲。你那時候你對身體不會執著，因為你有無量身，這個死了還有那個，所以你就拿去還，這就容易。現在你就一個身，你怎麼還，還到什麼時候還完？所以現在這些妄念都放下，過去造的罪業以後別再造了，現在也不要去想它，想它就耽誤你念佛，你自己就耽誤自己了。我可以帶業往生，佛講了，你再重的業，五逆十惡都能夠帶業往生。五逆，一般人造不了，你沒那個福報還造不了五逆。譬如說出佛身血，這是五逆罪，你能造嗎？佛在哪兒你都見不到，你怎麼出佛身血？你想造造不了。殺父害母，一般人也不會造。即使像造了這種五逆十惡重罪的人，一心念佛求生西方，都能蒙佛攝受，這樣叫有淨土。所以萬修萬人去，一萬個人念佛，一萬個人往生。

到了西方，見了阿彌陀佛，阿彌陀佛用他的手給你摩頂，然後給你說法，你就大徹大悟了。「但得見彌陀，何愁不開悟？」你不用著急現在開悟，你愈著急愈不開悟，你一著急，那是妄想、是執著，把你的悟門都堵死了，你就老老實實念佛，去了西方肯定開悟。

如果說我還想這一生求開悟，開了悟我能夠講法，看到那位法師講經說法，法緣殊勝，那麼多人都頂禮膜拜供養，好羨慕他，我也要學他，我先不求西方，先要學弘法利生。我告訴你，你很危險，將來你可能就墮落。你現在即使發了這個心，裡頭有夾雜，夾雜什麼？名利，貪沒放下，你還貪名聞利養，貪弘法利生，那都是沒放下，那不叫有淨土。勸人念佛，自己不肯念；勸人去西方，自己不去西方，那不叫有淨土。真正有淨土，弘法利生都放下，什麼修福修慧，很好，我現在先去西方。禪、律、密，當然有緣我們用它來做修持，加持自己往生的資糧，這是可以的，不能說捨棄淨土法門去求其他的，那你就大錯特錯。

後面講：

有禪無淨土，十人九磋路，陰境若現前，瞥爾隨他去。

這個就提醒我們，這裡講「有禪無淨土」，不是普通人，是在禪宗大徹大悟之人，教下大開圓解的人，他在大悟之後，如果他不求生西方，那麼十個人裡頭九個人磋路，走冤枉路。「陰境若現前」，陰境是指中陰身的境界，就是人臨終的時候，這口氣斷了你就進入中陰身。因為你沒有真正了生死，雖然是大悟了，你的知見都跟佛差不多，但是你斷煩惱的功夫不夠，見思煩惱沒斷，哪怕還有一點點，你都出不了生死，還是要搞六道輪迴，這是很可惜的。

印光大師就講了一個例子，這是很有名的「三生石」的故事。唐朝圓澤禪師，他已經修到了可以知過去未來。他跟李源居士是好朋友，李源的父親是一位太守，後來安祿山造反，就把他父親給殺了，所以李源就不再想在世間求功名了，就一心學佛。他就把自己的住宅改成寺院，在裡頭修行，而且請圓澤法師做方丈，護持三寶。過了幾年，李源要去朝峨嵋山，就想約圓澤禪師一起去。圓澤禪師就要求走陝西，走旱路，李源要求走水路，要乘船走。圓澤禪師沒有辦法，因為禪師都是很調柔的，他不執著，你要求這樣，他隨順你。結果坐船走水路，經過比較險的地方，就停船了，剛好晚上要住宿。忽然就看到有個婦女在岸邊打水，圓澤禪師一看到她，兩個眼睛就流眼淚。李源居士就問，你為什麼見到這個女人就流眼淚？圓澤禪師說，我當初不肯從水路走，就是怕見到這位婦女，這個人已經懷孕三年了，等誰？就等我，等我去投胎。因為我有禪定的功夫，所以一直沒去，只要沒遇到她，我就可以不用去投胎；現在遇上了，我就躲不過了，所以就要去投胎了。圓澤禪師說，你三天後去找這個婦人家，見到一個嬰兒，我們約定，我會朝你笑一笑，你就知道是我了。然後，再過十二年，八月十五晚上，你到杭州天竺葛洪井畔來會我。禪師說完就坐化了。結果三天後，李源居士就到那個婦女家裡，果然看到孩子出生三天，跟他笑一笑，知道這就是圓澤禪師。十二年之後，李源居士就按照約定，到了杭州天竺葛洪井畔，真的見到一個牧牛童，十二歲的孩子，坐在牛背上吹著小笛子，就緩緩的過來了。見到李源居士，兩個人就都互相知道了，老朋友相見。然後放牛娃就唱了一首偈子說，「三生石上舊精魂，賞月吟風莫要論，慚愧情人遠相訪，此身雖異性常存」。這講得很清楚，三生石上，過去現在未來三生，舊精魂，那魂還是原來的魂，形體已經變了。慚愧情人遠相訪，有情的人，過去有緣人，互相見了面，不要再論什麼了。此身雖異，異就是變了，這個身體變了，那個性常存，我們的真性是不會變的。說完這個孩子就走了。這是真實的故事，所以你看看，像圓澤禪師這等人物你能辦得到嗎，你能夠有像他這個禪定功夫嗎？不行。像他這樣的人還沒有了生死，他不求生淨土，來生就變成個放牛娃而已。倘若這一生修行，來生有大福報，大福報未必是好事。你現在譬如說做了皇親國戚，大富大貴，你造業就重，你殺生肯定比別人殺得多，殺盜淫妄酒，肯定都會幹得比別人多一點，這個就是很可怕的事。佛門講三世怨，第一世修行有福報，沒往生；第二世大富大貴，造業；第三世到地獄去了。

第四首偈講：

無禪無淨土，鐵床並銅柱，萬劫與千生，沒個人依怙。

你修禪沒修成功，這種不是講一般世間人，講我們學佛的人，你不能夠在禪宗明心見性了生死，自力沒成就，又不能往生西方靠他力成就，那你就很麻煩了。來生你大富大貴，因為你有修行，你可能持戒，你可能修了很大的佈施、供養。結果第二生就會迷，一迷了之後，造業就很可怕。你沒有福報，還造不了很大的業，你是窮人，你可能想要幹什麼大惡你也幹不了；但是你要是很有福報，你要幹大惡就很容易。大福報的人前生都是修行人，要不然哪有這麼大福報？結果來生就是鐵床銅柱，講地獄，罪人在那個燒得通紅的鐵床上被煎烤，像鐵板燒一樣，你這生吃了多少鐵板燒，來生也要被鐵板燒給燒。銅柱地獄，那些犯邪淫的人，淫欲心重，見到了火紅的銅柱，就以為是美女，往上一抱，就被燒焦了；陰風一吹又醒了，醒了之後又上去抱，萬劫千生，就這樣重複的受這種業力的懲罰。所以「沒個人依怙」，這是講他很可憐，靠誰都靠不上。

《四料簡》我們看了之後，自己就要有警覺心。自己禪能不能開悟，每個人不一樣，反正像我這種根性，這一生是絕對不可能。那我們要有淨土，好好的念佛求生西方，這一生就有指望，能夠了生脫死。而往生淨土並不難，你只要真信切願求生西方，就一定能去。但是真信切願的人，說老實話也不多，為什麼？你對這個世間還有迷戀，還有放不下，不叫真信切願。要真信切願，統統放下，恨不得我現在就去西方，阿彌陀佛愈早來接我愈好，這才是真正放下。過去懺雲老法師請教果清老和尚，說我這個寺院蓋了一半沒蓋好，怎麼辦？果清老和尚說，沒蓋好就不蓋，要走就得趕快走。我現在要走就可以現在走，寺院蓋不蓋無所謂，所以叫放下了。你不要執著，這是好事，我沒幹完，那是執著。因緣自然，該幹成就幹成，眾生有福，好事就成就，眾生沒福，那以後再說，可不能耽誤自己求生西方。連這樣的好事，弘法利生、護持正法的事，我們都不執著，世間的功名、利養、財產、家庭、兒女，那些更要放下，心地清淨，一心求生西方，你就決定能見阿彌陀佛。「但得見彌陀，何愁不開悟？」你肯定開悟，肯定成佛。

今天時間到了，定弘就跟在大家分享到這裡，謝謝大家。阿彌陀佛！能夠在這裡好好的修學，能夠真正發心，認真持戒，然後念阿彌陀佛，持戒念佛，你就可以拿到往生的把握。祝福大家道業早成，吉祥如意！謝謝。

國家圖書館出版品預行編目資料

生命佛法：體驗人生最高享受／釋定弘作－－初版.－－新北市：華志文化，2015.03
面；　公分.－－（佛學講座；02）
ISBN　978-986-5636-10-4（平裝）

1. 佛教說法　2. 佛教修持　3. 文集

225.07　　104001509

華志文化事業有限公司
系列／佛學講座 002
書名／生命佛法：體驗人生最高享受

作者　釋定弘
執行編輯　林雅婷
美術編輯　簡郁庭
封面設計　王志強
文字校對　陳麗鳳
企劃執行　康敏才
總編輯　黃志中
社長　楊凱翔
出版者　華志文化事業有限公司
電子信箱　huachihbook@yahoo.com.tw
地址　116 台北市文山區興隆路四段九十六巷三弄六號四樓
電話　02-22341779
印製排版　辰皓國際出版製作有限公司

總經銷商　旭昇圖書有限公司
地址　235 新北市中和區中山路二段三五二號二樓
電話　02-22451480
傳真　02-22451479
郵政劃撥　戶名：旭昇圖書有限公司（帳號：12935041）

出版日期　西元二〇一五年三月初版第一刷
售價　二五〇元

華志文化

華志文化